Hans Dieter Stöver
Das römische Weltwunder

Hans Dieter Stöver wurde 1937 in Wissen/Sieg geboren, studierte Pädagogik, Geschichte, Kunstgeschichte und Altertumswissenschaften in Bonn und Köln. Er lebt als freier Autor in der Nähe von Köln. Seine historischen Romane und Sachbücher machten ihn zu einem der bekanntesten Vermittler der römischen Antike an ein modernes Publikum. Sein erstes Buch für Jugendliche erschien 1987 bei dtv junior unter dem Titel ›Quintus geht nach Rom‹. Dem Band sind unterdessen zahlreiche weitere gefolgt, darunter ›Die Akte Varus‹ und ›Caesar und der Gallier‹.

Titel von Hans Dieter Stöver bei dtv junior: siehe Seite 6

Hans Dieter Stöver

Das römische Weltwunder

Wie das Kolosseum erbaut wurde

Deutscher
Taschenbuch
Verlag

Karte auf Seite 242/43 auf Grundlage von: Christian Meier, ›Caesar‹ (© 1982 Wolf Jobst Siedler Verlag GmbH, Berlin)
Schemazeichnung auf Seite 270 aus: Hans-Otto Lamprecht: ›Opus caementitium. Bautechnik der Römer‹. (© 1987 Beton Verlag Düsseldorf)
Die Übersetzungen der Martial-Epigramme stammen aus: Martial, ›Epigramme‹, eingeleitet und im antiken Versmaß übertragen von Rudolf Helm (© 1958 Artemis Verlags AG, Zürich)

Von Hans Dieter Stöver sind außerdem bei dtv junior lieferbar:
Drei Tage in Rom. Land- und Stadtleben zur Zeit Caesars, Band 79512
Quintus geht nach Rom, Band 70118
Quintus in Gefahr, Band 70236
Quintus setzt sich durch, Band 70295

Originalausgabe
Dezember 1995
© 1995 Deutscher Taschenbuch Verlag GmbH & Co. KG, München
Umschlaggestaltung: Klaus Meyer
Umschlagbild und Illustrationen: Tilman Michalski
Gesetzt aus der Times 10,5/12˙
Gesamtherstellung: Kösel, Kempten
Printed in Germany · ISBN 3-423-70385-7

Dramatis personae - Hauptpersonen
(Die Altersangaben beziehen sich auf das Jahr 79 n.Chr.)

LUCIUS TARQUINIUS CORVUS (44), römischer Bauunternehmer
ANTONIA PAULLA (37), seine Frau

Beider Kinder:
ANTONIA (18)
LUCIUS TARQUINIUS CORVUS (17)
TARQUINIA (15)
MARCUS ANTONIUS GEMELLUS (7)
GAIUS ANTONIUS GEMELLUS (7)

ANTONIA PAULLA (77), ledige Tante der Antonia Paulla
SENTIA SATURNINA (64), verwitwete Mutter des L. Tarquinius Corvus

AZES (45), Ägypter, Freigelassener und Sekretär des L. Tarquinius Corvus
THAIS (38), dessen Frau, Vorsteherin des Gesindes
NEFER (20), beider Sohn

GAIUS FABIUS (53), Gastwirt und Besitzer des »Siebengestirns«

Nachbarn der Tarquinier im Argiletum:
IULIUS PRIMOSUS (45), stets neugieriger Besitzer eines Schuhgeschäfts
AULUS FIRMIUS (50), Möbelhändler
TILLIA CAPRIOLA (65), alleinstehende, vermögende und couragierte Frau mit geheimnisvoller Vergangenheit

FABULLUS (48), Girlandenmaler
MATIDIA (30), seine Lebensgefährtin
NYMPHIDIUS (Mitte 40), Goldschmied
PACONIUS FELIX (55), Schreiber

SEXTUS RABIRIUS (36), Römischer Ritter und Architekt

MARCUS CAELIUS (Mitte 40), Meister der Gerüstbauer

TITUS SEXTIUS VERUS (25), Gladiator
AURELIUS PRISCUS (26), Gladiator
PERDIKKAS (über 50), Gladiatorenmeister

MARTIALIS (Marcus Valerius Martialis), römischer Dichter (ca. 40)

VESPASIANUS (Titus Flavius Vespasianus), römischer Kaiser (69)
TITUS (Titus Flavius Vespasianus), Sohn Vespasians und dessen Nachfolger als Kaiser (40)

Die Geschichte spielt in den Jahren 79/80 n.Chr. in Rom

Die Weltwunder und das Flavische Amphitheater

Schweig das ägyptische Memphis vom Wunder der
............................Pyramiden,
brüste assyrische Müh nicht mit Babylon sich;
weichliche Ionier, rühmt euch nicht mit dem
............................Artemistempel,
und der Hörneraltar lasse sein Delos nur ruhn!
Karer, das Mausoleum, das ragt in die luftige Leere,
hebt's nicht in maßlosem Lob bis zu den Sternen
............................empor!
Jegliche Leistung verschwindet vor Caesars Amphi-
............................theater.
Ein Werk feiert allein künftig statt aller der Ruhm.

Marcus Valerius Martialis, ›Buch der Schauspiele‹, 1

Ein Haus im Argiletum

Das Leben erwachte früh im Argiletum. Als erste öffneten – gleich nach Sonnenaufgang – die Bäcker ihre Läden, und schon wenige Augenblicke später stellten sich die ersten Kunden aus der Nachbarschaft ein, Frauen jeden Alters, auch Sklavinnen und Sklaven, die ihre Herrschaften mit knusprigen Semmeln, süßem Gebäck oder frischem Weißbrot versorgten. Die Ärmeren – und sie waren zahlreich – konnten sich nur das minderwertige Gerstenbrot leisten oder erstanden Altbackenes vom gestrigen Tag, das die Wohlhabenderen verschmähten.

Nach und nach öffneten auch die Händler und Handwerker ihre Läden und Werkstätten: die Waffen- und Messerschmiede, Sandalen- und Schuhmacher, Leinwandhändler, Wollspinner, Fleischer, Feinkosthändler, Seiler, Korbmacher und Barbiere. Laden reihte sich an Laden, Werkstatt an Werkstatt. Und dazwischen immer wieder Kneipen und Gaststätten.

Eine lag unmittelbar vor der Gabelung des Argiletums in den *Vicus Patricius* und den *Clivus Suburanus*. »AD SEPTENTRIONEM« – »ZUM SIEBENGESTIRN« hieß sie, und über dem Eingang prangte – eine schöne Bronzearbeit mit vergoldeten Sternen – das Wirtshausschild, abends von mehreren Laternen beleuchtet. Das ›Siebengestirn‹ war im ganzen Viertel ebenso beliebt wie sein Besitzer Gaius Fabius.

Unmittelbar gegenüber stand ein großes vierstöckiges Haus. Es unterschied sich von den Gebäuden rechts und links nicht nur durch seine breitere Front, sondern vor allem durch seinen Zustand. Der Besitzer schien großen Wert auf ein properes Äußeres zu legen. Sowohl der Sockel als auch die oberen Partien waren frisch getüncht: der Sockel in dem dunklen Rotbraun des Ochsenblutes, an dem der hochspritzende Straßendreck nicht so leicht haftete, die oberen Stockwerke in einem hellen, fast weißen Ocker. Die Fensternischen waren dunkler abgesetzt. Nirgendwo bröckelte der Putz von der Mauer, alles schien noch vor kurzem ausgebessert, frisch gestrichen, kurz: verschönert worden zu sein.

Nach dem großen Brand Roms vor fünfzehn Jahren*, zur Regierungszeit Neros, war es allen Hausbesitzern zur Pflicht gemacht worden, bis zur Höhe des ersten Stockwerks überdachte Bogengänge über dem Bürgersteig zu errichten, damit bei einem Feuer vom Dach dieser Arkaden aus besser gelöscht werden könnte. Nun hatte es zwar in den letzten fünfzehn Jahren – den Göttern sei Dank! – kein Unglück im Viertel gegeben; doch die neu errichteten Arkaden waren aus einem anderen Grund von den Anwohnern gerne angenommen worden: Sie hielten im Sommer die gleißende Sonnenhitze von Erdgeschoß und Bürgersteig ab. Freilich gab es auch Nörgler, die behaupteten, früher sei die Luft in der Straße besser gewesen.

Der Haupteingang – er führte über einen Flur zur Treppe, über die man zu den oberen Stockwerken gelangte – befand sich in der Mitte des Hauses; rechts und links davon die Eingänge zu einem Schuhmacherladen und einem Möbelgeschäft. Beide Läden und Werkstätten gehörten zur gehobenen Klasse. Aulus Firmius stellte kostbare Truhen und Betten her, die sich

---

* 64 n. Chr.

gut verkauften. Iulius Primosus hatte sich auf besonders bequemes Schuhwerk aus geschmeidigem Ziegenleder spezialisiert. Auch er konnte über Mangel an Aufträgen nicht klagen.

Das gesamte erste Stockwerk hatte Lucius Tarquinius Corvus gemietet. Das waren immerhin acht Zimmer, dazu eine Küche im Erdgeschoß und die Hälfte des Speichers. Tarquinius Corvus war zweifellos der wohlhabendste Bewohner der *domus**, und das hing mit seinem Beruf zusammen. Er war Unternehmer – genauer: Bauunternehmer – und unterhielt außerdem einen Fuhrpark von 25 Gespannen, die auf den Transport von schweren Lasten spezialisiert waren; dazu hatte er mehrere Flußschiffe im Einsatz, die zwischen Ostia, dem Seehafen Roms, und der Hauptstadt hin und her pendelten.

Im zweiten Stock auf der linken Seite wohnte eine wohlhabende Witwe. Tillia Capriola war 65. Niemand wußte, was die Quelle ihres Reichtums war. Sie gab sich als vornehme Dame, war stets mit kostbarem Schmuck behängt und drückte sich so gewählt aus, daß im Viertel die Rede ging, sie sei die Witwe eines Militärtribunen, der unter Kaiser Claudius in Britannien große Reichtümer erworben habe. Tillia war mit Antonia, der Frau des Tarquinius, gut befreundet.

Im dritten Stock wohnte Firmius mit seiner Frau. Ihre beiden Töchter waren längst verheiratet und lebten in anderen Vierteln der Stadt. Ihr Nachbar Paconius Felix galt als Sonderling. Alle fanden, ein Junggeselle benötige bei weitem nicht soviele Zimmer. Aber er behauptete, ein kaiserlicher Schreiber zu sein, womit er

---

* domus = Haus, Stadthaus

zu verstehen gab, ihm stehe eine große Wohnung durchaus zu. Dabei hatte es sich längst herumgesprochen, daß er privat Unterricht erteilte. Den ganzen Nachmittag über kamen und gingen Schüler zwischen zehn und vierzehn, denen er offensichtlich Nachhilfeunterricht gab. Da er jedoch pünktlich seine Miete zahlte und zu allen Hausbewohnern freundlich, ja zuvorkommend war, ließ man ihn in Ruhe.

Dabei hätte es eher dem Favonius angestanden, im teureren dritten oder zweiten Stock des Haus zu wohnen – er hauste im vierten -, denn er war im Unterschied zu Paconius tatsächlich Staatsbeamter. Er gehörte zur Gruppe der Lictoren, die einen Consul, Praetor oder Aedilen* bei ihren öffentlichen Auftritten zu begleiten hatten.

Nachbar auf der anderen Seite des vierten Stockwerks war Lucius Amulius Fabullus, von dem man nur wußte, daß er ein Maler von Rankenwerk war. Er lebte mit einer bedeutend jüngeren Frau zusammen. Sie hatten keine Kinder. Allerdings galt Matidia im Hause als Schlampe.

Alle Mieter des Hauses hatten eine Eigenschaft gemeinsam: Sie verfügten über ein regelmäßiges Einkommen. Dadurch hoben sie sich von den Bewohnern der benachbarten Häuser ab. Sie galten als etwas Besseres.

---

* Siehe im Anhang unter Worterklärungen

Begegnung am frühen Morgen

An diesem Morgen – es war Anfang März* – verließ Lucius Tarquinius Corvus die Wohnung wie üblich schon eine halbe Stunde nach Sonnenaufgang. Er war vierundvierzig Jahre alt, von kräftiger Statur und machte den Eindruck eines Mannes, der viel an der frischen Luft war. Sein Gesicht, von feinen Fältchen an Augen und Stirn durchzogen, schien immer zu lächeln. Doch sollte man sich nicht täuschen – mit Entschiedenheit setzte er sich für das ein, was er, sei es beruflich oder privat, für richtig erachtete. Dann kam ein Ausdruck von Ernst in seine hellblauen Augen, der ihm große Autorität verlieh. Er redete nicht viel, und wenn, dann ruhig und gemessen. Seine Stimme war voll und tief und von einer gewissen Wärme.

Ihm fehlte allerdings das, was viele Nachbarn seines Alters auszeichnete: ein Würde und Behäbigkeit ausstrahlender Bauch. Das mochte damit zusammenhängen, daß er in jüngeren Jahren mit Ausdauer Sport getrieben hatte. Auch jetzt galt er noch als hervorragender Schwimmer und Läufer – ja, sein siebzehnjähriger Sohn Lucius hatte oft Mühe, das Tempo, das der Vater vorlegte, mitzuhalten.

Als Tarquinius aus dem Haus trat, begrüßte ihn Primosus, der Schuhmacher, der gerade dabei war, seinen Laden zu öffnen.

»*Salve Corve!* – Guten Morgen, Corvus!«**

---

* des Jahres 79 n. Chr.
** Siehe im Anhang unter »Anredeformen«

»*Salve Primose!* – Bist aber früh dran heute morgen!«

»Wieso?« Primosus schaute zum Himmel. »Das Wetter ist gut. Das zieht die Fremden an. Die Stadt wimmelt ja nur so von Fremden!«

»Was willst du: Die Schiffahrt ist seit einer Woche wieder eröffnet.«*

»Ich hab' ja auch nichts dagegen. Im Gegenteil. Übrigens...« – er wies auf den Ständer, den einer seiner Sklaven vor dem Laden aufbaute – »ich habe da eine Serie neuer Sandalen aus gelbem Ziegenleder im Programm. Wenn du was brauchst... Mache dir natürlich einen Sonderpreis!«

Tarquinius lächelte und warf einen Blick auf das Angebot; dann meinte er: »Mal sehen. Könnte für den Abend so was Leichtes brauchen. Aber zur Zeit komme ich aus dem schweren Schuhwerk nicht heraus!«

Primosus betrachtete die derben Arbeitsschuhe: »Sind auch nicht mehr die jüngsten! Habe da ...«

»Sicher!« fiel ihm Tarquinius Corvus ins Wort, denn er hatte es eilig fortzukommen. »Später... Ich muß jetzt...«

»In Ordnung. – Sieht man dich heute abend bei Fabius im ›Siebengestirn‹?« Er beugte sich vor, und sein Blick drückte echte Sorge aus. »Mann! Du mußt mal ausspannen!«

»Möglich. Also dann ...« Tarquinius hob die Hand zum Gruß, war aber in Gedanken schon bei der Arbeit, die für den Tag anstand. Er wandte sich um zu seinem Sohn, der mit Azes, dem Sekretär, aus dem Haus getre-

---

* Vom Herbst bis Anfang März ruhte die Schiffahrt auf dem Mittelmeer, der oft gefährlichen Stürme wegen.

ten war: »Lucius, du gehst also vor die Porta Esquilina und kontrollierst das Umladen der Blöcke aus Tibur*!«

Lucius nickte.

»Und zum Bremsen die doppelte Anzahl Männer!« Er wies auf die feuchten Platten der Straße. »Es hat in der Nacht geregnet. Die Steine sind noch glatt. Da heißt es aufpassen! Ich verlaß mich auf dich! Ich möchte nicht noch einmal den Schlamassel von vorgestern erleben!«

»Ja, Vater.«

»*Bene* – Gut. Und vor den Zug Männer, die den Weg freihalten!«

Wieder nickte Lucius.

»Ihr müßtet etwa zur vierten Stunde** an der Baustelle sein. Also dann. Bis später.«

Lucius wandte sich um und entfernte sich schnell auf dem steil ansteigenden *Clivus Suburanus* in Richtung *Porta Esquilina*. Tarquinius und Azes gingen nach der anderen Seite. Nach etwa fünfzig Schritten verließen sie das Argiletum und bogen links in eine Seitengasse ein. Sie war so eng, daß man mit ausgestreckten Armen fast die Hauswände berühren konnte. Diese Häuser, ebenfalls vier, fünf Stockwerke hoch, waren nicht im besten Zustand. Der Putz bröckelte von den Mauern, manche Türen hingen schief in den Angeln, es roch nach Unrat und Moder. Hier hausten die Ärmsten der Armen in winzigen, engen Wohnungen, kleine Handwerker, Gewürzhändler, Änderungsschneider, Flickschuster und Trödler, die getragene Sachen an- und verkauften. Die hiesigen Kneipen, schmuddelig und eng, gehörten zur

---

* heute Tivoli
** 10 Uhr

untersten Klasse; nicht selten waren die Wirte zugleich Zuhälter und betrieben im ersten Stock Bordelle.

Als sie den *Clivus Orbis,* eine Parallelstraße zum Argiletum, überqueren wollten, stießen sie an der Ecke mit einem Mann zusammen, der es anscheinend sehr eilig hatte. Ungehalten wollte Tarquinius schon lospoltern, als der andere sich nervös für den Zusammenstoß entschuldigte. Da erkannte Tarquinius ihn an der Stimme.

»Valerius Martialis! Was treibt dich denn so früh in diese Gegend? Doch wohl keine Dichterlesung!«

»Davor sei Apollo!«

»Was dann?«

»Ach, ich bin auf dem Wege zu einem alten Freund. Ich hoffe, daß er mir einen anderen Patron* verschaffen kann ...«

»Aha! Wer ist es denn? Kenn ich ihn?«

»Ich glaube kaum ... Aulus Pudens ...«

»Pudens, sagst du?«

»Ja, Pudens. Warum?«

»Kannte mal einen Pudens. Ist lange her. War damals gerade Centurio geworden. Er hat das bei Fabius ausgiebig mit seinen Freunden gefeiert.«

Martialis lachte kurz auf: »Dein Pudens hat mittlerweile Karriere gemacht. Er ist zum Primuspilus befördert worden, und der Kaiser hat ihm den Ritterring verliehen.«**

»Oh, das wußte ich nicht.«

»Nun weißt du's.« Martialis war bekannt für seine

---

* Der patronus ist der Schutzherr von Klienten, die als arme oder abhängige Leute im Dienst vornehmer Bürger stehen
** Siehe im Anhang unter »Ritter«

direkte und respektlose Art zu reden. Seine Freunde – und zu denen gehörte Tarquinius – nahmen ihm das nicht übel. »Aber viel wichtiger ist...« Martialis kam ganz nahe heran und fuhr leiser fort: »Er hat vor zwei Jahren geheiratet. Eine reiche Erbin! Claudia Peregrina!«

»Na, dann viel Glück!« sagte Tarquinius.

»Danke! – Vielleicht bin ich heute abend im ›Siebengestirn‹. *Vale!* – Leb wohl!«

»*Vale!*«

Mit schnellen Schritten eilte Martialis davon. Während Tarquinius ihm einige Augenblicke kopfschüttelnd nachblickte, meinte Azes: »Herr...«

»Hm.«

»Ist ja eigentlich ein armes Schwein!«

»Wer?«

»Martialis!«

»So? Warum?«

„Naja, immer diese Bettelei! Muß sich immer bei allen möglichen Neureichen lieb Kind machen! Sich immer wieder erniedrigen! Und das für ein paar Denare oder ein Abendessen! Ich könnte das nicht.«

»Du hast das ja auch nicht nötig!«

Die Sache schien für Tarquinius erledigt, denn mit schnellen Schritten marschierte er weiter.

Natürlich hatte der Herr recht, dachte Azes, während er sich bemühte, das schnelle Schrittempo seines Herrn mitzuhalten. Seit seiner Freilassung bekam er von Tarquinius ein festes Gehalt, das schon zweimal erhöht worden war. Rechtlich war er kein Sklave mehr, im Unterschied zu seinem Sohn Nefer, der geboren wurde, als er, der Vater, noch unfrei war. Seltsam, dachte er, daß es einem Sklaven oder Freigelassenen entschieden besser gehen konnte als einem freigeborenen Römer.

»Hast du die Materiallisten dabei?« fragte unvermittelt Tarquinius und riß Azes aus seinen Gedanken.

»Natürlich, Herr!« Er klopfte auf die Umhängetasche.

»Gut. Es gibt viel zu tun heute...«

Die größte Baustelle des Reiches

Es war noch nicht so viel Zeit verstrichen, wie man braucht, um ein Ei hart zu kochen, als sie den großen Platz in der Senke zwischen den Hügeln des Palatin, des Caelius und des Viminal erreichten. Wie immer, wenn er am frühen Morgen hier ankam, blieb Tarquinius stehen, kniff die Augen zusammen, um die Baustelle – *seine* Baustelle! – in den Blick zu nehmen. Wenn er so stand und schaute, war er jedesmal aufs neue hingerissen von der Größe, den Proportionen, der Harmonie – kurz, von der Schönheit des Riesenbaus, der da entstand.

An einigen Stellen der Außenfront waren die Gerüste auf einer Breite von etwa hundert Fuß entfernt worden, damit man sich ein Bild machen konnte von den fertigen Teilen.

Der Bau stand auf einer gewaltigen Plattform aus Beton von etwa zehn Fuß Dicke, mit Platten belegt; die darunter liegenden Fundamente reichten bis in eine Tiefe von sechsunddreißig Fuß. Von diesem Unterbau war über der Erde aber nur ein Podest mit zwei Treppenstufen sichtbar. Es sollte verhindern, daß das Regenwasser in die unteren Arkaden* lief. Auf diesem Unterbau erhoben sich drei mächtige Stockwerke von Arkaden in *opus quadratum,* in Quadermauerwerk aus Travertin**. Jedes Stockwerk war durch achtzig Bögen gegliedert. Wuchtige Quaderpfeiler, an deren Außenseite Halbsäulen hervortraten, stützten die Rundbögen der drei Geschosse. Die Halbsäulen des Erdgeschosses endeten in dorischen, die des zweiten Geschosses in ionischen und die des dritten in korinthischen Kapitellen.

Die Proportionen der jeweiligen Ordnungen waren jedoch verschieden: Die Pfeiler und Bögen der unteren dorischen Ordnung waren höher als die der beiden oberen. Die Differenz betrug zwar nur zwei Fuß***, aber sie bewirkte beim Betrachter den Eindruck, als ob der Druck der Obergeschosse scheinbar verringert und das Gebäude in der Senkrechten gestreckt würde. Immer wieder staunte Tarquinius über diesen genialen Einfall des Architekten.

Um die riesige Baustelle war in großem Abstand eine hölzerne Absperrung gezogen, die von Unbefugten nicht überschritten werden durfte. Posten kontrollierten an den Toren den Zugang. Doch war der Zaun auf ausdrücklichen Befehl des Kaisers nur so hoch gezogen worden, daß man noch darüber hinwegschauen konnte. Die Bürger wie die Fremden sollten stets Gelegenheit haben, den Fortschritt der Arbeiten verfolgen zu kön-

---

* Bogengänge, von arcus = Bogen
** Siehe im Anhang unter »Bearbeitung der Travertinblöcke«
*** 1 pes [Fuß] = 295,7 mm

21

nen. Innerhalb des umzäunten Areals wurden große Mengen Baumaterial gelagert, Travertin-, Marmor- und Tuffsteinblöcke, Sand, Kalk und Zement aus Puteoli*. Die Baustelle wurde Tag und Nacht bewacht.

Tarquinius wurde von den Wachen am Tor respektvoll gegrüßt, und er grüßte kurz zurück. Er war schon wieder ganz bei den Vorgängen, die an diesem Tag zu regeln waren, rief einen der Vorarbeiter zu sich und teilte ihm mit, daß im Laufe des Vormittags einige Ladungen Kalkstein aus Tibur eintreffen würden: »... und daß ihr mir ja vorsichtig damit umgeht! Für jeden Block, der zu Bruch geht, mache ich dich persönlich haftbar!«

»Selbstverständlich!« beeilte sich der Mann zu sagen.

»In Ordnung...«, nickte Tarquinius versöhnlich. »Ich werde später danach schauen.«

Er wußte aus langer Erfahrung nur zu gut, daß es beim Abladen und Stapeln der Blöcke immer wieder zu Beschädigungen kam. Gerade deshalb war es von größter Bedeutung, alle am Bau beteiligten Männer für die Sache persönlich zu verpflichten. Ihnen allen – vom letzten Hilfsarbeiter und Sklaven bis zum kaiserlichen Architekten Haterius – saß der Kaiser im Nacken: Vespasianus war bekannt und gefürchtet dafür, daß er auf jeden Sesterzen, den er ausgab, ein Auge hatte. Sie alle kannten den Grund: Nero, sein Vorgänger, hatte in wahnwitziger Verschwendung Staatsgelder für private Vergnügungen ausgegeben, zuletzt für den Bau der *domus aurea*, des Goldenes Hauses, einer Palastanlage, die – wäre sie fertig geworden – ein eigenes Stadtviertel gebildet hätte. Nur mit eiserner Sparsamkeit war es dem klugen und persönlich bescheidenen Vespasianus

---

* Puteoli liegt am Golf von Neapel

möglich geworden, wieder Ordnung in die Staatskasse zu bringen.

Tarquinius ging auf das fertige Stück der Außenfassade zu und ließ den Blick über die drei Stockwerke wandern. Sogar die Nummern der Eingänge waren schon in die mittleren Gewölbesteine des Untergeschosses geschlagen worden. Er streckte die Hand aus, berührte den Travertin eines Pfeilers, spürte seine rauhe, großporige Oberfläche und staunte wieder einmal darüber, daß er keineswegs die Kälte der Nacht an die Fingerspitzen weitergab. Er liebte diesen Stein wie keinen andern.

»Na, zufrieden?« fragte hinter ihm eine bekannte Stimme. Sie gehörte Marcus Caelius, dem Meister der Gerüstbauer.

Tarquinius drehte sich um und sagte mit Überzeugung: »*Ich*... bin sehr zufrieden.«

Caelius stutzte: »*Du* bist also zufrieden! – Wer denn nicht? Der Kaiser etwa? Er war doch lange nicht mehr hier auf der Baustelle! Ich hörte, es geht ihm nicht gut.«

Tarquinius nickte bedächtig und fügte dann hinzu: »Wie ich ihn kenne, wird ihn das nicht abhalten, bald hier zu erscheinen und sich jeden Stein anzuschauen...«

»Na und? Was sollte ihm denn nicht gefallen?«

»Wir werden sehen. – Wie weit seid ihr?«

»Die Gerüste stehen. Du kannst heute mit dem Füllen beginnen.«

»Gut. Sagen wir in einer Stunde!«

»In einer Stunde. Bis dann...«

Sie trennten sich.

Tarquinius schätzte Caelius sehr. Ursprünglich gelernter Zimmermann, hatte dieser sich bei der zunehmenden Bautätigkeit in der Stadt auf Gerüste spezialisiert, die als Schablonen beim Gewölbebau benötigt wurden. Dabei kam es auf drei Dinge an: auf die genaue Einhaltung der vom Architekten vorgegebenen Norm, auf die Stabilität der Streben und Stützen und schließlich auf die Anpassungsfähigkeit des Systems, wenn es etwa darum ging, Höhenunterschiede auszugleichen. Auch seine normalen Baugerüste, auf denen überall die Steinmetzen, Maurer, Verputzer, Stukkateure und Bildhauer an den senkrechten Wänden arbeiteten, waren die besten weit und breit, denn er hatte ein System entwickelt, das bei größtmöglicher Stabilität ohne eine Verankerung in der Wand auskam, wenn diese nicht beschädigt werden durfte. Schließlich baute er auch die Flaschenzüge und Kräne, mit denen die tonnenschweren Blöcke in die Höhe gewuchtet wurden. Überall auf dem Gelände standen sie.

Tarquinius ging durch einen der Bögen des Erdgeschosses ins Innere der Gewölbe. Wie an schon so vielen Morgen prüfte er mit kritischem Blick, ob die Decken, Pfeiler und der Boden nach dem nächtlichen Regen trocken waren, und stellte erleichtert fest, daß nirgendwo Wasser aus den Fugen der mörtellos gesetzten Travertinblöcke sickerte. Zur Sicherheit befühlte er die Steine noch mit der Hand: Sie waren trocken.

Es war der Teil des Baus, den man nicht nur außen, sondern auch innen als ersten fertiggestellt hatte. Vespasianus selbst hatte darauf bestanden. Es war Tarquinius nicht entgangen, daß es mit der Gesundheit des Kaisers von Monat zu Monat bergab ging, und er wußte, daß der alte Mann vor seinem Tode wenigstens noch einen Teil des Amphitheaters fertig sehen wollte.

Allerdings hatte der Wunsch des kaiserlichen Bau-

herrn eine Störung des geplanten Ablaufs der Arbeiten zur Folge. Die einzelnen Abschnitte des ursprünglichen Plans waren folgende gewesen:
- Trockenlegung des Teiches, den Nero an dieser Stelle in seinem Park hatte anlegen lassen;
- Ausschachten bis in eine Tiefe von dreißig Fuß, wenn notwendig, tiefer;
- Gießen der Fundamente in Beton;
- Errichten der inneren und äußeren Gewölbe aus Travertin und Tuff sowie Fertigstellen der unterirdischen Funktionsräume unter der Arena, mit Käfigen, Hebewerken und Aufzügen zum Transport der wilden Tiere, Aufenthaltsräumen der Gladiatoren, Räumen für die Trainer, Ärzte und Waffenmeister;
- Innerhalb dieses festen Skeletts aus Quadern Guß der tragenden Teile der Tribünen in *opus caementicium,* in Beton;
- Verkleiden der Tribünen, Treppen und Aufgänge mit Kalkstein und Marmor, und an gefährdeten Stellen Errichten von steinernen Balustraden;
- Legen von Rohr- und Kanalisationssystemen, um die gewaltigen Wassermassen, die sich bei Regen auf den verschiedenen Stockwerken sammelten, sicher und schnell ableiten zu können;
- Zum Schluß Aufstellen des Statuenschmucks, der für die Arkaden der beiden Obergeschosse vorgesehen war.

Nun aber hatte die vorgezogene Fertigstellung des Segments* Änderungen notwendig gemacht: Einige Tribünen mußten vorzeitig in Beton gegossen und mit Kalkstein und Marmor verkleidet werden, während zur

---

* Ein Segment ist ein Kreisausschnitt

gleichen Zeit die Arbeiten an den übrigen Abschnitten des Amphitheaters ihren geplanten Verlauf nahmen. Freilich erhielten Architekt und Bauleute so die Möglichkeit, den Plan in der Praxis zu überprüfen und hier und da Verbesserungen anzubringen.

Die ellipsenförmige Arena war etwa zu vier Fünfteln mit Eichenbohlen abgedeckt. Auf dieser ebenen Fläche standen mehrere barackenähnliche, einstöckige Holzhäuser. Das größte beherbergte das Büro des Architekten Haterius; hier arbeiteten seine Sekretäre, Schreiber, Zeichner und Techniker. In der benachbarten Baracke, die aus einem einzigen großen Raum bestand, fanden die Lagebesprechungen statt. Die übrigen standen den vier gleichberechtigten Bauunternehmern, dem Chef der Gerüstbauer und den Bildhauern zur Verfügung.

Die Hütten waren so konstruiert, daß man sie auf Rollen von der Stelle bewegen konnte, wenn die Techniker an den mechanischen Hebewerken und Aufzügen für die wilden Tiere in der Tiefe der Arena arbeiteten. Dann mußte nämlich die hölzerne Abdeckung teilweise entfernt werden; zur Zeit war dies unterhalb des fast fertigen Abschnitts der Fall.

Ein Unglück kommt selten allein

Als Tarquinius sein Büro betrat, wartete dort schon Sextus Rabirius auf ihn. Rabirius war sechsunddreißig, groß und schlank. Offensichtlich trieb er viel Sport, man sah ihn oft in den Thermen* des Titus. Gehörten er und Tarquinius auch verschiedenen gesellschaftlichen Schichten an – Rabirius war ritterlicher Herkunft –, so verband sie ihre Leidenschaft für das Schwimmen, und Tarquinius war stolz darauf, es mit dem acht Jahre Jüngeren durchaus noch aufnehmen zu können. Man konnte ihr Verhältnis freundschaftlich nennen. Das wirkte sich positiv auf ihre Zusammenarbeit aus, denn Rabirius war der Assistent des Architekten Haterius.

Es war nicht ungewöhnlich, daß Rabirius frühmorgens in der Baracke des Tarquinius erschien. Die beiden Männer arbeiteten eng zusammen und besprachen oft in der Frühe, was für den Tag anstand.

Meist begannen sie ihre Arbeit mit einer launigen Flachserei oder einem Witz, doch an diesem Morgen machte Rabirius ein sehr ernstes Gesicht. Er gab den Gruß des Baunternehmers zurück, schwieg aber und sah Tarquinius nur besorgt an.

»Ist was?« fragte dieser sofort.

»Das kann man wohl sagen!« Rabirius hob beide Hände. »Haterius ...«

»Haterius? Was ist mit Haterius?«

»Er hatte in der Nacht einen Schlaganfall.«

»Nein!«

Statt einer Antwort nickte Rabirius nur.

»Von wem weißt du's?« fragte Tarquinius.

»Von Menandros.« Menandros war ein Freigelassener des Haterius, seine rechte Hand und sein Sekretär. Er galt als hochnäsig, humorlos und stur. Niemand mochte ihn, am wenigsten Rabirius.

---

* Große öffentliche Badeanstalten

»Oh, ihr Götter!« seufzte Tarquinius. »Ist der Kaiser schon unterrichtet?«

»*Certo* – sicher. Menandros eilte von hier gleich weiter auf den Palatin. Ich erwarte in Kürze eine Reaktion des Palastes.«

Tarquinius schüttelte besorgt den Kopf, schlug sich mit der Faust in die Hand und stieß hervor: »Und das jetzt!«

Er sah den Chefarchitekten vor sich, groß, beleibt, mit rosigem Gesicht und oft etwas kurzatmig, wenn er mit ihm auf den Gerüsten unterwegs war. Wenn er jetzt ausfiel – und er fiel ja aus! – dann fehlte von einem Tag auf den anderen der Mann, der bisher alle Fäden überlegen in der Hand gehalten hatte. Der Plan des Amphitheaters – eine geniale Konzeption – war allein sein Werk! Wer sollte an seine Stelle treten? Wer hatte die Autorität, sowohl vor dem Kaiser wie vor den gestandenen Meistern, den Steinmetzen, Maurern, Zimmerleuten, Bildhauern, Mosaiklegern, Schmieden zu bestehen?!

Tarquinius und Rabirius sahen sich an, und es war Resignation in ihrem Blick. Dann sagte Rabirius leise: »Ich habe das kommen sehen ...«

»Wieso? War er krank?«

»Was heißt krank? Er hat sich doch selbst zugrunde gerichtet, hat für drei gearbeitet, sich kaum eine Ruhepause gegönnt. Hat zu viel, zu fett, zu oft gegessen! Und abends immer reichlich Wein, um den Ärger des Tages runterzuspülen, wie er das nannte. Dazu viel zu wenig Bewegung! Da macht der Körper irgendwann nicht mehr mit. Du kannst nun einmal die Natur nicht betrügen – wenn du verstehst, was ich meine ...«

Tarquinius nickte. Dann fragte er: »Wie alt war ... ich meine: ist er denn?«

»Fünfundfünfzig.«

»Hat man seinen Arzt geholt?«

»Sicher.«

»Und? Was sagt er?«

»Ich habe noch nicht mit ihm gesprochen. Aber aus dem, was mir Menandros mitteilte, schließe ich, daß es schlimm um ihn steht.«

»Ist er bei Bewußtsein?«

»Nein. Menandros sagte, er sei sogar gelähmt.«

Tarquinius sah seinen Nachbarn, den alten Caldus, vor sich, den ebenfalls wie ein Blitz aus heiterem Himmel der Schlag getroffen hatte. Er lebte noch vier Monate, wenn man das bewußtlose Dahindämmern leben nennen konnte. Ein zweiter Schlaganfall war dann tödlich.

Tarquinius wurde in seinen Gedanken gestört, denn einer seiner Leute trat ein, machte ein wichtiges Gesicht und stammelte: »Der Cae...« – er verschluckte sich vor Aufregung – »der Caesar ist da!« Damit meinte er Titus, den Thronfolger.

»Wo?«

»In der Arena!«

Rabirius faßte Tarquinius am Arm: »Ausgerechnet heute!« Er seufzte. »Aber es gibt nun sicher einiges zu besprechen.«

Als sie auf den freien Platz vor der Baracke traten, sprang Titus gerade vom Pferd. Er war in der Uniform des *Praefectus Praetorio,* des Befehlshabers der Prätorianergarde* erschienen, hatte den roten Mantel lässig um die Schultern geworfen, trug darunter den vergoldeten Brustpanzer und auf dem Kopf den vergoldeten

---

* Die Prätorianer sind die Leibgarde des Kaisers

Helm mit wippendem Roßhaarbusch. Die etwa zwanzig Reiter, die ihn begleiteten, saßen ebenfalls ab.

Titus erkannte Rabirius und Tarquinius und ging mit energischen Schritten auf sie zu. Sein Gesicht war ernst und das Lächeln, mit dem er sie begrüßte, nur kurz.

Einmal mehr fiel Tarquinius die frappierende Ähnlichkeit des Thronfolgers mit seinem Vater Vespasianus auf: der massige Schädel, das breite Gesicht mit der gewölbten Stirn, die kräftige, gebogene Nase, vor allem der geringe Abstand zwischen Nase und Mund. Allerdings waren die Augen größer als die des Vaters und die Linien der Lippen weicher. Titus war vierzig Jahre alt, doch er wirkte jünger.

Tarquinius wußte von einigen Soldaten, daß viele Prätorianer Titus für grausam hielten; als ihr Befehlshaber zeige er sich tyrannisch und gewalttätig und lasse jeden, den er verdächtige, gegen ihn zu intrigieren, aus dem Wege räumen. Wenn er ihn ansah, konnte er das nicht glauben, denn trotz des Ernstes ging von dem Gesicht des Thronfolgers eine ungemein anziehende Liebenswürdigkeit aus – vielleicht war es das, was ihn so jugendlich wirken ließ.

Titus kam ohne Umschweife zur Sache: »Ihr wißt, was mit Haterius geschehen ist?«

Rabirius antwortete: »*Scimus* – wir wissen es, Caesar. Menandros hat kurz davon berichtet, bevor er dich aufsuchte.«

Titus nickte, stemmte dann die Arme in die Hüften und blickte sich interessiert im riesigen Rund des Amphitheaters um.

»Was machen die Männer da oben?« Er wies auf den Abschnitt, der als erstes fertiggestellt werden sollte. Bauleute waren damit beschäftigt, einen Flaschenzug so zu installieren, daß man die Marmorblöcke für die Sitze der Senatoren und Ritter mit einer Art Schlitten auf einer hölzernen Rampe hochziehen konnte.

Rabirius erklärte es ihm. Titus hörte aufmerksam zu und verfolgte interessiert, wie die erste Ladung den Weg nach oben nahm. Man hörte die Kommandos der Vorarbeiter.

»Wann wird das Segment fertig sein? Ihr wißt, daß der Kaiser darauf brennt, diesen Teil in Augenschein nehmen zu können.«

»Nun«, Rabirius rieb sich die Hände, »die Arbeiten nehmen ihren geplanten Verlauf... Ich denke, in einem Monat...«

»Geht es nicht schneller?« Titus sah Rabirius an. »Du wirst gehört haben, daß es nicht gut um den Kaiser steht. Wenn du mehr Leute brauchst, laß es mich wissen!«

»Gewiß, Herr. Wir tun, was wir können, aber der technische Vorgang kann nicht beschleunigt werden. An allererster Stelle steht die Sicherheit.«

»*Certo* – Natürlich. So soll es auch bleiben.« Titus klang ungeduldig. Er sah den Männern zu, wie sie die gewaltige Last der Blöcke Stück für Stück nach oben bugsierten und auf dem dafür vorgesehenen Gewölbe übereinanderstapelten.

»Ich werde mir das später noch aus der Nähe ansehen. Zuvor müssen wir aber über die neue Lage reden. Kommt mit in die Hütte...«

Er hatte den Satz kaum beendet, als kurz hintereinander zwei dumpfe Schläge ertönten, dann ein Poltern und Krachen, ähnlich dem eines Bergrutsches, und ein Schrei, der durch Mark und Bein ging.

Einen Augenblick lang war es totenstill.

Titus, Tarquinius und Rabirius wandten sich um: Auf halber Höhe der Tribüne war das Betongewölbe, auf dem man die Marmorblöcke abgelegt hatte, zusammengebrochen und mit einem Teil der Blöcke in die Tiefe gestürzt. Aus dem Schrei war zu schließen, daß mindestens ein Mann mitgerissen worden war.

»Kommt!«

Mit gewaltigen Schritten stürmte Titus über den freien Platz der Arena, gab seinen Prätorianern mit der Hand ein Zeichen, ebenfalls zu folgen, erreichte die Rampe und stieg mit großen Schritten aufwärts, Tarquinius und Rabirius dicht hinter ihm.

Längst hatten einige der Arbeiter die Unglücksstelle verlassen und waren in den unteren Gang eingedrungen, über dem, etwa in einer Höhe von dreißig Fuß, das Gewölbe zusammengebrochen war. Andere versuchten oben mit vereinten Kräften, die Marmorblöcke am Rand der Bruchstelle aus der Gefahrenzone zu rücken.

»Aufhören!« rief Titus atemlos, kaum daß er bei ihnen angekommen war. Die Männer hielten inne und starrten ihn an. Titus, Rabirius, Tarquinius und einige der Prätorianer beugten sich vor, um das Ausmaß der Katastrophe zu erkennen. Im Halbdunkel der Tiefe sah man Arbeiter hantieren. Sie versuchten, den verschütteten Kollegen zu bergen.

»Halt! Aufhören!« rief Titus noch einmal, diesmal nach unten. »Wartet! Wir werden erst die Blöcke hier oben sichern!«

Mit vereinten Kräften gelang es, die zentnerschweren Marmorquader, die zum Teil über den Abgrund ragten, zur Seite zu räumen.

Als das bewerkstelligt war, wandte Titus sich an einen der Leute: »Wie viele sind abgestürzt?"

Ein kräftiger Steinmetz mit Lederschürze sagte: »Zwei, Herr. Syrus und Tiribazos. Freigelassene, Herr!«

»Ihr bleibt hier oben!«

Der Steinmetz nickte, während Titus, Rabirius und Tarquinius sich auf den Weg nach unten machten. Im Gang war es heller, als man von oben vermutet hatte. Die Männer traten zur Seite, um den Thronfolger und seine Begleiter nach vorne zu lassen.

»Wo ist Syrus?«

»Hier, Herr!« Ein etwa fünfundzwanzigjähriger Mann saß am Boden, und ein zweiter tastete seinen linken Fuß ab.

»Bringt ihn aus der Gefahrenzone!« befahl Titus. »Legt ihn auf eine Bahre! Na los, bewegt euch!«

Zwei rannten los, um eine Trage zu holen. Titus fragte: »Und Tiribazos?«

»Da drunter, Herr«, sagte ein Mann und wies auf den Trümmerhaufen, eine Mischung aus geborstenem Beton und Marmorstücken.

»Hebt die Steine weg! Aber vorsichtig!«

Das war nicht einfach, da die Blöcke chaotisch ineinander verkeilt waren. Rabirius ordnete an, kräftige Balken über die Einbruchstelle zu legen und daran einen Flaschenzug zu befestigen. Er selbst kümmerte sich um die Ausführung. So gelang es, nach und nach die Blöcke zu bewegen und zur Seite zu schaffen.

Dann fand man Tiribazos. Er lebte. Zwei Blöcke hatten sich nach dem Absturz schräg an der Wand verkeilt, und er lag in dem Hohlraum darunter. Freilich konnte er sich nicht bewegen, da sein rechtes Bein unter Teile des geborstenen Betons geraten war. Oberkörper, Arme und Kopf schienen aber unversehrt zu sein.

Tarquinius legte mit Hand an, als die Betonbruchstücke vorsichtig entfernt wurden. Dabei sprach er beruhigend auf den Liegenden ein, es dauere nicht mehr lange, er solle sich nicht bewegen.

Als Tiribazos frei lag, trat Titus dazu und untersuchte den Mann sachkundig. Sein rechtes Bein sah schlimm aus. Es war offensichtlich gebrochen, und ein Knochensplitter hatte die Haut durchstoßen.

Titus beugte sich über den Verletzten, strich ihm über den Kopf und sagte: »Du darfst dich jetzt nicht bewegen, Tiribazos. Ganz ruhig liegen bleiben! Man wird sich um dich kümmern.«

Dann trat er zurück, winkte einen der Offiziere zu sich und befahl, seinen eigenen Arzt Athenodoros aus dem Palast zu holen.

»Er soll ein Pferd nehmen! Es ist keine Zeit zu verlieren!«

Längst hatte einer der Arbeiter seine Tunika* ausgezogen und kissenartig zusammengelegt. Zusammen mit Tarquinius schob er sie dem Liegenden unter den Kopf. Ein anderer deckte ihn, da er zu zittern begann, mit der seinen zu.

Die Männer mit der Bahre kamen, und man legte Tiribazos vorsichtig darauf. Titus befahl, ihn nach draußen, in die Arena zu bringen und dort auf den Arzt zu warten.

Dann winkte er Rabirius und Tarquinius zur Seite in den Gang.

»Wer ist für diesen Abschnitt zuständig?«

Rabirius hatte diese Frage befürchtet: »Gaius Sabidius.«

»Wo ist der Mann?« Die Frage klang drohend.

---

* Hemdartiges, kurzes Gewand

»Hier, Herr!« tönte aus dem Gang eine Stimme. Sabidius drängte sich nach vorn. Er warf einen entsetzten Blick auf das klaffende Loch im Gewölbe, auf die geborstenen Blöcke und Betonstücke, auf den Verletzten.

Titus maß ihn mit einem kritischen Blick. Dann hieß es: »Du wirst mitkommen!«

»Jawohl!« Sabidius stand das schlechte Gewissen ins Gesicht geschrieben.

Titus zieht Konsequenzen

Mit energischen Schritten ging Titus über die Bohlen, mit denen die Arena abgedeckt war; Rabirius, Tarquinius und Sabidius hatten Mühe, ihm zu folgen. Er achtete nicht auf die Verbeugungen der Bauleute, sondern strebte zielsicher der Hütte des Chefarchitekten zu. Irgend jemand riß respektvoll die Tür auf. Titus trat ein, blieb vor dem Arbeitstisch stehen, warf einen Blick auf die ausgebreiteten Pläne, schüttelte zornig den Kopf, ging um den Tisch herum und ließ sich auf den verwaisten Stuhl des Haterius fallen.

»Setzt euch!«

Die drei Angesprochenen nahmen Platz. Jeder von ihnen wußte, was nun folgen würde.

Titus stützte die Arme auf der Tischplatte auf und ließ den Blick über die Gesichter der drei Männer wandern, bis er bei Sabidius Halt machte.

»Sabidius! Du also bist verantwortlich für den Abschnitt!«

»Jawohl!« Sabidius mußte schlucken. »Ich... eh... Ich will sagen... Es... eh...« Er rieb nervös seine Hände, brachte aber keinen sinnvollen Satz zustande; er sah immer noch den verletzten Tiribazos vor sich liegen.

Titus hob die rechte Augenbraue. Alle Liebenswürdigkeit war aus seinem Gesicht verschwunden. »Du bist dir doch wohl darüber im klaren, daß hier fundamentale Fehler gemacht worden sind!«

»Herr! Ich ...«

Titus beugte sich vor, und seine Stimme wurde scharf: »Was sage ich: Fehler? – Eine unglaubliche Schlamperei ist das!« Er maß ihn mit einem strengen Blick. »Ich habe mir nämlich sehr genau die Bruchstelle angesehen. Der Beton ist zerbröselt wie trockenes Brot!«

Sabidius schwieg einen Augenblick, und man sah, wie es in ihm arbeitete. Schließlich brach es aus ihm heraus: »Herr! Die Order des Kaisers lautete, das Segment so schnell wie möglich fertigzustellen...«

Titus schlug mit der Faust auf den Tisch und rief: »Aber doch nicht auf Kosten der Sicherheit! Wo kommen wir denn hin, wenn die Gewölbe bereits einstürzen, bevor das Publikum Platz genommen hat?!«

Alle schwiegen. Titus starrte auf den Plan. Unmutsfalten zeichneten sich auf seiner hohen Stirn ab. Endlich wandte er sich an Rabirius und Tarquinius: »Was ist eure Erklärung für den Vorfall?«

Die beiden warfen sich einen vielsagenden Blick zu. Titus, dem das nicht entgangen war, ermunterte sie: »Wir sind hier unter uns. Redet also offen! Ich will und muß den Grund wissen! Hier darf nichts unter den Teppich gekehrt werden. Tarquinius, du müßtest dazu etwas sagen können ... Sprich!«

»Nun ...« Tarquinius bemühte sich, seine Aufregung zu unterdrücken. »Es gibt dafür eine einfache Erklärung ...«

»Nämlich?«

»Der Beton hat zu früh abgebunden.«

»Warum?«

»Abgesehen von dem Regen in der letzten Nacht war es in den vergangenen zehn Tagen sehr trocken ...«

»Und? Was hat das damit zu tun?«

»Das Wasser ist zu schnell aus dem Material verdunstet.«

»Was macht man in solchen Fällen?«

»Man muß wässern. Immer wieder wässern, damit das Material ganz allmählich abbindet.«

»Wässern also. Es ist nicht zu fassen! Warum ist das nicht geschehen? Gibt es in Rom nicht genügend Wasser?« Das ging an Sabidius. »Antworte! Und komm mir nicht wieder mit der Order des Kaisers, den Abschnitt so schnell wie möglich fertigzustellen! Es wäre deine Aufgabe gewesen, zu tun, was zu tun war, nämlich zu wässern! Das ist ein unverzeihliches Versäumnis! Zwei Männer sind verletzt! Der eine schwer! Vielleicht lebensbedrohlich! Das wird sich unter den anderen herumsprechen. Und es wird die Arbeitsmoral nicht fördern. – Tarquinius!«

»Herr!«

»Hast du Sabidius darauf aufmerksam gemacht, daß das Gußwerk bewässert werden muß?«

Tarquinius wußte, daß es zwecklos war, zu versuchen, seinen Kollegen mit irgendwelchen fadenscheinigen Gründen zu schützen. Er hatte ihn in der Tat mehrmals darauf angesprochen, doch Sabidius hatte es nicht für notwendig erachtet zu reagieren. Also erklärte er: »Ja, ich habe ihn darauf angesprochen.«

»Aber er hat nicht auf dich gehört...«

Tarquinius nickte stumm.

»Sabidius!«

Der Angesprochene zuckte zusammen und brachte nur noch ein heiseres »Herr!« hervor. Seine Augen flackerten vor Angst.

»Ich entziehe dir die Leitung dieses Bauabschnitts. Es wird noch zu überlegen sein, ob du – außerhalb des Amphitheaters – mit einer anderen Aufgabe betraut wirst. Du kannst gehen. Halte dich aber zur Verfügung!«

Sabidius entfernte sich wie ein geprügelter Hund. Im Vorbeigehen warf er Tarquinius einen haßerfüllten Blick zu.

Als er draußen war, wandte sich Titus an Rabirius: »Es wäre allerdings Sache des Haterius gewesen, sich um diese wichtigen Dinge zu kümmern.«

»Herr!« verteidigte Rabirius seinen Vorgesetzten. »Haterius ist seit Tagen nicht mehr auf der Baustelle gewesen. Wir wissen alle, warum: Er war schon am Ende seiner Kräfte.«

Doch Titus blieb hart: »Das mag sein. Aber dann hättest du dich selbst darum kümmern müssen! Oder hast du nichts von der Sache gewußt?«

»*Ita'st** – So ist es. Sabidius hat bisher gute Arbeit geleistet. Es bestand kein Grund, ihm auf die Finger zu schauen.«

---

* Eine Zusammenziehung aus *Ita est* = So ist es

Titus betrachtete das Gesicht von Tarquinius. Dieser hielt dem forschenden Blick offen stand.

Schließlich sagte Titus: »Ich verstehe... Tarquinius, es ging dir also gegen die Ehre, Sabidius anzuschwärzen...«

Tarquinius nickte gelassen.

»Dann bleibt uns nur zu hoffen, daß die außerhalb des Segments gegossenen Gewölbe nach allen Regeln der Baukunst erstellt worden sind.«

»Herr«, erklärte Tarquinius, »dafür lege ich meine Hand ins Feuer.«

»Nun gut. Was geschieht mit der Bruchstelle?«

»Da bleibt nur eins: Abreißen! Neu errichten!«

Titus nickte. »Wir werden uns das gleich noch genau ansehen.«

Er stand auf, und die beiden anderen schossen in die Höhe. Titus ging einige Schritte auf und ab, blieb schließlich mit verschränkten Armen vor ihnen stehen, und als er dann sprach, klang es so, als ob er laut dachte: »Haterius fällt ab sofort aus, ebenso Sabidius. Der Unfall wirft unsere Planungen durcheinander. Wir werden den Termin nicht einhalten können. Es darf keine weiteren Zwischenfälle geben! Das wird nur durch eine zentrale Kontrolle der Arbeiten möglich sein. Ich bezweifle, daß die bisherige Regelung, wie Haterius sie getroffen hatte, zum Erfolg führt... Tarquinius!«

»Herr!«

»Bis ein Nachfolger für Sabidius gefunden ist, wirst du seinen Abschnitt mit übernehmen. Überlege schon einmal, wer da in Frage kommen könnte. Du kennst ja die Leute. Wenn es irgendwelche Probleme gibt, kannst du dich jederzeit direkt an mich wenden. Die Wachen des Palastes erhalten Anweisung, dich jederzeit durchzulassen. Nun zu dir, Rabirius...«

Titus wollte wieder auf dem Stuhl Platz nehmen, als er innehielt: »Was befindet sich da unter dem Tuch?« Er wies zu dem zweiten Tisch, der am Fenster stand.

Rabirius ging zögernd hinüber. Vorsichtig zog er die Abdeckung weg. Zum Vorschein kam ein Modell des Amphitheaters, das einen Durchmesser von etwa vier Fuß* hatte. Es war ganz aus hellem, fast weißem Lindenholz gearbeitet.

Langsam näherte sich Titus dem Modell. Er blieb eine Weile davor stehen und betrachtete es stumm. Dann lief er einmal um den ganzen Tisch und begutachtete es aus verschiedenen Perspektiven, ging in die Hocke, um die Außenfront in den Blick zu bekommen und schaute von oben in die Arena. Zuletzt strich er mit den Fingern vorsichtig über das Holz, drehte sich um und sagte: »Ist das dein Werk?«

»Ja«, nickte Rabirius bescheiden.

»Seit wann steht das hier?«

»Seit gestern, Herr.«

»Aha...« Titus schüttelte unwillig den Kopf. »Aber wir haben doch schon ein Modell! Es befindet sich im Arbeitszimmer des Kaisers!«

Er betrachtete das hölzerne Amphitheater erneut. Dann hieß es: »Was ist denn das?«

Titus wies auf den oberen Teil: Das dritte Geschoß der Arkaden trug eine Mauer, die einer Krone ähnelte. Dieser Eindruck wurde noch verstärkt durch senkrecht stehende Hölzer, die an der Außenseite befestigt waren und den Mauerkranz weit überragten.

---

* ca. 120 cm

»Hat Haterius das Konzept geändert?«

»Durchaus nicht, nein«, sagte Rabirius und trat neben Titus. »Er hielt bis zuletzt an seiner Vorstellung fest, daß der Bau mit der obersten Arkade abschließen sollte.«

»Heißt das …« – Titus forschte im Gesicht von Rabirius – »daß du dich mit Haterius gestritten hast?«

»*Streiten* ist wohl zu scharf formuliert, Herr. Wir haben des öfteren darüber diskutiert. Ich hatte ihm angeboten, anhand eines Modells – eben diesem – die Vorteile meiner Konzeption deutlich zu machen. Ich wollte es ihm heute zeigen.«

»Du sagst Vorteile … Welche Vorteile?« fragte Titus.

Längst war auch Tarquinius dazugetreten und lauschte mit wachsendem Interesse.

»Nun, es sind im wesentlichen drei … Es ist – wie wir alle wissen – bisher noch nie ein Amphitheater von solch gigantischen Ausmaßen gebaut worden. Mit anderen Worten, wir betreten hier Neuland und können uns nicht an älteren Bauten orientieren. Wie du ja weißt, Caesar, hatte sich Haterius im Einverständnis mit dem Kaiser die Rückfront des Marcellustheaters zum Vorbild für die Gliederung der Außenfront genommen. Das heißt, die Säulen und Kapitelle der unteren Arkade sollten nach der dorischen, die der zweiten nach der ionischen und die der dritten nach der korinthischen Ordnung gegliedert werden.«

»Das ist ja auch so geblieben!«

»*Ita'st*. Aber mit Erreichen der dritten Arkade sollte der Bau fertig sein …«

Rabirius beugte sich über das Modell und bat Tarquinius, mit anzufassen. Gemeinsam hoben sie den oberen, neuen Teil mit dem Mauerkranz vorsichtig ab und legten ihn auf den Boden.

Rabirius fuhr fort: »Du wirst zugeben, Herr, daß der Bau in dieser Form schwer, drückend – ja, ich behaupte: unfertig aussieht...«

Er trat zurück, um Titus Gelegenheit zu geben, das Gesagte am Modell nachzuvollziehen. Dann setzte er zusammen mit Tarquinius den Mauerkranz behutsam wieder auf die Anlage, trat zurück und schaute Titus fragend an.

Die Miene des Thronfolgers verriet nicht, was er dachte. Statt dessen wandte er sich an Tarquinius: »Tarquinius! Deine Meinung!«

Die Antwort kam prompt: »Ich gebe Rabirius recht.«

Titus kniff die Augen zusammen, hockte sich noch einmal neben den Tisch, ging noch einmal um ihn herum, die Augen konzentriert auf das Modell gerichtet. Schließlich blieb er stehen, nickte anerkennend und erklärte: »In der Tat, es wirkt so harmonischer, ausgewogener, wohlgestalteter. Aber du sprachst von drei Vorteilen gegenüber der alten Form, Rabirius!«

»Den ersten hast du gerade genannt, Herr. Er umfaßt grundsätzlich das, was man die Schönheit eines Baus nennen kann.«

»Ich verstehe... Und die beiden andern?«

»Sie sind praktischer Natur. Am oberen Ende dieser Hölzer – es sind insgesamt zweihundertvierzig – werden Taue befestigt. Sie halten, wie bei einem Spinnennetz, einen mittleren Seilring, der sich über dem Zentrum der Arena befindet. Daran werden Stoffbahnen so befestigt, daß sie sich über Seilzüge von außen nach innen oder umgekehrt bewegen lassen. Leider war es mir in der Kürze der Zeit noch nicht möglich, die Mechanik der Seilzüge am Modell anzubringen, aber das ließe sich...«

»Du meinst also«, unterbrach ihn Titus, »so etwas wie... wie Segel?«

»Ja, Sonnensegel. Das Rund wird nämlich wie eine riesige Schüssel die Wärme der Sonne aufnehmen und im Stein speichern. Im Sommer wird die Hitze im Innern unerträglich; die Sonnensegel können das verhindern. Und der dritte Punkt: An kühlen Tagen kann sozusagen der Himmel geöffnet werden, damit Wärme und Licht freien Zugang haben.«

Es war Rabirius und Tarquinius nicht entgangen, daß sich die Züge des Thronfolgers langsam aufhellten. Das bekannte Jungengesicht kam zum Vorschein. Kein Zweifel, er war von den Ideen des Rabirius angetan.

Und er sagte es: »Großartig, Rabirius! Wirklich großartig!« Er klopfte ihm auf die Schulter. »Weiß Haterius davon?«

»Nein, ich wollte ihm heute... Ich konnte ja nicht ahnen, daß er...«

»Das spielt jetzt keine Rolle mehr.« Titus lachte gutgelaunt. »Das klingt alles sehr überzeugend. Aber...«, er wurde wieder ernst, »da bleibt ein wichtiger, ein entscheidender Punkt...« Er betrachtete noch einmal das Modell, schaute dann von einem zum andern. »Werden die Fundamente und die Arkaden stark genug sein, diese zusätzlichen Aufbauten zu tragen? Mehr noch: Wird der obere Mauerkranz den gewaltigen Druck der gespannten Seilzüge aushalten können?«

»Herr!« begann Rabirius, und nun sprach er als Fachmann: »Was die Fundamente betrifft, so wären sie in der Lage, noch ein zweites Theater zu tragen. Im übrigen werden die sich schräg nach innen absenkenden Tribünen als Gegenlager wirken, das den Druck von außen auffängt. Und was die obere Mauer betrifft,

Das Kolosseum im Modell

Die ursprüngliche Planung des Haterius

Das Modell des Rabirius

die wir auf das dritte Geschoß setzen wollen: Sie ist ein riesiges elliptisches Gewölbe, das in der Waagerechten liegt. Es tritt der gleiche Effekt ein, wie man ihn von den Bögen einer Steinbrücke kennt: Je mehr sie – etwa von schweren Wagen – belastet werden, um so besser tragen sie. Das heißt, je stärker der Zug der Seile nach innen wird, um so stabiler wird das Gefüge, da die Quader dadurch zusammengepreßt werden.«

»Aber was ist, wenn eine plötzliche Sturmbö zwischen die Segel fährt?«

Und Rabirius: »Sie wird niemals die Mauern zum Einsturz bringen können, weil hier das gleiche Prinzip gilt: Je stärker der Zug an den Seilen wird, um so mehr stabilisiert sich das Gefüge der Mauer!«

»Ich verstehe.« Titus nickte und sah Tarquinius an: »Deine Meinung?«

Und Tarquinius: »Ich sehe keine statischen Probleme, allerdings...«

»Ja?«

Tarquinius war Praktiker, und er hielt mit seinen Bedenken nicht hinter dem Berg: »Von ganz entscheidender Bedeutung wird die Qualität der Seile und die Stärke der Flaschenzüge sein...«

»Du meinst zum Beispiel: Nasse Seile hängen durch!«

»*Ita'st*. Es müßte ein mechanisches System konstruiert werden, das die Seile über hängende Gewichte an den Flaschenzügen von selbst nachspannt.«

»Und das wäre machbar?«

»Natürlich!«

»Kennst du Fachleute, die das entwickeln können?«

Tarquinius lächelte: »Sie stehen vor dir, Caesar!«

»Dann an die Arbeit! Ihr nehmt unverzüglich Kontakt mit Seilerwerkstätten auf! Ich nehme an, ihr werdet zunächst Versuche im kleineren Maßstab machen..."

"*Ita'st.*"

"... und später mit mechanischen Vorrichtungen in Originalgröße experimentieren..."

"*Certo* – Sicher."

"Dazu braucht ihr Platz. Wo wollt ihr das machen?"

Rabirius überlegte: "Am besten auf dem Marsfeld."

"Einverstanden!" Titus rieb sich gutgelaunt die Hände, und einen Augenblick lang hatten alle drei das Gefühl, als seien sie eine verschworene Gemeinschaft.

"Ich werde dem Kaiser darüber berichten", beendete der Thronfolger das Gespräch. "Ihr werdet das Modell noch heute auf den Palatin bringen!"

Sie nickten.

"Ich möchte, daß ihr selbst dem Kaiser vortragt. Ich werde dabei sein. Man wird euch wissen lassen, wann ihr im Palast zu sein habt." Titus überlegte: "Ich denke, daß dies im Laufe des späten Nachmittags sein wird. Zuvor muß ich mit dem Kaiser über die geänderte Lage reden. Ihr habt in mir einen guten Fürsprecher..."

Er sah beide an, lächelte, und sie verbeugten sich.

"Als erstes aber müssen die übrigen Bauleiter und die Meister zusammengerufen werden. Ich selbst werde sie davon unterrichten, daß Haterius ausfällt und Tarquinius den Abschnitt von Sabidius mit übernimmt."

Er machte eine kurze Pause, bevor er sinnend sagte: "Es wird Änderungen geben..." Sein Blick ruhte erst auf Rabirius, dann auf Tarquinius. Dann hieß es: "Tarquinius, du wirst dich persönlich um die beiden Verunglückten kümmern. Falls Tiribazos aufgrund seiner schweren Verletzung arbeitsunfähig wird, wirst du mir berichten. Hat er Familie?"

»Ich glaube schon«, sagte Tarquinius. »Das haben hier die meisten.«

»Ich werde veranlassen, daß ihm aus dem *fiscus** ein monatlicher Betrag in angemessener Höhe gezahlt wird. Und nun an die Arbeit!«

Antonia denkt weiter

Tarquinius blieb leicht verwirrt zurück. In seinem langen Berufsleben hatte er noch nie erlebt, daß unmittelbar auf eine Katastrophe ein solcher Neuanfang folgte: Das, was er soeben miterlebt hatte, würde eine Umgestaltung des alten Planes zur Folge haben, die man geradezu revolutionär nennen konnte. Viele technische Fragen waren noch offen: die Verbindung der Mauerkrone mit dem Unterbau; Material, Stärke und Höhe der Mauer; die Befestigung der von Rabirius vorgesehenen Balken, die die Seile für die Sonnensegel tragen sollten; vor allem das System der Seilzüge, für das es kein Vorbild gab, es sei denn die Takelage eines Segelschiffs.

Wer sollte das alles umsetzen? Ihnen allen standen große Aufgaben bevor. Und das jetzt, wo die Zeit bis zur Fertigstellung des Theaters immer knapper wurde. Würde der alte Kaiser das noch miterleben?

Wie Titus es ihm aufgetragen hatte, erkundigte sich Tarquinius nach dem Befinden der beiden Verletzten. Syrus hatte großes Glück gehabt und war mit Abschür-

* fiscus ist die Privatkasse des Kaisers

fungen und Prellungen davongekommen. Dem Tiribazos aber hatte Athenodoros das mehrfach gebrochene Bein amputieren müssen.

Der Arzt erklärte sachlich: »Ob der Mann überleben wird, ist unsicher. Es hängt davon ab, ob er Wundfieber bekommt.«

Anschließend nahm Tarquinius die Gerüste für die neuen Gewölbe in Augenschein, die Caelius, der Meister der Gerüstbauer, gesetzt hatte. Er war mit dem Werk zufrieden. Die Steinmetzen konnten damit beginnen, die Travertinblöcke auf die hölzernen Bögen zu setzen.

Caelius nahm ihn beiseite und fragte leise: »Stimmt es, was man so hört?«

»Was?«

»Das mit Haterius.«

»Es stimmt.«

»Und wer ... Ich meine, wer übernimmt nun ...«

»Ich nehme an, Rabirius.«

Caelius nickte. »Das ist gut. Bin mit ihm immer klargekommen. Und den Sabidius hat man ...?«

»Hat man, ja!«

»Und wer kriegt seinen Abschnitt?«

»Das ist noch offen. Vorerst soll ich mich um seinen Abschnitt kümmern.«

»Man hört, daß der Kaiser große Dinge mit euch vorhat. Und du sollst nun über alles ...«

»Wer sagt das?«

»Ach, du weißt doch, irgendeiner schnappt was auf ... Also stimmt es?«

»Was weiß ich?«

Tarquinius mußte daran denken, wie Titus ihn angeschaut hatte. Er wollte nicht weiter über das Thema reden und lenkte das Gespräch auf den Unfall: »Habe gerade mit Athenodoros gesprochen. Du weißt doch, Tiribazos...«

»Ja, schrecklich! Aber so ist das nun mal. Wundere mich, daß es hier nicht öfter zu solchen...«

»Das ist unter anderem dein Verdienst, Caelius.«

»Danke. Tue, was ich kann. Kannst dich auf mich verlassen, Tarquinius.«

»Ich weiß.«

»Schlimm für Sabidius – oder?«

»*Certo* – Sicher. Aber er trägt selbst die Schuld.«

Sie trennten sich.

Mit Caelius arbeitete er gern zusammen. Er fragte zwar ein bißchen zuviel, aber das gehörte zu ihm, und Tarquinius nahm es in Kauf, solange er seine Arbeit gut machte. Er war der beste Gerüstbauer von Rom. Nur das zählte.

Als Tarquinius auf das Areal außerhalb der Gewölbe trat, sah er, wie Azes eifrig dabei war, Männer einzuteilen, die Ladung Kalkstein aus Tibur an den dafür vorgesehenen Orten abzuladen. Er ging ganz in seiner Aufgabe auf.

Lucius kam heran, und der Vater fragte: »Alles klar gegangen?«

»Alles klar.«

»Gut. Du bleibst zusammen mit Azes hier... Ihr seht nach dem Rechten!«

»Mußt du weg?«

»Ja.«

»Wegen Haterius?«

»Das auch. Sag Azes, er soll zur achten Stunde* im Argiletum sein. Ich brauche ihn.«

---

* gegen 14 Uhr

»Soll ich mitkommen?«

»Du bleibst hier!«

In diesem Augenblick näherte sich ein berittener Centurio der Prätorianergarde. Er sprang vom Pferd und wandte sich an Tarquinius: »Wo finde ich Lucius Tarquinius Corvus?«

»Er steht vor dir.«

»Befehl des Caesar: Zur zehnten Stunde mit Sextus Rabirius im Palast einfinden!«

»Wo?« fragte Tarquinius zurück.

»Im Vorzimmer der Audienzhalle! Noch Fragen?«

»Keine Fragen.«

»Du wirst Rabirius Bescheid geben?«

»Ich werde es.«

Der Offizier schaute zum freigelegten Abschnitt der Außenfront: »Sieht verdammt gut aus!«

»Steckt auch eine Menge Arbeit drin!«

»Na dann... Seid pünktlich! Weitermachen! *Vale!*«

Er hob den rechten Arm und grüßte militärisch.

»*Vale!*« sagte Tarquinius, behielt aber den Arm unten.

Der Centurio – froh, daß er den Rabirius nicht noch suchen mußte – saß auf und ritt davon. Sein Auftrag war beendet.

Mit wachsendem Erstaunen war Lucius dem Dialog zwischen dem Centurio und seinem Vater gefolgt. Nun konnte er nicht mehr an sich halten. Er beugte sich vor und rief: »Was hat er gesagt? Audienzhalle?! Kaiser?! Du mußt zum Kaiser?«

»Nicht so laut, mein Junge!« Tarquinius legte Lucius den Arm um die Schulter und drückte ihn kurz an sich. Solche Gefühlsregungen waren bei ihm selten. Im Leben des Vaters mußte sich heute etwas Wichtiges ereignet haben.

»Entschuldige«, sagte der Sohn, »aber was hat das alles zu bedeuten?«

Tarquinius erklärte es ihm mit wenigen Worten. Lucius hörte aufmerksam zu, dann fragte er: »Weiß Mama schon davon?«

»Nein. Aber ich gehe jetzt zu ihr ins Argiletum. Ich muß mich frischmachen und umziehen.«

»Muß ich wirklich hierbleiben?«

»Ja.«

»Schade.«

»Ich erzähl dir später, wie's war...«

Lucius spürte, daß der Vater es eilig hatte wegzukommen, und sagte: »*Ich* kann ja Rabirius benachrichtigen. Er ist eben in sein Kontor gegangen.«

»*Bene* – gut. Tu das!«

»Er soll zur zehnten Stunde...«

»Zur zehnten Stunde, ja. Sag ihm, wir träfen uns etwas früher vor der Audienzhalle!«

Sie trennten sich, doch Tarquinius blickte Lucius nach und vergewisserte sich, daß er auch wirklich in das Kontor von Rabirius ging. Dann machte er sich mit schnellen Schritten auf den Heimweg.

Es war noch nie vorgekommen, daß er so früh, vor der langen Mittagspause, in seine Wohnung zurückgekehrt war.

Prompt sprach ihn Primosus an, der gerade einem Kunden vor seinem Laden die neuen Sandalen aus gelbem Ziegenleder zeigte: »Du bist schon zurück?« Er kam näher heran. »Ist was passiert? Oder bist du krank? Mir fiel schon heute morgen auf, daß du...«

»Alles in Ordnung«, sagte Tarquinius und ging an ihm vorbei. »Wir sehen uns heute abend im ›Siebengestirn‹.«

Primosus blickte ihm nach und dachte: ›Da muß was

vorgefallen sein, da muß was ... aber nichts Schlimmes. Er will heute abend ins 'Siebengestirn'! Heute morgen wollte er's nicht. Ich kenne ihn...‹ Und er wiederholte es laut: »Heute morgen wollte er's nicht.«

»Wieso denn?« fragte der Kunde. »Ich will sie doch!«

»Wie? Selbstverständlich! Bessere findest du in ganz Rom nicht!«

Der Mann kaufte dann gleich zwei Paar der gelben Sandalen.

Im Treppenhaus wollte Tarquinius mit Schwung zwei Stufen auf einmal nehmen, als ihm von oben Tillia Capriola entgegenkam. Sie hatte sich für einen Stadtgang feingemacht. Unter dem leichten, wollenen Umhang sah eine safranrangelbe Stola hervor; außerdem duftete sie nach Rosenwasser. Er blieb höflich stehen, um sie vorbeizulassen.

»Guten Morgen, Tarquinius! Man hat sich ja lange nicht gesehen. Ich hoffe, es geht dir gut.«

Er war immer wieder über ihre tiefe, warme Stimme erstaunt. Wenn man nicht hinsah, hätte man sie für die eines Mannes halten können.

»Danke, ich kann nicht klagen. Und du?« Obwohl er keine Lust hatte, mit ihr zu plaudern, konnte er dem Gespräch nicht ausweichen.

»Oh«, meinte sie, »endlich wird es wieder wärmer. Man muß sich nicht mehr gänzlich vermummen, wenn man in die Stadt will. Der Winter war lang und düster.«

»Ja, das war er«, nickte er und wollte weiter.

»Du bist früh zurück heute.« Sie sah ihn prüfend an. »Bist du krank?«

›Das geht dich nichts an!‹ dachte er, sagte aber laut: »Nein, nein, es geht mir gut. Danke der Nachfrage.« Alle Welt schien zu beobachten, was er tat und trieb.

»Das freut mich«, sagte sie. »Man macht sich ja gleich Sorgen, nicht wahr. Es passieren so viele schreckliche Dinge in der Welt. Gestern, so hörte ich, soll ein Rabe tot aufs Forum gefallen sein!«

»So?« Er hielt nichts von solchem Aberglauben, wußte aber, daß sich viele davon beeinflussen ließen.

In diesem Augenblick kam Matidia mit einem Einkaufskorb von oben die Treppe herunter. Capriola und Tarquinius traten zur Seite, um sie vorbeizulassen. Sie grüßte kurz und warf Tarquinius im Vorbeigehen einen kecken Blick aus ihren dunklen Augen zu, die stark geschminkt waren. Im Flur wiegte sie aufreizend ihre Hüften.

»Hält sich wohl für die Königin von Ägypten!« bemerkte Capriola mißbilligend. »Sitten sind das! Tsss!« Sie schüttelte entrüstet den Kopf, während Tarquinius schmunzelte: »Nun laß sie doch, sie hat ja sonst nichts.«

»Aber Tarquinius! Du bist doch verheiratet!«

»Und wie!« Er lachte. »So, ich muß nun…«

»Ja, ich auch. Alles Gute!«

»Gleichfalls!«

»Ach, da fällt mir ein…«

»Ja?«

»Das Schloß an meiner Truhe geht nicht mehr. Könntest du irgendwann mal danach schauen?«

»Ich schicke jemand vorbei. Wann bist du wieder zu Hause?«

»In einer Stunde.«

»Gut. Das kann Nefer machen.«

»Oh, ich danke dir! Was wäre ich ohne deine Hilfe.«

»Nicht der Rede wert. Bis später!«

Er stieg nach oben. Immer, wenn er ihr begegnete, hatte sie irgend etwas in ihrer Wohnung zu reparieren, einen Stuhl, eine Schublade, ein Wandbrett, das Türschloß. Diesmal also das Schloß ihrer Truhe. Meist erledigte er das abends selbst. Seine Frau machte ihm deswegen schon Vorhaltungen, doch er blieb dabei: Tillia Capriola war so alt wie seine Mutter und wie diese alleinstehend. Da mußte man helfen. Im übrigen mochte er sie, auch wenn sie etwas seltsam war.

Als er sich der Tür seiner Wohnung näherte, hörte er schrille Pfiffe, die durch Mark und Bein gingen. Gleich darauf ertönte die Stimme seiner Frau: »Marcus! Du hörst jetzt sofort mit diesem Pfeifen auf!«

Ein erneuter Pfiff – und unmittelbar anschließend das Klatschen einer Ohrfeige. Es folgte ein Aufschrei, dann Heulen, das allmählich immer jämmerlicher wurde.

Tarquinius seufzte, öffnete die Tür und trat in den Flur. Marcus stand schluchzend da und rieb sich die Backe.

»Was ist denn hier los?«

Augenblicklich änderte sich der Gesichtsausdruck des Leidenden, er kam auf den Vater zu und erklärte: »Ich kann auf den Fingern pfeifen! Gaius kann es nicht!«

Gaius war sein Zwillingsbruder. Beide waren knapp sieben Jahre alt, aber Marcus war eine Stunde älter als Gaius.

Da kam auch Gaius in den Flur, steckte zwei Finger in den Mund und versuchte vergeblich, einen Pfeifton zu erzeugen.

Marcus, fest überzeugt, daß es den Vater interessieren würde, machte dem Bruder vor, wie man die Finger halten mußte, und pfiff.

»Maaar...cus!« rief Antonia aus einem Nebenraum, und ihre Stimme überschlug sich fast. »Habe ich dir nicht gesagt, du sollst das lassen?! Na warte, wenn der Vater...« Sie blieb im Türrahmen stehen. »Du bist schon da?«

Marcus pfiff erneut, doch nun herrschte Tarquinius ihn an: »Schluß jetzt! Laßt eure Mutter und mich allein!«

Die Zwillinge verschwanden.

Antonia sah ihren Mann besorgt an: »Ist was passiert?«

»Das kann man wohl sagen.« Sie wußte diesen Satz nicht zu deuten und sah ihn fragend an.

»Komm ins Tablinum!« Tarquinius meinte das große Empfangszimmer, in dem er auch sein Archiv hatte. Sorgfältig schloß er die Tür hinter sich. Antonia setzte sich in den Korbsessel am Kopfende des Tisches, legte die Hände in den Schoß und blickte zu ihm hoch.

Endlich begann er: »Ich muß heute nachmittag zum Kaiser.«

»Zum Kaiser?« Erschrocken und staunend zugleich hielt sie einen Augenblick lang den Mund offen. Dann stammelte sie: »Ja, aber... Warum denn zum Kaiser? Hast du was falsch gemacht?«

»Ich hoffe, nicht.« Er erklärte ihr, langsam und ausführlich, den Verlauf des Vormittags. Sie lauschte mit wachsender Spannung.

Als er fertig war, sagte sie als erstes: »Der arme Tiribazos!«

Er nickte: »Na, wenigstens wird er keine Not leiden. Titus läßt ihm einen Betrag aus dem *fiscus* zahlen.«

»Das steht ihm ja wohl auch zu!«

»Nein, keineswegs, es liegt ganz im Ermessen des Caesars. Tiribazos war bis vor zwei Jahren Sklave.«*

»Hat er Familie?«

»Ich glaub' schon.«

»Kannst du dich nicht etwas um ihn kümmern?«

»*Certo* – sicher. Ich werde gleich morgen nach ihm schauen.«

Sie schwiegen eine Weile, und Tarquinius sah, daß seine Frau nachdachte. Schließlich sagte sie: »Tarquinius...!«

»Ja?« Immer, wenn sie ihn mit seinem Familiennamen anredete, folgte etwas Wichtiges.

Sie faltete ihre Hände, löste sie und betrachtete sie eine Weile, dann meinte sie: »Der Kaiser scheint große Dinge mit dir vorzuhaben...«

»Nun mal langsam. Es ist doch alles offen.«

Aber Antonia ließ sich nicht beirren: »Warum sonst würde dich Titus zu Vespasianus bestellen?«

Tarquinius mußte zugeben, daß er sich die Frage schon selbst gestellt hatte, denn die Vorstellung des Modells war schließlich allein Sache von Rabirius.

Und Antonia spann den Faden fort: »Wenn er dich befördert, dann wäre das doch mit einer Gehaltserhöhung verbunden, nicht wahr?«

»Nun ja, das mag so sein – aber worauf willst du hinaus?«

Sie stand auf, trat zum Fenster und blickte auf die Straße: »Ich halte das nicht mehr aus!«

»Was?«

Da drehte sie sich abrupt um und sah ihren Mann an: »Lucius! Dieser ewige Krach! Tagsüber das Geschrei

---

* Man kannte damals keine Altersversorgung

der Leute auf der Straße! Nachts das Gerumpel der Bauernkarren!«

»Sie dürfen nur nachts in die Stadt!«

»Eben! Ich ... ich kann das alles nicht mehr ertragen! Und ich denke auch an die Kinder.«

»An die Kinder?« Tarquinius schüttelte erstaunt den Kopf. »Sie fühlen sich doch wohl hier!«

»Das mag schon sein, aber ... sie haben schlechten Umgang.«

»Schlechten Umgang?«

»Ja. Die Zwillinge schnappen alles auf, was ihnen diese *plebs* vormacht!«

»Du meinst das Pfeifen?«

»Ja, auch das Pfeifen!«

»Ich habe in ihrem Alter dasselbe gemacht!«

»Gut, aber du hast nicht im Argiletum gewohnt!«

»Heißt das ... Du willst hier weg?«

»Ja.«

»So plötzlich?«

»Nein, ich denke schon lange darüber nach.«

»Und warum hast du mir nichts davon gesagt?«

»Ich wollte dich nicht beunruhigen. Du hast genug um die Ohren.«

»Und nun denkst du, die Gelegenheit ist günstig!«

»Aber Lucius!« Sie griff nach seiner Hand und streichelte sie. »Ich habe bisher keine großen Ansprüche gestellt. Du weißt, daß ich damals, als wir uns kennenlernten, die Hand eines Ritters ausgeschlagen habe. Mein Vater ließ mir die freie Wahl.«

»Damit bist du nicht schlecht gefahren!« Zorn stieg in ihm hoch. »Ich habe geschuftet für drei, um nach oben zu kommen. Und ich habe es geschafft! Wir können uns viel leisten! Wir sind angesehen im Viertel.«

Sie schwieg, und er meinte zu wissen, was sie nun dachte: »Aber das genügt dir ja nicht!« Erregt ging er auf und ab, blieb dann vor ihr stehen und stieß hervor: »Ich weiß, ich weiß, deine Familie hat sich schon immer für was Besseres gehalten! Da geht die Rede, dein Urgroßvater sei ein Freigelassener des berühmten Marcus Antonius gewesen...«

»Es geht nicht die Rede«, rief sie, »es stimmt! Und er war stolz, den berühmten Namen tragen zu dürfen!«

Er lachte kurz auf und hob die Stimme: »Was soll das? Dann könnte ich wie einst Caesar behaupten, ein Nachkomme der Könige zu sein! Die Tarquinier gibt es nämlich schon seit sechs Jahrhunderten!«

»Warum schreist du so?«

»Ich schreie nicht. Immer wenn ich etwas sage, was dir nicht paßt, heißt es, ich schreie. Dabei spreche ich ganz ruhig... ganz ruhig...« Er sagte es, um sich selbst zu beruhigen. »Und ausgerechnet jetzt mußt du...«

Ihre Antwort überraschte ihn: »Du hast ja recht. Du mußt dich jetzt ausruhen...«

Und er, trotzig: »Ich will mich nicht ausruhen! Ich muß mich frischmachen, ein Bad nehmen und umziehen. Aber vorher will ich die Sache zu Ende bringen.«

»Das hat doch Zeit. Wir können später darüber reden.«

»Nein. Du hast die Sache zur Sprache gebracht. Also werden wir darüber reden. Jetzt!« Er atmete einmal tief durch. »Du willst also weg. Gut. Und wohin? Etwa aufs Land?«

Antonia besaß bei Tusculum in den Albaner Bergen ein Landhaus, das sie von ihrem Vater geerbt hatte. Man mußte dort immer wieder nach dem Rechten sehen, die Apfel- und Kirschbäume beschneiden, Unkraut jäten, das Obst ernten, das Dach reparieren... Es gab immer etwas zu tun.

»Nein, nicht aufs Land.« Sie schüttelte den Kopf.

»Was dann?«

»Ich hörte, daß auf dem Esquilin ein Haus zum Verkauf angeboten wird. Es ist ein altes Haus.«

»Aha! Auf dem Esquilin also! Warum nicht gleich auf dem Palatin – was sage ich: auf dem Capitol*!«

Doch nun lächelte Antonia ihn an und erklärte ganz ruhig: Das Haus sei alt und baufällig; es habe Ignatia Fabulla, einer alten Witwe gehört; sie sei kinderlos gestorben. Ihr einziger Verwandter, ein Neffe, stecke in finanziellen Schwierigkeiten und müsse das Haus so schnell wie möglich verkaufen, um seine Gläubiger befriedigen zu können. Das bedeute, daß er es wohl unter Preis anbiete. Wahrscheinlich werde er das Anwesen dem überlassen, der ihm die ganze Summe auf die Hand zähle.

»Man wird«, fuhr sie eifrig fort, »auf den schlechten Zustand des Gebäudes hinweisen müssen und geltend machen, daß man alles Alte abreißen und das Haus von Grund auf neu bauen muß. Das dürfte den Preis noch einmal drücken. Vielleicht könntest du die unteren Mauern stehenlassen...«

»Hast du dir das Anwesen etwa schon angesehen?« fragte Tarquinius.

»Ja, im Vorbeigehen. Ein wunderschönes Grundstück mit großem Garten. Und nicht am lauten Clivus Suburanus, sondern in einer ruhigen Seitenstraße, gleich hinter der Servianischen Mauer. Du solltest es dir wenigstens einmal ansehen.«

---

* Auf dem Palatin standen die Kaiserpaläste, auf dem Capitol der Tempel des Iupiter

»Hm...« Tarquinius schaute seine Frau an. Das Lächeln, mit dem sie ihn ansah, war hinreißend. Im übrigen mußte er, nachdem sein erster Zorn verraucht war, zugeben, daß ihr Vorschlag eigentlich gar nicht so schlecht war. Seit der Geburt der Zwillinge war es in der Tat eng in dieser Wohnung geworden. Neben den Eltern und den fünf Kindern gehörten Antonia Paulla – die siebenundsiebzigjährige Tante seiner Frau –, Azes und dessen Frau Thais, ihr Sohn Nefer sowie die Sklaven Syphax, Thrax, Ursilla und Berenike zum Haushalt. Das waren fünfzehn Personen. Selbst wenn demnächst Ursilla und Thrax auf einem Zimmer schliefen – Tarquinius wollte ihnen das eheähnliche Zusammenleben gestatten, zumal Ursilla schwanger war –, änderte das wenig an den Wohnverhältnissen: Es blieb für die Herrschaft eng.

»Ich könnte einmal mit meinem Bruder über alles reden«, fuhr Antonia eifrig fort. »Er würde sich das Haus ansehen...« Marcus Antonius Paullus war Tuchhändler. Er betrieb neben dem Stammhaus im Argiletum einen großen Laden beim Pompeiustheater auf dem Marsfeld.

»Hm...«

Antonia, die sehr wohl spürte, daß das Eis geschmolzen war, malte Tarquinius eine schöne Zukunft aus: »Du hättest dann ein eigenes Kontor und müßtest deine Akten nicht mehr im Tablinum unterbringen. Die Kinder bekämen alle eigene Zimmer. Auch die Sklaven wären besser untergebracht. Und ich hätte endlich eine große Küche, gleich neben dem Atrium*.«

---

* Das *atrium* ist der Innenhof in einem vornehmen römischen Stadthaus

»Na, gut«, sagte er und reckte sich. »Anschauen kostet nichts.« Damit war das unliebsame Thema erst einmal vom Tisch.

Antonia strahlte, sprang auf, umarmte ihn und gab ihm einen schmatzenden Kuß.

»So, aber nun an die Arbeit!« Sie öffnete die Tür und rief: »Thais!«

Von irgendwoher kam die Antwort: »Ja, Herrin?« Thais war nur ein Jahr älter als Antonia, ging aber in die Breite und wirkte sehr mütterlich. Antonia hatte sie, zusammen mit Azes, von ihrem Vater geerbt. Nun stand sie den weiblichen Sklaven vor, doch auch Thrax und Syphax fürchteten ihren Zorn, wenn sie etwa vergaßen, die Sandalen vom Straßendreck zu säubern.

Als Thais im Türrahmen erschien, sagte Antonia: »Thrax soll im Bad das Feuer schüren, und Ursilla soll Tücher bereitlegen!«

Thais nickte. Da bemerkte sie Tarquinius und fragte erstaunt: »Um diese Zeit?« Ob sie damit das Bad oder das frühe Erscheinen ihres Herrn meinte, war unklar.

»Ja. Der Herr muß gleich zur Audienz!«

»Zur Audienz?«

»Ja, beim Kaiser!«

»Beim Kaiser?!« Sie hielt erschrocken die Hand vor den Mund, denn der Kaiser kam bei ihr gleich nach Iupiter.

»Hol die beste Toga aus der Truhe!«

»Die beste Toga ...«

»Und laß Berenike die Sandalen putzen! Die aus Ziegenleder!«

»... die aus Ziegen ...« Sie war immer noch verblüfft.

»Und sag Syphax, er soll den Herrn rasieren. Vor dem Bad!«

»...vor dem Bad...«

»Und hol die beste Tunica hervor! Nein, warte, wir machen das gleich zusammen. Komm!«

Tarquinius blickte den Frauen nach und seufzte: Genau diesen Wirbel hatte er befürchtet.

Dann fiel ihm die Truhe von Tillia Capriola ein; er ließ Nefer kommen und beauftragte ihn, auf die Rückkehr von Tillia zu achten und sich bei ihr wegen der Reparatur des Schlosses zu melden.

»Geld stinkt nicht...«

Etwa um die gleiche Zeit – es ging schon gegen Mittag – näherte sich Titus dem Arbeitszimmer des Kaisers. Vom diensthabenden Tribun der Garde hatte er erfahren, daß Vespasianus an seinem Arbeitstisch Platz genommen hatte.

Titus war besorgt. Der Gesundheitszustand seines Vaters hatte sich in den letzten Wochen rapide verschlechtert. Während einer Reise durch Campanien war er von Fieberanfällen gepackt worden und hatte befohlen, nach Rom zurückzukehren. Vor fünf Tagen war er angekommen. Das Fieber war, dank der Mittel, die der Arzt Athenodoros ihm eingab, etwas zurückgegangen; aber seit seiner Ankunft wurde er von Durchfall gequält, der ihn sehr schwächte. Trotzdem ließ er es sich nicht nehmen, den Regierungsgeschäften wie immer nachzugehen. Titus wußte, daß der Vater – er war nun neunundsechzig Jahre alt – sein Leben lang hart gearbeitet und sich nicht viel um seine Gesundheit gekümmert hatte. Er war verbraucht. Titus nahm sich vor, noch heute mit Athenodoros ein ernstes Gespräch zu führen.

Die Posten rechts und links der Tür nahmen Haltung an und grüßten. Titus nickte ihnen nur zu. Einer öffnete die Tür und meldete: »Der Caesar Titus Vespasianus!«

Von drinnen kam eine matte Stimme: »Komm herein, mein Junge!«

Titus trat ein, sah den Privatsekretär seines Vaters am Stehpult und befahl ihm: »Laß mich allein mit dem Kaiser!«

Der Mann legte den Stift hin, verbeugte sich und verließ den Raum.

Vespasianus sagte mit einigem Schwung: »Was soll das? Ich war gerade mitten in einem Schreiben an den Procurator von Ägypten! Du störst!«

»Tut mir leid. Aber ich muß mit dir sprechen...«

Titus ging um den Tisch herum, stützte die Hand auf die Lehne des Sessels und betrachtete das Gesicht seines Vater von oben. Er hatte stark abgenommen. Die Wangen waren eingefallen, und die Backenknochen zeichneten sich scharf ab. Man hatte ihn in wärmende Decken und Kissen gehüllt.

»Vater! Wie geht es dir?«

Der alte, kranke Mann blickte hoch, und das bekannte spitzbübische Lächeln huschte einen Augenblick lang um Mund und Augen: »Oh, es geht mir eben wie jemandem, der guten Appetit und Durchfall zugleich hat. Solange unten nicht mehr abgeht als oben hereinkommt, handelt es sich durchaus um einen ausgewogenen Zustand.«

»Und das Fieber?«

»...ist zurückgegangen.« Er räusperte sich. »Ich fühle mich besser.«

Titus erhob sich, ging um den Tisch herum und nahm auf einem der gepolsterten Stühle aus dunklem Ebenholz Platz. Aufmerksam studierte er das Gesicht des Vaters. Was er sah, gefiel ihm nicht: die immer noch krankhaft geröteten Wangen, die wäßrig glanzlosen Augen, die grauen Schatten darunter, die blasse, feuchte Stirn. Schließlich sagte er sehr ernst: »Vater! Ich bin nicht damit einverstanden, daß du hier sitzt und arbeitest! Das können andere machen! Du mußt ins Bett!«

»Ach was!« Vespasianus griff nach der silbernen Trinkschale und nahm einen kleinen Schluck Rotwein zu sich. »Hervorragend!« Er meinte den Wein. »Den hat mir heute morgen Salvius Liberalis geschickt...« Er schmunzelte. »Dann will er was von mir!«

Titus runzelte die Stirn: »Ich weiß auch, was.«

»So? Was denn?«

»Das Kommando über die *Legio Quinta Macedonia* in Moesien*.«

»Woher weißt du das?«

»Ich habe da so meine Quellen...«

»Nicht schlecht. Und? Was sagst *du* dazu?«

»Nun, er ist sicherlich für den Posten geeignet...«

»Aber?«

»Vater, hast du vergessen, was Salvius unlängst vor

---

* D.h. die V. Legion mit dem Ehrennamen *Macedonia*; alle römischen Legionen hatten neben der Nummer einen Ehrennamen. Die Provinz *Moesia* umfaßte das heutige Serbien und Bulgarien.

Gericht anläßlich der Verteidigung des steinreichen Hipparchos von sich gegeben hat?!«

»Keineswegs. Er sagte: ›Was geht es den Kaiser an, wenn Hipparchos hundert Millionen Sesterzen besitzt?‹ – Und ich habe ihn dafür gelobt.«

Titus schüttelte ungehalten den Kopf, doch Vespasianus fuhr fort: »Ich mag Männer, die mir ungeschminkt ihre Meinung sagen. Die Leute sollen sich sicher fühlen…« Er nickte gedankenverloren vor sich hin und fuhr fort: »Weißt du, ich habe nie viel von dieser schrecklichen Kriecherei gehalten, wie sie unter Nero eingerissen war. Man muß den Staat wie ein Geschäft führen: Du hast bestimmte Einnahmen – und danach richten sich die Ausgaben. Wer mehr ausgibt, als er einnimmt, geht bankrott. Als ich vor zehn Jahren dieses ›Geschäft Römisches Reich‹ übernahm, ließ ich als erstes feststellen, was in der Kasse fehlte. Und weißt du, was mir die Fachleute damals sagten?« Vespasianus beugte sich vor und sah seinen ältesten Sohn erwartungsvoll an. Als dieser schwieg, fuhr Vespasianus fort: »Dann sag ich's dir jetzt…« Er hob den Zeigefinger, und Titus sah, daß er zitterte: »Vierzig Milliarden! Vierzig Milliarden Sesterzen! Soviel braucht der Staat in einem Jahr, um leben zu können!«*

Titus nickte. Er kannte diese Geschichte längst. Hatte der Kaiser das vergessen? Daß er sie immer wieder erzählte, zeigte, wie stolz Vespasianus darauf war, die Staatskasse in kürzester Zeit wieder saniert zu haben. Titus wußte aber auch, daß diese Summe damals nur

---

* Diese Summe läßt sich nicht umrechnen in eine moderne Währung, da wir nicht wissen, was Produkte und Dienstleistungen damals kosteten.

mit einer rabiaten Erhöhung der Provinzabgaben und mit allgemeinen Steuererhöhungen aufgebracht werden konnte. Doch die Gelder waren in den letzten Jahren in die Provinzen zurückgeflossen; man hatte Straßen und Brücken gebaut, der Handel blühte, im Westen wie im Osten des Reiches.

Plötzlich verzog Vespasianus schmerzvoll das Gesicht und stöhnte: »Die Gicht! Diese gottverdammte Gicht! Zum Hades mit dem, der sie erfunden hat!«

»Dann solltest du keinen Wein trinken, Vater.«

»Ach was! Man gönnt sich ja sonst nichts. Und mach mir nicht dauernd Vorschriften darüber, was ich zu tun und zu lassen habe! Es geht zu Ende mit mir...«

»Aber Vater!«

»Doch, doch, man muß der Wahrheit ins Auge schauen...« Der alte Schalk war plötzlich wieder da: »Ich glaube, ich werde bald ein Gott...«

Titus wollte darauf scharf erwidern, unterließ es aber; nur zu gut kannte er des Vaters Abneigung gegenüber dem pompösen Herrscherkult, den Augustus und seine Nachfolger inszeniert hatten – die Vergöttlichung des jeweils verstorbenen Vorgängers inbegriffen.

Unvermittelt wurde Vespasianus ernst: »Du willst etwas mit mir besprechen?«

»*Ita'st* – so ist es.«

»Sprich!« Er lehnte sich zurück und schaute seinen Sohn erwartungsvoll an.

»Nun«, begann Titus langsam, »zunächst eine Kleinigkeit, aber... ich bin der Meinung, daß du diesmal etwas zu weit gegangen bist, um an Geld zu kommen.«

»Was meinst du?«

»Ich habe erfahren, daß du planst, sogar das Urinieren in den öffentlichen Pissoirs zu besteuern...«

»Und?«

»Nun, ich… eh… ich halte das für – nun, sagen wir: zumindest für geschmacklos!«

Da glitt ein ironisches Lächeln über das Gesicht des Alten: »Soso, du hältst es also für geschmacklos, wenn ich eine Sondersteuer auf das Pinkeln erhebe…«

»Allerdings, ja! Und nicht nur ich!«

»Hm. Seit wann gibst du etwas auf die Meinung gewisser Leute? Ich besteuere ja nicht den natürlichen Vorgang des Wasserlassens, sondern lediglich den Verdienst, den die Betreiber der Bedürfnisanstalten davon haben, indem sie die Brühe mit Gewinn an die Gerbereien und Walkereien weiterverkaufen! Und da kommt auf die Dauer eine hübsche Summe zusammen.«

Er setzte sich aufrecht, wies mit der Hand auf eine kleine Geldkassette, die auf dem Tisch stand, und sagte: »Öffne sie!«

Titus nahm die Kassette, öffnete sie, und Vespasianus fuhr fort: »Was siehst du?«

»Geld!«

»Gut! Hol eine Münze heraus!«

Titus griff sich einen Denar.

»Und nun halte sie an die Nase und rieche daran!«

Titus tat ihm den Gefallen.

»Und? Stört dich der Geruch des Geldes?«

»Natürlich nicht!«

»Natürlich nicht, aha. Darum merke dir für alle Zeiten: *Pecunia non olet* – Geld stinkt nicht! – Selbst wenn es vom Urin kommt!«*

---

* Noch heute heißen die Bedürfnisanstalten in Italien vespasiani und in Frankreich vespasiennes

Sie sahen sich an – und mußten plötzlich beide lachen.

›Solange er lacht, geht es ihm gut‹, dachte Titus und nutzte die gute Laune des Vaters, um zu seinem eigentlichen Anliegen zu kommen: »Es ist heute morgen zu einem schlimmen Unfall auf der Baustelle gekommen…«

»Ich weiß«, sagte Vespasianus, »man hat mir davon berichtet. Ich gehe allerdings davon aus, daß du den dafür Verantwortlichen zur Rechenschaft gezogen hast!«

»Das ist geschehen, ja.«

»Berichte!«

Titus beschrieb die Einbruchstelle, nannte die von Tarquinius angegebenen Gründe für das Zerbröckeln des Betons und schilderte schließlich, wie man die Verletzten geborgen hatte. Vespasianus hörte zu, ohne ihn zu unterbrechen, dann sagte er: »Es kommt bei so gewaltigen baulichen Vorhaben immer zu unvorhersehbaren Zwischenfällen, zu Unfällen, zu schrecklichen Verletzungen. Das ist wie im Krieg, man kann nicht alles vorausplanen. Doch in diesem Fall liegt offensichtlich ein Versagen des Bauleiters dieses Abschnitts vor. Da muß hart durchgegriffen werden! Die Arbeiter müssen sehen, daß der Bauherr – und es ist der Kaiser! – sich um ihr Wohl kümmert. Wer übernimmt nun diesen Abschnitt?«

»Zunächst Lucius Tarquinius Corvus.«

»Tarquinius? Corvus? In Reate* gab es einen Tarquinius…«

Der alte Kaiser schien in Erinnerungen zu versinken.

---

* Stadt der Sabiner südöstlich von Rom, heute Rieti

Titus wartete einen Augenblick, bevor er mit ernster Stimme fortfuhr: »Auf dem Bau muß etwas geschehen. Gerade ein Versäumnis wie das des Sabidius zeigt, daß wir klare Verantwortlichkeiten brauchen. Ich möchte dir einen Vorschlag machen.«

»Und der wäre?« Vespasianus blickte seinen Sohn an.

»Ich möchte Tarquinius Corvus zum allein verantwortlichen Bauleiter machen.«

»Verdient er es?«

»*Certo* – sicher. Ich halte Tarquinius für einen der besten Männer auf der Baustelle. Und er versteht sich gut mit Rabirius. Das scheint mir jetzt besonders wichtig, wo Haterius ausfällt.«

Vespasianus nahm einen Schluck Wein zu sich und dachte einen Augenblick nach. Dann sagte er: »Du versprichst dir davon eine bessere Koordinierung der Arbeiten?«

»*Ita'st.*«

»Gut. Aber dann hält er auch den Kopf hin, wenn was schiefgeht!«

»*Certo* – natürlich.«

»Gut, mein Junge. Ich bin sehr froh, daß du dich so um all die Dinge, die zu tun sind, kümmerst.«

»Ich tu's gern, Vater.«

Er stand auf und ging zu dem Modell, das in einer Ecke des Zimmers auf einer großen Platte stand. Es hatte exakt die gleiche Größe wie das des Rabirius, freilich fehlte der obere Mauerkranz. Titus beschrieb dem Vater das fertiggestellte Segment. Vespasianus hörte ihm aufmerksam zu.

Als Titus endete, sagte Vespasianus: »Ich möchte es mir *in natura* anschauen. Noch heute!«

Titus, der mit diesem Wunsch gerechnet hatte,

meinte: »Du solltest noch ein paar Tage warten, bis es dir besser geht. Außerdem...«

»Ja?«

»Es kann sich eine Veränderung ergeben...«

»Eine Veränderung? Was soll das heißen? Ist noch jemand ausgefallen?«

»Nein, nein, aber... Ich möchte dir etwas zeigen.«

Titus ging zur Tür und zog an der Schnur. Schon wenige Augenblicke später erschien ein Diener, und Titus fragte ihn: »Ist die Sendung eingetroffen?«

»*Ita'st, domine* – sie ist es, Herr.«

»*Bene*. Man soll sie hereinbringen.«

Erstaunt verfolgte Vespasianus, was nun geschah: Die Doppeltür wurde ganz geöffnet, Diener trugen zwei hölzerne Ständer herein, andere folgten mit einer Platte, auf der sich unter einem großen Tuch ein rundes Gebilde abzeichnete, und setzten sie vorsichtig auf den Ständern ab. Titus flüsterte einem von ihnen etwas zu; der Mann nickte, verbeugte sich und verließ zusammen mit den anderen den Raum.

»Kannst du aufstehen?« fragte Titus, doch es hätte dieser Frage nicht bedurft, denn Vespasianus hatte sich schon mühsam erhoben, griff nach seinem Stock und näherte sich dem Objekt: »Was ist das?« Er zeigte mit dem Stock auf das Gebilde.

Statt zu antworten, entfernte Titus vorsichtig das Tuch und verfolgte, was sich nun im Gesicht des Kaisers abspielte: Vespasianus zog die rechte Augenbraue hoch, kniff dann die Augen zusammen, schüttelte verdutzt den Kopf und näherte sich dem Tisch. Langsam ging er um das Modell herum, betrachtete es von der Seite, von oben, verglich es mit dem bereits vorhandenen und sagte schließlich: »Was soll das? Wir haben doch schon ein Modell! Ich hasse solche Verschwendung. Wer hat das veranlaßt?«

Statt zu antworten, zog Titus erneut an der Schnur; wieder öffnete sich die Doppeltür, zwei Diener trugen den Mauerkranz herein, setzten ihn behutsam auf dem Rund des Modells ab und entfernten sich.

»Ja, aber...« Vespasianus blieb vor Verblüffung der Mund offenstehen. Er wanderte mit den Augen zwischen beiden Modellen hin und her. »Das da...« – er zeigte mit dem Stock auf den Mauerkranz – »...das war nicht vorgesehen!«

»Ich weiß, Vater, ich weiß. Auch ich war zunächst genauso überrascht wie du, als ich es zu Gesicht bekam.«

»Wer hat sich das ausgedacht?«

»Sextus Rabirius.«

»Soso, Rabirius. Ist es noch in Absprache mit Haterius geschehen?«

»Nein. Rabirius wollte das Modell heute dem Haterius zeigen, aber dazu kam es dann nicht mehr.«

»Hm...« Vespasianus rieb sich das Kinn. »Und was ist der Sinn dieser neuen Aufbauten?«

»Vater, ich könnte dir nun einen längeren Vortrag darüber halten, aber es ist wohl besser, wenn Rabirius das selbst macht. Ich habe ihn, zusammen mit Lucius Tarquinius Corvus, für die zehnte Stunde zum Rapport bestellt.«

»Gut, gut – aber das da interessiert mich schon sehr...«

Titus beobachtete, wie sein Vater mit großer Aufmerksamkeit den aufgesetzten Mauerkranz betrachtete und versuchte, hinter den Sinn des Ganzen zu kommen.

»Was sollen diese Hölzer?« Er wies mit dem Stock darauf. »Erklär' es mir!«

Nun kam Titus doch nicht umhin, näher auf die Vorstellungen von Rabirius einzugehen; und da der Kaiser konzentriert zuhörte, hoffte Titus, daß er sich für eine Erweiterung des Baus erwärmen könnte. Dabei ahnte er, daß Vespasianus als erstes auf die zusätzlichen Kosten zu sprechen kommen würde. Und prompt hieß es: »Sehr schön! Wirklich, sehr schön! Der Mann hat Phantasie – und Stil! Aber diese Aufbauten... sie werden, falls wir sie denn machen, eine Menge zusätzliches Geld kosten, nicht wahr?«

»Nun«, meinte Titus, »ich glaube, die Höhe dieser zusätzlichen Ausgaben steht in keinem Verhältnis zum Bisherigen. Schließlich handelt es sich nur um eine einfache Mauer, nicht um komplizierte Gewölbe!«

»Das mag schon so sein«, rief der Alte, »aber ich verlange, daß Rabirius dazu einen sehr genauen Kostenvoranschlag macht! Offensichtlich geht es hier um hochwertige Travertinblöcke und nicht um billigen Beton!«

»Kein Problem!«

»Und ich verlange«, fuhr Vespasianus streng fort, »eine sehr genaue technische Begründung für die Notwendigkeit der Erweiterung! Er scheint allerdings die neuesten Methoden zu beherrschen – oder?«

»Das ist richtig. Rabirius ist einer der besten Architekten Roms. Freilich stand er bisher im Schatten von Haterius.«

»Na, gut. Er soll kommen! Wenn ich schon so viele Millionen für dieses Projekt ausgebe, dann muß auch was dabei herauskommen!«

Er sah seinen Sohn an, und Titus wußte, daß sein

Vater das Amphitheater als sein persönliches Vermächtnis betrachtete.

Leise fuhr Vespasianus fort: »Vor zehn Jahren, als ich Kaiser wurde, habe ich mir vorgenommen, einiges von dem wieder gutzumachen, was dieser Wirrkopf Nero dem römischen Volk angetan hat. In wahnwitziger Verblendung bildete er sich ein, er könne wie ein Gott in dieser Stadt schalten und walten. Für seine *domus aurea* hat er nicht nur privates Land widerrechtlich an sich gebracht, sondern auch öffentliches! Als ich mich entschloß, das Amphitheater zu bauen, habe ich mit Absicht den Bauplatz gewählt: mitten hinein in seine bombastischen Gärten und Parkanlagen. Dieses Theater ist mein Geschenk an Rom! Und du wirst es dereinst dem Volk übergeben! Du kennst mich, mein Sohn, und weißt, daß ich im Grunde immer der einfache Mann geblieben bin, als der ich angetreten bin. So sollen mich das Volk von Rom – und die Nachwelt – in Erinnerung behalten.«

Lange betrachtete Vespasianus das neue Modell, und Titus störte ihn nicht dabei. Doch mit einem Mal grinste der Alte: »Du willst wohl, daß das Ding noch in zweitausend Jahren so dasteht!?«

»Wer weiß, Vater, die Aussichten dafür sind nicht schlecht. Es ist am Ende kein Steinbau, sondern ein Steingebirge. Man wird es wohl immer das Amphitheatrum Flavium* nennen! Es wird vielleicht noch stehen, wenn die Tempel und Paläste zusammengefallen sind.«

Vespasianus lächelte: »Ich hätte nichts dagegen ein-

---

* Nach dem Familiennamen *Flavius* des Kaisers

zuwenden... So, und nun schick mir den Sekretär herein! Der Brief muß zu Ende diktiert werden.«

Und Titus, besorgt: »Aber anschließend hältst du deine Mittagsruhe!«

»Aber sicher, mein Junge, ich bin müde.«

Man geht nicht täglich zum Kaiser

»Au! Verdammt! So paß doch auf!« rief Tarquinius und zuckte mit dem Kopf zurück.

»Verzeih, Herr!« meinte Syphax nicht ohne Tadel in der Stimme und hielt das geschwungene Rasiermesser mit einer eleganten Bewegung seitlich in die Luft. »Aber wenn du redest, während ich dich rasiere, kann ich schon mal mit dem Messer ausrutschen.«

Tarquinius saß auf einem Hocker in dem Raum, den man gemeinhin als Küche bezeichnen konnte; das stimmte freilich nicht ganz, denn die eigentliche Küche, in der der gemauerte Herd stand, befand sich im Erdgeschoß des Hauses; aber Antonia hatte eines der acht Zimmer zur »Küche« erklärt. Der Name hatte insofern seine Berechtigung, als hier nicht nur das Geschirr, die Krüge, Becher, Messer und Löffel in Wandregalen, Ständern und Schubladen bereitgehalten wurden, sondern weil in diesem Raum all jene Tätigkeiten stattfanden, die eine erfahrene Hausfrau zur Vorbereitung eines reichhaltigen Mahles zu verrichten hatte: das Zubereiten des frischen oder eingelegten Obstes, das Waschen, Zerkleinern und Würzen der Salate, das letzte Abschmecken des gekochten Gemüses, das Portionieren des gebratenen Fleisches, des Schinkens oder Käses – und am Ende das hübsche Arrangieren der Speisen auf geölten Holzbrettern oder auf Tellern aus *terra sigillata*.*

Nun hatte Syphax sehr wohl Grund für seinen Tadel, denn Tarquinius hatte während der Prozedur immer wieder geredet. Er war geradezu umlagert von einigen Familienmitgliedern, die auf ihn einredeten oder etwas von ihm wissen wollten. Es waren vor allem die Zwillinge, die abwechselnd Fragen an ihn stellten: »Läßt der Kaiser sich auch rasieren?«

»*Certo* – Sicher.«

»Wer macht das?«

»Sein Hofbarbier.«

»Hat er einen grauen Bart?«

»Wer? Der Barbier?«

»Der Kaiser!«

»Ich weiß nicht... Das ist möglich.«

»... und eine Glatze?«

»Nein. Er hat schönes, graues Haar.«

»Wann steht er morgens auf?«

»Bei Sonnenaufgang.«

»Und wann geht er schlafen?«

»Spät. Er hat viel zu tun.«

»Hat er immer seinen Purpurmantel an?«

»Nein, natürlich nicht!«

»Und was passiert, wenn der Barbier ihn schneidet?«

»Nun, dann... Au! Verdammt! So paß doch auf!«

Genau in diesem Augenblick war Syphax mit dem

---

* Rotes Tongeschirr der römischen Kaiserzeit: Teller, Schüsseln, Becher, Kannen

Messer ausgerutscht und hatte seinem Herrn einen kleinen Schnitt am Kinn beigebracht. Die Verletzung war nicht schlimm, sah aber dramatisch aus, weil sie stark blutete. Unverzüglich machte Syphax sich daran, den Blutfluß mit einem Stück Alaunstein zu stillen.

»Es wird«, sagte Syphax sachkundig, »eine Weile dauern, bis das Blut gerinnt.«

Tarquinius nickte ungeduldig: »Nun mach schon, die Zeit drängt!«

Doch Syphax ließ sich nicht aus der Ruhe bringen: »Gewiß, Herr, aber jedes Heilmittel braucht seine Zeit, um zu wirken.«

Derweil gab Antonia wohlgemeinte Ratschläge: »Du solltest dich vor dem Aufbruch noch etwas hinlegen.«

»Nein. Ich kann jetzt nicht schlafen.«

»Dann solltest du wenigstens eine Kleinigkeit essen! Ich habe da noch kalten Braten von gestern...«

»Ich kann jetzt nichts essen.«

»Na gut, wie du meinst...«

In diesem Augenblick erschien Antonia Paulla, die Tante seiner Frau, im Türrahmen und verlangte Aufklärung darüber, warum es denn zur Zeit der geheiligten Mittagsruhe so laut in diesem Hause zugehe.

»Bitte, bitte, Tante!« rief Antonia nervös aus. »Du bist hier im Wege! Leg dich noch etwas hin!«

Antonia Paulla hielt die Hand hinters Ohr und rief: »Was sagst du?«

»Ich sagte: Leg dich noch etwas hin!«

»Was macht keinen *Sinn?*«

Antonia brüllte: »Leg dich noch etwas hin!«

»Warum schreist du denn so? Ich bin nicht schwerhörig! Ich bin auch nicht müde.«

»Leg dich trotzdem hin! Du störst hier!«

Doch statt sich folgsam zurückzuziehen, wies Paulla mit ihrem Stock auf Tarquinius und sagte mit ihrer hohen Stimme: »Syphax hat ihn geschnitten! Er blutet!«

»Wenn du hier weiter im Weg stehst, schneidet Syphax ihn gleich noch einmal!«

»Ich weiß, ich bin immer im Wege. Dein Vater hätte sich diesen Ton mir gegenüber nicht erlaubt! Aber ich gehe! Ich gehe! Und ich bleibe den ganzen Tag auf meinem Zimmer! Ich weiß, daß ich hier nicht erwünscht bin!«

Das sollte eine Drohung sein, bewirkte aber – da sie wirklich ging – bei allen nur ein erleichtertes Aufatmen.

Antonia rief nach Thais.

»Herrin?« Thais erschien in der Tür, die Sandalen aus Ziegenleder in der Hand.

»Geh zur Tante und bring ihr eine Schale mit eingelegten Kirschen und ein paar Honigplätzchen! Das beruhigt sie. Und versuch ihr klarzumachen, daß keiner etwas gegen sie hat. Sie kann sich doch mal an den Webstuhl setzen und sich nützlich machen... Hach, diese Frau!« Antonia seufzte.

»Ich sag's ihr.«

Thais war die einzige, auf deren Rat die Alte etwas gab. Thais stellte die Sandalen neben der Tür auf den Boden und entfernte sich.

»Fertig!« sagte Syphax und putzte die Reste des Rasierschaums mit einem Tuch ab, begutachtete die Wunde und nickte zufrieden: »Das Blut ist gestillt.«

Dann entfernte er das weiße Tuch vom Hals seines Herrn, und Tarquinius erhob sich umständlich vom Stuhl.

»Willst du dich nicht doch noch etwas hinlegen...?«
Antonia sah ihren Mann besorgt an.

»Nein. Ich sagte doch, ich kann jetzt nicht schlafen.«

Er hatte den Satz kaum beendet, als an der Eingangstür der Klopfer betätigt wurde. Kurz darauf erschien Berenike und meldete leise und doch aufgeregt: »Es ist Scribonia!«

»Scribonia?« fragte Antonia erstaunt zurück. »Was für eine Scribonia?«

Und Berenike: »Die aus dem Nachbarhaus... Die Frau des Bäckers!«

»Ah ja. Und? Was will sie?«

»Dich sprechen...«

»Doch nicht jetzt! Ich... eh... wir... Du siehst doch, daß wir...!«

»Sicher, Herrin, aber Scribonia besteht darauf, daß du...«

Da erschien Scribonia auch schon im Türrahmen: eine etwa dreißigjährige, wohlbeleibte Frau, an der alles rund war: der Kopf, der Busen, die Arme, der Bauch, der Hintern. Sie sah freilich aus wie jemand, der sehr wohl weiß, daß er einen höchst ungünstigen Zeitpunkt gewählt hat, um seine Beschwerden loszuwerden.

»Ich bitte um Verzeihung...« begann sie zögernd, denn sie spürte, wie unerwünscht ihre Anwesenheit war. »Aber nun ist das Maß voll! Das Maß ist voll!«

»Bitte, wie darf ich das verstehen?« fragte Antonia zurück und warf Berenike, dann ihrem Mann einen erstaunten Blick zu, während die Zwillinge es plötzlich sehr eilig hatten, das Zimmer zu verlassen. Doch Scribonia verhinderte dies, indem sie sich mitten in den Türrahmen stellte, den sie ganz ausfüllte, so daß Marcus und Gaius nicht entweichen konnten.

»Diese beiden...«, sie wies auf die Zwillinge, »diese beiden haben meinen Sohn Titus verprügelt! Er blutet aus der Nase! Also, das geht denn doch zu weit! Das geht entschieden zu weit! Titus ist...«

»Au-gen-blick!« Nicht ohne Schärfe unterbrach Antonia die Besucherin. »Die beiden waren die ganze Zeit hier in der Wohnung! Wie können sie dann...?«

»Es war ja auch schon heute morgen, heute morgen!« Sie schien, wenn sie etwas sagte, was sie für wichtig hielt, die Worte zu wiederholen, um dem Gesagten mehr Gewicht zu geben.

»Was war heute morgen?«

»Titus spielte in dem Sandhaufen auf der Straße. Wir sind nämlich gerade dabei...« – sie setzte ein falsches Lächeln auf – »den Verkaufsraum umzubauen...«

»Aha!«

»Ja, und da kommen die beiden« – sie wies auf die Zwillinge – »und haben Titus gefragt, ob er auf den Fingern pfeifen kann.«

»Und? Was ist daran so schlimm?«

»Das nicht, das nicht! Aber dann haben sie sich über ihn lustig gemacht! Und als er es nicht konnte...«

»Was?«

»Das Pfeifen! – Dann haben sie ihm seine Sandburg kaputt gemacht! Und sie haben gesagt, er wäre blöd und haben ihn gestupst, und dabei ist er hingefallen, und er blutete aus der Nase!«

Tarquinius warf wie hilfesuchend einen Blick zur Decke, Antonia aber wandte sich an die beiden Sünder: »Stimmt das?«

»Nein!« sagte Gaius.

»Was heißt das?«

»Titus hat uns beleidigt!«

»Wieso?«
»Er hat gesagt, wir halten uns für was Besseres!«
»Wer? Wer hält sich für was Besseres?«
»Du! Und Papa!«
Einen Augenblick lang war es absolut still. Scribonia nestelte verlegen an ihren dicken Fingern, und man sah ihr an, wie peinlich ihr diese Mitteilung war, denn Titus hatte offenbar nur weitergegeben, was seine Eltern gesagt hatten.

Antonia freilich behielt die Fassung. Sie streifte die Zwillinge mit einem strengen Blick – nichts fürchteten sie so sehr! – und sagte leise: »Wir sprechen uns noch...«

Dann wandte sie sich an die Nachbarin: »Es tut mir sehr leid. Ich hoffe, daß dein Titus keine größere Verletzung davongetragen hat?«

»Nein, das nicht, das nicht, aber ich hielt es für... eh... für richtig, es dir zu sagen...«

»In Ordnung«, sagte Antonia und setzte ihr freundlichstes Lächeln auf.

In diesem Augenblick erschien Thais im Türrahmen und hielt die frische Tunica und die festliche Toga auf den Armen, um den Herrn nach dem Bad damit einzukleiden.

»Verzeih, Scribonia«, sagte nun Antonia, »ich kann mich jetzt nicht weiter damit befassen. Du siehst ja, daß hier... eh... Tarquinius!... Er muß in den Palast!«

»Oh Gott! In den Palast!« Scribonia hielt die Hand vor den Mund. »Etwa zum Kaiser?«

»Zum Kaiser, ja... Zur Audienz!«

»Zur Audienz! Dann will ich nicht länger stören.«

Antonia nickte beifällig. »Wir können ja ein andermal in Ruhe darüber reden. Berenike, begleite Scribonia zur Tür!«

»Ein andermal... *Certo*...«, stammelte Scribonia, und man sah ihr an, wie sehr sie diese Mitteilung beeindruckt hatte. Unter mehrmaligem Verbeugen zog sie sich zurück.

Die Zwillinge standen betroffen da und starrten erst ihre Mutter, dann den Vater an, als ob sie von diesem Hilfe bekommen könnten. Und prompt erklärte dieser forsch: »Das habt ihr gut gemacht, Jungs!«

»Aber Tarquinius!« rief Antonia, und ihre Empörung war echt. »Sie haben den Jungen geschlagen! Er hat geblutet...!«

»Na und? Der Knabe hat dich und mich, uns alle beleidigt!«

»Gut, aber sie waren zu zweit...«

»Mama!« rief Gaius. »Er hat auch noch gesagt, Tante Antonia hat nicht alle Becher im Regal!«

Die Eltern warfen sich einen kurzen Blick zu, und Tarquinius konnte sich ein Schmunzeln nicht verkneifen, während Antonia rügte: »Das alles ist kein Grund, in einer solchen Weise zu reagieren. Es hätte ein furchtbares Unglück passieren können! Wenn er noch mal so was sagt, dann kommt ihr zu mir!«

»Ja, Mama!« tönten beide, erleichtert, so glimpflich davongekommen zu sein.

»Und dann werde *ich* mit ihrer Mutter reden!«

»Ja, Mama!«

»Im übrigen geht diesem Jungen nächstens aus dem Weg!«

»Ja, Mama!«

»So was spricht sich nämlich rum, und ich will nicht noch mehr Ärger bekommen!«

»Nein, Mama!«

»So, und nun geht nach draußen! Ihr könntet eure

Großmutter Sentia Saturnina besuchen und ihr gleich die Wäsche mitnehmen!«

Sie hatte den Satz kaum beendet, als wiederum der Klopfer an der Eingangstür betätigt wurde. Berenike ging öffnen, und schon hörte man eine aufgeregte Stimme: »Ist er da? Ist Lucius, mein Sohn, da?«

Schon stürmte sie in die Küche: eine rüstige Frau Mitte sechzig, der die Ähnlichkeit mit Tarquinius im Gesicht stand. Sie blieb abrupt vor Tarquinius stehen, prüfte mit angstvoll aufgerissenen Augen sein Äußeres von oben bis unten, umarmte ihn und schluchzte: »Mein Junge! Mein lieber Junge! Ein Nachbar sagte, es sei zu einem Unglück an der Baustelle gekommen! Du seiest verschüttet worden!«

Sie löste sich von ihm, hielt ihn aber bei den Schultern fest: »Bist du gesund? Ist dir wirklich nichts passiert?«

»Wie du siehst, bin ich in Ordnung, Mutter.«

»Oh ihr Götter!« Saturnina putzte sich die Tränen weg und wandte sich an ihre Schwiegertochter. »Man malt sich ja immer das Schlimmste aus! Ich werde gleich zum Tempel der Iuno Lucina gehen und opfern!« Der Tempel der großen Göttin befand sich in der Nähe. »Ich habe auf dem ganzen Weg zu ihr gebetet, daß du heil bist!«

Antonia streichelte ihren Arm und sagte: »Ich werde mit dir gehen. Auch ich habe der Göttin zu danken.«

»Aber wieso...«, fragte Saturnina und wies auf Tarquinius, »wieso ist Lucius um diese Zeit zu Hause?«

»Ich erklär's dir gleich... Berenike und Thais! Geht mit dem Herrn ins Bad und seid ihm behilflich beim Ankleiden!«

Die beiden verließen zusammen mit Tarquinius den Raum.

»Papa geht zum Kaiser!« erklärte Marcus stolz, und Saturnina rief: »Oh Gott! Zum Kaiser!?«

»Ja«, ergänzte Gaius: »Zur Au... zur Audi... zur Audienz! Er baut nämlich das Theater allein!«

»Aber Kind!« unterbrach ihn Antonia streng. »Das wissen wir doch gar nicht. Und nun geht nach draußen spielen. Aber erzählt nicht solchen Unsinn! Und haltet euch von diesem Jungen fern!«

»Ja, Mama! Aber wenn er uns wieder beleidigt...«

»Dann kommt ihr zu mir. Und nun geht!«

»Dann kann Oma doch selbst die Wäsche mitnehmen!«

»Nein, ihr werdet sie ihr nachher nach Hause tragen.«

»Ja, Mama!«

Dieses »Ja, Mama!« war immer von der Art, daß sie zwar den Auftrag oder die Rüge akzeptierten, aber zugleich zu erkennen gaben, daß sie sozusagen nur der höheren mütterlichen Gewalt wichen. Im übrigen hatten sie schon des öfteren registriert, daß sogar ihr Vater diese Wendung aus den gleichen Gründen übernahm und von sich gab, und dann war zwischen ihm und den Zwillingen ein Einverständnis wie zwischen Kumpanen.

Auf dem Flur hörte man ein ausgelassenes Fingerpfeifen. Antonia blickte zur Decke; doch enthielt sie sich diesmal eines weiteren Tadels.

»Wo ist denn Tarquinia?« fragte Saturnina.

Tarquinia war die zweite Tochter. Sie war gerade fünfzehn geworden.

»In der Stadt... Einkaufen. Sie muß gleich zurück sein.«

»Und Antonia?« Saturnina meinte ihre älteste Enkelin, die ihr Liebling war.

»Sie ist zusammen mit Fabia unterwegs. Fabia hat heute Geburtstag.«

Fabia war die Tochter von Gaius Fabius, dem Wirt des »Siebengestirns«; die beiden waren gute Freundinnen.

»Wie alt wird sie denn?«

»Achtzehn.«

»Ist sie auch schon achtzehn! Wie die Zeit vergeht! Will Fabius sie nicht bald verheiraten?«

»Ich glaub' schon. Aber er hält sich bedeckt.«

Saturnina nickte. »Und Antonia? Sie ist ja nun auch im besten Alter!«

Antonia sah ihre Schwiegermutter an: »Wir – ich meine, Lucius und ich – haben darüber noch nicht gesprochen.«

»Das solltet ihr aber.«

»Mutter, wir haben im Augenblick andere Sorgen. Und Lucius will sie nicht zu einer Ehe zwingen.«

Besorgt schüttelte Saturnina den Kopf. »Früher waren die Sitten strenger. Wenn ich daran denke, wie mein Vater...«

Und dann erzählte sie ihrer Schwiegertochter zum wiederholten Male, wie sie ihren Mann Tarquinius zum erstenmal offiziell kennengelernt hatte, wie ihr Vater Sentius Saturninus, ein Wagenbauer, mit dem Steinmetzmeister Lucius Tarquinius Corvus einen Ehevertrag aufgesetzt und die Hochzeitsfeierlichkeiten besprochen hatte und wie die Ehe dann sehr glücklich geworden war...

Endlich erschien Tarquinius frisch gebadet und wie ein Senator mit der Toga bekleidet in der Küche. Er mußte es sich gefallen lassen, daß beide Frauen am Sitz der zahlreichen Falten des Festgewandes herumnestelten und -zupften, bis sie meinten, so könne es gehen. Dann betrachten sie ihn von allen Seiten – und sie waren stolz auf ihn.

Die Audienz

Mittlerweile war auch Azes eingetroffen. Er teilte mit, es habe auf der Baustelle keine besonderen Vorkommnisse gegeben; alles gehe seinen geregelten Gang, die Trümmer an der Einbruchstelle seien weggeräumt, und man habe mit dem Wegschlagen der unsicheren Gewölbe begonnen.

»Und das Modell?« wollte Tarquinius wissen.

»Es ist auf Veranlassung von Titus in den Palast gebracht worden.«

»*Bene* – Gut.« Tarquinius musterte Azes, dann hieß es: »Zieh dich um! Nimm deine beste Tunica! Wir brechen in einer Viertelstunde auf. – Syphax!«

»Herr!« Er stand gleich neben ihm.

»Dasselbe gilt für dich!«

Syphax strahlte. Noch nie hatte er den Palatin betreten, jenen Hügel, der seit Augustus den Kaisern als Wohnsitz vorbehalten war.

»Danke, Herr!« sagte er und zog sich zusammen mit Azes zurück, um sich umzuziehen.

Als die drei Männer vors Haus traten, hantierte Primosus wie zufällig zusammen mit einem seiner Sklaven an einem Schuhständer. Er hielt inne, riß erstaunt die Augen auf und rief: »Beim Hercules! Seit wann gehst du in der Toga zur Arbeit?! Oder willst du etwa in den Senat?«

»Nein, zum Kaiser.«

Tarquinius hatte dies in einer Weise gesagt, die wie eine ironische Steigerung der Frage wirkte, so daß Primosus mehrmals verwirrt zwinkerte und dann meinte: »Soll wohl 'n Witz sein – oder?«

»Wenn du meinst...« Tarquinius grinste. Er wußte, wie neugierig Primosus alles registrierte, was ihn und seine Familie, ja alle Bewohner dieses Hauses betraf.

Da kam Primosus auch schon ganz nahe heran und flüsterte: »Stimmt es, was man so hört?«

»Was?«

»Das mit dem Unfall?«

»Es stimmt.«

»...und es hat drei Tote gegeben?«

»Bestimmt mehr – und ich bin auch darunter.«

»He?« Wieder zwinkerte Primosus. »Aber Tarquinius, damit spaßt man nicht!«

Nun betrachtete er die beiden Begleiter, die sich ebenso fein gemacht hatten wie ihr Herr, und seine Neugier kannte keine Grenzen mehr; wußte er doch, daß man sich nur dann in der Öffentlichkeit von seinen Sklaven oder Freigelassenen begleiten ließ, wenn man vorhatte, einer hochstehenden Persönlichkeit einen offiziellen Besuch abzustatten. Mit hochgezogenen Augenbrauen fragte er nach: »Und du gehst wirklich in den Palast?«

Doch Tarquinius, der es eilig hatte fortzukommen, meinte nur: »Ich erzähl's dir heute abend...«

Staunend blickte der Schuhmacher den drei sich entfernenden Männern nach und murmelte: »Ist ja nicht zu fassen! Ist ja nicht...! Geht zum Kaiser, während andere Leute arbeiten müssen!« Und zu Firmius, der gerade aus dem Eingang seines Ladens kam: »Er geht zum Kaiser!«

»Wer?«

»Tarquinius!«

»Ach was, ich hörte, da ist was schiefgelaufen auf der Baustelle. Es soll Tote gegeben haben. Den Tarquinius hat's auch erwischt.«

»Quatsch! Da geht er doch!«

Firmius blickte erstaunt den Männern nach und sagte: »Und er geht wirklich zum Kaiser?«

»Wenn ich es sage!«

Innerhalb der nächsten Viertelstunde erfuhren alle Nachbarn, daß Lucius Tarquinius Corvus auf dem Weg zum Kaiser war; und jeder, der die Nachricht weitergab, hängte noch eine eigene Erklärung an: daß er sich persönlich zu verantworten habe, daß es ihm nun wohl an den Kragen gehe und er am Ende sicherlich ins Gefängnis komme – und mit wachsender Entfernung dieser Gerüchte vom Ursprung kam am Ende heraus, daß Tarquinius nun wohl sicher mit dem Todesurteil zu rechnen habe. Und man beklagte schon im voraus die arme Witwe mit den fünf unversorgten Kindern.

Längst hatten die drei die Niederung der Baustelle erreicht, bewegten sich aber außerhalb des Bauzauns daran vorbei und bogen rechts auf die *Via Sacra**, die Heilige Straße, ab. Sie folgten ihr aufwärts bis zum

---

* Auf der *Via Sacra* fanden nach einem siegreich beendeten Krieg die Triumphzüge statt. Die Straße führte über das Forum zum Tempel des Iupiter auf dem Capitol

höchsten Punkt, von wo sie sich zum Forum senkte, und Azes und Syphax hatten Mühe, ihrem Herrn einen Weg durch die Menge zu bahnen.

Die drei waren froh, als sie schließlich das Menschengewühl hinter sich lassen konnten. Sie verließen die *Via Sacra,* wandten sich nach links zum steil ansteigenden *Clivus Palatinus* und folgten ihm bis zu dem großen Torbogen auf halber Höhe, hinter dem das eigentliche Areal des Palatins mit den Kaiserpalästen begann.

Tarquinius rechnete damit, von den Posten am Tor angehalten und nach seinem Begehr gefragt zu werden. Also schickte er Azes vor und ließ ihn melden: »Mein Herr, der Baumeister und Unternehmer Lucius Tarquinius Corvus, ist vom Kaiser zur Audienz bestellt worden.«

»Das ist in Ordnung!« erklärte ein in der Nähe stehender Centurio mit auffallend tiefer Stimme den Posten und wandte sich direkt an Tarquinius: »Order des Caesar: Du hast jederzeit Zutritt zu dem Gelände!«

Dann befahl er einem der Soldaten, den Besucher und seine Begleiter zur Audienzhalle zu geleiten. Dabei entging es Tarquinius nicht, daß der Offizier ihn mit auffallendem Respekt behandelte.

Der Soldat – ein Prätorianer – ging voraus und führte die drei nach rechts zu einer Säulenhalle, die Nero der *domus Tiberiana,* dem Palast des Kaisers Tiberius, vorgesetzt hatte und die seither den Namen *cryptoporticus Neronis,* Säulenhalle des Nero, trug. Sie war ganz in makellos weißem pentelischem Marmor* errichtet. Tarquinius war noch nie selbst hiergewesen, kannte

---

* Er stammte aus Griechenland

aber die herrliche Anlage aus Beschreibungen von Rabirius. Hellwach nahm er all den architektonischen Luxus zur Kenntnis und überschlug im Kopf, was das alles gekostet haben mußte.

Dann verlor er die Orientierung. Der Prätorianer führte sie durch verschiedene Gänge und Hallen im Innern des Palastes – mal nach rechts, mal nach links – und unvermittelt stand ein lächelnder Rabirius vor ihnen. Neben ihm zwei Begleiter, wohl Sklaven, die Tarquinius nicht kannte. Der Soldat grüßte und entfernte sich.

»Donnerwetter noch mal!« meinte Rabirius schmunzelnd und wies auf des Tarquinius Toga. »Man könnte dich durchaus für den Procurator von Ägypten halten, der zum Rapport vor dem Kaiser erschienen ist!«

»Danke, gleichfalls!« gab Tarquinius zurück und registrierte zugleich, daß des Rabirius Toga von geradezu erlesener Qualität war: Sie war feiner gewebt, und ihr Weiß leuchtete wie das einer Margerite. Zum erstenmal sah er auch, daß Rabirius den goldenen Ritterring am Finger trug, und am Saum seiner Toga leuchtete der schmale Purpurstreifen, beides wohlbekannte Zeichen seines Standes als *eques Romanus,* als Römischer Ritter.[*]

Da wurde die Tür der Audienzhalle geöffnet, einer der kaiserlichen Freigelassenen erschien und rief: »Der Römische Ritter Sextus Rabirius und der Römische Bürger Lucius Tarquinius Corvus zur Audienz!«

Rabirius wandte sich an seine und Tarquinius' Begleiter: »Ihr wartet hier!«

Die vier nickten und traten zurück.

---

[*] Siehe im Anhang unter »Römische Ritter«

Zusammen mit dem Kammerdiener gingen Tarquinius und Rabirius in die Halle. Sie war noch kostbarer ausgestaltet als die Vorhalle. Auch hier farbiger Marmor, so glatt poliert, daß sich das Licht des Nachmittags überall spiegelte. An den Wänden gepolsterte, hochlehnige Stühle, überall Spiegel in goldenen Rahmen. Dazwischen riesige goldene Kandelaber mit brennenden Kerzen. Prächtige, schwere Vorhänge an den Seiten der Fenster und Türen, dunkelrot, an den Säumen mit geometrischen Goldmustern bestickt. Am Ende des riesigen Raumes waren einfache große Tische plaziert. Tarquinius erkannte darauf die beiden Modelle, das ältere des Haterius und das überarbeitete des Rabirius. Daneben hatte man einen thronartigen Sessel gestellt, in dem wohl der Kaiser Platz nehmen würde.

Vespasianus war noch nicht da, doch Titus kam mit schnellen Schritten aus einer seitlichen Tür, sah die beiden Wartenden und ging auf sie zu. Er war in Zivil, trug eine hellblaue Tunica, die mit feinen Goldfäden durchwirkt war, die sehr schöne Mäander* bildeten.

Tarquinius und Rabirius verbeugten sich, und Titus musterte sie lächelnd: »Welch seltener Anblick! Meine Baumeister in Toga!«

Sie machten erneut die Andeutung einer Verbeugung, und Rabirius murmelte: »Als Arbeitskleidung allerdings weniger geeignet...«

»Wem sagst du das!« meinte Titus. »Ich hasse dieses Gewand. Es hindert einen bei jeder Bewegung, beim Essen, beim Reden, beim Gehen – vom Laufen ganz zu schweigen. Es gibt überhaupt nichts Lächerlicheres als

---

* Nach dem Fluß *Maeandros,* sprichwörtlich wegen seiner zahlreichen Krümmungen

einen Römer in der Toga, der rennt! Aber unsere Vorfahren haben es nun einmal für richtig befunden, sich bei besonderen Anlässen mit diesen Tuchbahnen zu bekleiden, und wir haben uns daran zu halten...« Er wurde wieder ernst. »*Ad rem!* – Zur Sache!... Ich habe den Kaiser vorbereitet. Er kennt beide Modelle und hat sie genau miteinander verglichen. Er wird euch einige Fragen stellen, und ihr werdet ihm klare, eindeutige Antworten geben.«

»Selbstverständlich!« sagte Rabirius, und auch Tarquinius nickte.

»Eine Bitte...«, fuhr Titus fort. »Macht es so kurz wie möglich! Der Kaiser ist krank, und eigentlich sollte er das Bett hüten. Befaßt euch nur mit dem Wesentlichen! Keine Abschweifungen! Über die Einzelheiten werde ich später mit euch reden.«

In diesem Augenblick hörte man schlurfende Schritte: Gestützt von zwei Leibsklaven, betrat Vespasianus die Halle, den Blick starr auf den Boden, dann auf den Sessel gerichtet. Man sah, daß es ihn Mühe kostete, bis dorthin zu gelangen. Titus ging zum Sessel und packte seinen Vater beherzt unter den Arm, um ihm das Hinsetzen zu erleichtern. Dann entließ er die Sklaven mit einer Handbewegung. Sie verbeugten sich stumm, entfernten sich und schlossen die Doppeltür hinter sich.

Vespasianus saß schweratmend im Sessel und betrachtete eine Weile die beiden Modelle auf den Tischen. Betroffen nahmen Tarquinius und Rabirius den Zustand des Kaisers zur Kenntnis, und beide empfanden es deutlich: Er war ein vom Tode gezeichneter Mann.

Da hob Vespasianus den Zeigefinger und winkte

Rabirius und Tarquinius zu sich heran. Er kniff die Augen zusammen, musterte abwechselnd beide mit offensichtlicher Neugier und sagte schließlich: »Lucius Tarquinius Corvus!«

»Herr!« Tarquinius verbeugte sich, und der Alte fuhr fort, den Blick auf ihn gerichtet: »Verblüffend... diese Ähnlichkeit! Du siehst deinem Vater sehr ähnlich!«

Tarquinius war sprachlos vor Staunen darüber, daß der Kaiser seinen Vater gekannt haben wollte. Sein Vater hatte ihm nie davon berichtet. Der Grund dafür mochte sein, daß diese Bekanntschaft in eine Zeit zurückreichte, als Vespasianus noch am Anfang seiner Karriere stand; den »Kaiser« Vespasianus hatte er ja nicht mehr erlebt.

Der Alte gab ihm selbst die Erklärung: »Lucius Tarquinius... Er hat mir damals des öfteren seine Dienste zur Verfügung gestellt... Wir stammen ja beide aus Reate im Sabinischen, und er machte Ferntransporte quer durch Mittelitalien...« Der Kaiser nickte sich selbst zu und fuhr leiser fort: »Das waren turbulente Zeiten...« Er schien alten Erinnerungen nachzuhängen. Dann hieß es: »Wie geht es ihm denn?«

»Er ist gestorben.«

»Wann?«

»Vor elf Jahren, Herr.«

»Vor elf Jahren, soso... Eine schreckliche Zeit! Schrecklich!« Damals war nach der Beseitigung Neros der Bürgerkrieg ausgebrochen. Wieder nickte der Alte versonnen. Dann schaute er Tarquinius offen an: »Und du hast dich ganz in Rom niedergelassen?«

»*Ita'st, domine* – So ist es, Herr.«

Vespasianus winkte ihn noch näher heran: »...und hast das Unternehmen weiter ausgebaut?«

»Ja, Herr.«

»Was machst du denn alles?« Es schien ihn wirklich zu interessieren.

Tarquinius wußte die Frage nicht recht zu deuten und beschrieb es ihm mit wenigen Worten.

»Sehr gut!« lobte der Alte. »Man muß expandieren, immer expandieren! Von nichts kommt nichts!« Er hob den Zeigefinger: »Aber immer schön vorsichtig! Und das Geld zusammenhalten! Dein Vater war auch ein sparsamer Mann!« Mit dem anderen meinte er wohl sich selbst. »Man kann nur das ausgeben, was man hat. Wieviel Kinder hast du?«

»Fünf, Herr.«

»Und geraten sie wohl?«

»Ich denke schon, Herr. Mein Ältester ist meine beste Stütze und rechte Hand, wie man so sagt.«

»Das ist gut. Man muß den Göttern dankbar sein, wenn man einen guten Sohn hat...« Dabei streifte er Titus, seinen Ältesten, mit einem liebevollen Blick.

Tarquinius freilich glaubte in dieser Äußerung die Betonung eines Wortes herausgehört zu haben: »...wenn man *einen* guten Sohn hat«. – Hieß es doch schon seit langem in der Stadt, daß das Verhältnis des Kaisers zu seinem zweiten Sohn Domitianus gestört sei; auch Titus verstehe sich mit dem zehn Jahre jüngeren Bruder nicht gut, Domitianus sei eifersüchtig auf Titus, weil der Vater ihn stets vorgezogen habe. Es ging sogar die Rede, Domitianus sei ein Sadist: Er quäle mit Vorliebe Tiere, ziehe den Fliegen die Flügel aus und ergötze sich daran, wenn die geschundenen Tiere hilflos auf dem Tisch herumkrabbelten.

»Nun zu dir, Rabirius...« Der Kaiser warf dem jungen Architekten einen ermunternden Blick zu, wies auf die beiden Modelle und forderte ihn auf, seine geplanten Änderungen zu erläutern.

Rabirius verbeugte sich, trat zu den Tischen und trug ein Referat vor, das sich nicht nur sachlich korrekt auf das Wesentliche beschränkte, sondern sprachlich geradezu brillant formuliert war. Tarquinius vermutete, daß Rabirius sich sofort, nachdem er von der Audienz erfahren hatte, daran gemacht hatte, seinen Vortrag zu überlegen. Er trug so fließend, so selbstbewußt vor, daß alle – Tarquinius, Titus und der Kaiser – davon beeindruckt waren. Als er fertig war, verbeugte er sich und wartete auf die Reaktion des Kaisers.

Vespasianus saß eine Weile zusammengesunken und gedankenverloren in seinem Sessel und ließ die Augen zwischen beiden Modellen hin und her wandern. Schließlich reckte er sich, nickte bedächtig und sagte: »Das klingt alles sehr gut, Sextus Rabirius, und ich frage mich, warum nicht schon der gute Haterius darauf gekommen ist...« Er räusperte sich. »Aber bevor ich dazu mein *placet** gebe, muß ich wissen, was das alles kostet.«

»*Certo, domine* – natürlich, Herr. Darum habe ich dir eine genaue Aufstellung der entstehenden Kosten gemacht...« Er holte aus dem Bausch seiner Toga eine Papyrusrolle hervor und überreichte sie Vespasianus. Der Kaiser öffnete sie umständlich und hielt sie mit ausgestreckten Armen weit von sich. Und plötzlich war der alte Schalk wieder da, denn er kommentierte dies so: »Meine Augen sind an sich noch ganz gut – nur die Arme sind etwas zu kurz...«

---

* *placet* heißt wörtlich: es gefällt; gemeint ist: Ich gebe mein Einverständnis

Während alle noch schmunzelten, studierte Vespasianus konzentriert den Kostenvoranschlag. Dann hieß es: »Und du verbürgst dich für diese Angaben?«

Und Rabirius: »Ich verbürge mich, Herr! Es handelt sich um Erfahrungswerte aus den letzten Jahren. Ich habe freilich auf alles einen Wert von zehn vom Hundert* aufgeschlagen, weil man nicht wissen kann, wie sich die Preise in nächster Zeit entwickeln werden.«

»Hm...« Vespasianus schaute ihn, dann Titus und Tarquinius an: »Aber ich könnte doch per Edikt alle Lieferanten, Transportunternehmer und Handwerker darauf festlegen, sich an diese Preise zu halten! – Tarquinius!«

»Herr!«

»Du bist doch Fachmann auf diesem Gebiet... Deine Meinung!«

»Herr, das könntest du wohl so machen...«

»Aber?«

»Nun, es kann immer einmal zu unvorhersehbaren Zwischenfällen kommen, so wie heute morgen. Es können auch Ladungen, die per Schiff von Luni** nach Ostia gebracht werden, in einem Sturm verlorengehen. Diesen Fall hatten wir letztes Jahr um diese Zeit. Im übrigen sollten wir, was die Löhne und Materialpreise angeht, nicht unter den Stand der bisher geltenden Abmachungen gehen.«

»Warum nicht? Sprich ganz offen, Tarquinius!«

Tarquinius sah seinen Kaiser ohne Furcht an: »Herr! Es ist gewiß so, daß einige tausend Sklaven am Bau beteiligt sind, also Arbeitskräfte, die keine besonderen

---

* Wir sagen heute: 10 Prozent
** Heute die Marmorbrüche von Carrara

Kosten verursachen, – aber da gibt es die Handwerksmeister, die Steinmetzen, Schmiede, Zimmerleute, Gerüstbauer, Bildhauer und Transportunternehmer! Sie werden kaum zu Bedingungen arbeiten oder liefern, die sich unterhalb der bisher geltenden Abmachungen bewegen würden.«

»Du auch nicht?«

Tarquinius zögerte keinen Augenblick mit der Antwort: »Nein, Herr! Ich habe – wie wir alle – nur einen begrenzten finanziellen Spielraum. Die Bedingungen wurden vor Baubeginn noch von Haterius ausgehandelt und von dir genehmigt. Und sie waren schon damals sehr scharf kalkuliert! Wir haben uns alle in den letzten Jahren darauf eingestellt. Wenn du nun darauf bestehst, Herr, die bisher geltenden Verträge zu ändern und die Honorare zu kürzen, würdest du die Substanz der einzelnen Betriebe gefährden.«

Tarquinius hatte mutig gesprochen und mit seiner Meinung nicht hinter dem Berg gehalten. Titus beobachtete das Gesicht seines Vaters, und ihm fiel ein, was er mittags gesagt hatte: »Ich mag Männer, die mir offen ihre Meinung sagen...«

Die drei sahen den Kaiser gespannt an: Vespasianus, bekannt als der größte und beste Geschäftsmann des Reiches, dachte einen Augenblick nach. Allen war klar, daß er nun Zahlenkolonnen von Sesterzen und Denaren vor sich sah und die gegebenen Möglichkeiten realistisch überschlug. Dann hieß es: »Es sei denn, ich verzichte auf diese Aufbauten...« Er grinste, doch sein Gesicht drückte nur zu deutlich aus, wie sehr ihm die von Rabirius vorgeschlagenen Änderungen gefielen.

Und er sagte es: »Also gut. Das alles gefällt mir. Ich werde diese Aufstellung« – er wies auf die Rolle des Rabirius – »dem zuständigen Procurator aushändigen und ihn eine entsprechende Order an die Finanzleute ausarbeiten lassen. Es muß ja alles seine Richtigkeit haben...«

Ohne eine besondere Überleitung wechselte er dann plötzlich das Thema. Seine Stimme bekam einen feierlichen Tonfall, als er sagte: »Um all diese Baumaßnahmen technisch korrekt durchführen zu können, bedarf es einer strengeren Führung und Aufsicht als bisher. Es müssen, wie in einer Legion, klare Kommandoverhältnisse und Zuständigkeiten herrschen...« Er machte eine kurze Pause, blickte von einem zum anderen, bevor er verkündete: »Darum ernenne ich den Römischen Ritter Sextus Rabirius zum Obersten Kaiserlichen Architekten...«

Rabirius verbeugte sich. Doch Vespasianus fuhr fort: »Der Baumeister und Unternehmer Lucius Tarquinius Corvus wird ab sofort als Oberster Bauleiter für die praktische Durchführung dessen, was der Architekt vorgibt, verantwortlich sein...«

Hatte Tarquinius richtig gehört? Der Kaiser hatte ihn tatsächlich zum Obersten Bauleiter befördert. Also hatte Antonia wieder einmal den sechsten Sinn gehabt! Sein Gesicht rötete sich leicht vor Freude. Fast hätte er es versäumt, sich zu verbeugen.

»Ihr habt«, fuhr der Kaiser fort, »jederzeit Zutritt zum Palast. Mein Sohn wird euer Ansprechpartner sein. Er wird mir, sollten unvorhersehbare Schwierigkeiten auftreten, berichten, und ich werde, wenn ich es für notwendig erachte, euch beide zum Rapport bestellen. Im übrigen werdet ihr euch unverzüglich mit dem *Curator operum publicorum**, dem Römischen Ritter

---

* Das ist der für die öffentlichen Bauten zuständige Beamte

Gnaeus Flavius Sabinus, in Verbindung setzen und einen Termin ausmachen, an dem die Meister der Steinmetzen und Zimmerleute, die Bauzeichner, Transportunternehmer, Bildhauer sowie die mit den Dingen befaßten Sekretäre von euch über die neue Lage informiert werden. Tarquinius wird einen Nachfolger für den ausgeschiedenen Sabidius sowie für sich selbst ausfindig machen und mir die Namen melden. Eure Ernennnungsurkunden werden euch morgen zugestellt werden. Noch Fragen?«

Unvermittelt war er in den knappen, straffen Befehlston verfallen, mit dem er ansonsten seine Generale kommandierte.

»Keine Fragen!« sagte Rabirius. »Aber ich – und auch Tarquinius –, wir danken dir, Herr, für das Vertrauen.«

»Ich will keinen Dank, sondern hervorragende Arbeit! Selbstverständlich werden eure Gehälter in angemessener Weise erhöht werden: Rabirius erhält ein Jahresgehalt von fünfhunderttausend, Tarquinius von dreihunderttausend Sesterzen.«

Titus entging nicht, daß Tarquinius vor Überraschung und Freude das Blut in den Kopf geschossen war, während Rabirius als ohnehin vermögender Mann diese Mitteilung scheinbar gelassen hinnahm.

»Über eins«, fuhr Vespasianus streng fort, »seid ihr euch ja wohl im klaren: Ab sofort seid ihr für alle Vorgänge, für jeden Fehler, jede Schlamperei am Bau persönlich verantwortlich!«

»*Nimirum!* – Selbstverständlich!« erklärte Rabirius, und Tarquinius nickte ernst.

»Ich selbst werde mir in Kürze die Baustelle ansehen.« Er wandte sich an seinen Sohn: »Titus, wie wär's mit morgen früh? Oder steht was an?«

»Eine Abordnung der Stadt Athen ist für die zweite Stunde* angemeldet. Danach möchte dich Salvius Liberalis sprechen …«

»Hat's aber eilig, nach Moesien zu kommen! – Und am Nachmittag?«

»… wollte Athenodoros kommen und dich gründlich unter-…«

»Ach was!« fiel ihm der Alte ins Wort. »Soll warten! Seine gelehrte Besserwisserei geht mir gewaltig auf die Nerven! – *Bene*. Also am Nachmittag!« Und zu Rabirius und Tarquinius: »Ihr habt's gehört! Und macht mir ja nicht soviel Umstände! Ich will das Segment sehen – und keinen Empfang geben!«

Geflüster hinter dem Vorhang

Es ging gegen die zehnte Stunde**, als Tillia Capriola am Fenster ihres Tablinums stand und auf die belebte Straße blickte. Was sie sah, bestärkte sie in dem Vorsatz, mit dem heutigen Tag den Winter enden und die warme Jahreszeit beginnen zu lassen: Die Menschen gingen ohne Überwurf und Schal, sie schienen sich schneller zu bewegen als in den naßkalten Tagen des Januar und Februar, wo jeder vor sich hinstapfte, den

---

* 8 Uhr
** Gegen 16 Uhr

Blick grimmig auf den Boden gerichtet, kaum den Gruß eines Nachbarn oder Freundes zur Kenntnis nehmend. Nun blieb man stehen, hielt ein Schwätzchen, erkundigte sich nach dem kranken Großvater, den Kindern oder der trächtigen Hündin, fragte nach den Geschäften oder schimpfte auf die Zudringlichkeit der Bettler und die Dreistigkeit der Taschendiebe, die – darin war man sich einig – von Jahr zu Jahr zunehme.

Das milde Licht des späten Nachmittags fiel schräg in die Straße und ließ die Farben leuchten: das helle Ocker der Häuser und das dunkle Rot ihrer Sockel, den himmelblauen Turban eines Inders, der vorbeiging, das gelbblau gestreifte lange Gewand eines Ägypters, die bunten Kissen, die ein Händler auf der gegenüberliegenden Seite auf einem Karren anbot.

Tillia überlegte, ob sie ein solches Kissen brauchen könnte, widerstand aber dann dem Wunsch.

Verlockender waren schon die Kleinodien, die der Goldschmied Nymphidius Flaccus gegenüber zum Kauf anbot. Er hatte erschwingliche Preise. Es war zwar viel minderwertiges Zeug darunter, aber man fand immer etwas, das Herz und Gemüt erfreute: vergoldete Armspangen und Ketten, aus dünnem Golddraht geflochtene Bänder, silberne Fibeln* und fein gearbeitete Ringe. Nymphidius Flaccus' Ruf war nicht der beste: Im Viertel ging die Rede, er habe Verbindung zu Piraten und Räubern im Osten; aber das war nicht zu beweisen. Tillia Capriola zerbrach sich darüber auch nicht den Kopf, denn Nymphidius war freundlich, ja zuvorkommend, und er führte kleine Reparaturen –

---

* Gewandnadeln, unseren Broschen ähnlich, die wie Sicherheitsnadeln schließen

etwa an den Verschlüssen von Broschen – kostenlos durch, auch wenn die Stücke nicht bei ihm gekauft waren.

Gerade ging Matidia mit wiegenden Hüften über die Straße auf die Auslagen zu und ließ sich von Nymphidius seine neuesten Kreationen zeigen.

»Die hat's nötig!« murmelte Capriola aufgebracht. »Schlampe! In ihrer Wohnung geht's zu wie bei Bettlers unterm Tisch! Aber sie muß sich mit Glitzerzeug behängen! Der arme Fabullus!« Sie meinte Matidias älteren Lebensgefährten. »Malt den ganzen Tag Girlanden und kommt doch auf keinen grünen Zweig, weil die Schlampe das Geld mit vollen Händen ausgibt! Jeden zweiten Tag steht sie bei Nymphidius! Jeden zweiten... Und allen Männern macht sie schöne Augen! Siehst du... nun auch dem Nymphidius! Ha! Aber den beeindruckt das nicht. Den kann sie nicht beein-... Und heute mittag sogar dem Tarquinius! Doch den beeindruckt das noch weniger...«

Mit Argusaugen verfolgte sie, wie Matidia sich verschiedene Ketten zeigen ließ, sich eine nach der anderen um den Hals legte und sich dann schließlich für eine entschied. »Dieses falsche Lächeln!« zischte Tillia Capriola. Matidia entnahm ihrem Brustbeutel einige Münzen und bezahlte. Die Kette behielt sie gleich an. Dann entfernte sie sich nach links, und Tillia Capriola trat zur rechten Seite ihres Fensters, blieb aber im Hintergrund, um nicht entdeckt zu werden: »Aha, sie geht in die Innenstadt... Trifft wahrscheinlich einen Liebhaber! Der arme Fabullus! Aber Kinder hat sie keine! Bringt sie ja nicht... bringt sie nicht zustande!« Daß sie selbst ebenfalls kinderlos war, schien sie in diesem Augenblick vergessen zu haben. Sie schloß ihre

Beobachtungen ab mit einem nochmaligen, scharfen »Elende Schlampe!«

Dann trat sie ins Zimmer zurück und überlegte, ob sie sich nicht auch einmal die neuen Auslagen von Nymphidius anschauen sollte, als ihr einfiel, daß sie eigentlich die safrangelben Sandalen suchte, die sie sich im letzten Sommer bei Primosus gekauft hatte. Sie hatte sie nur zweimal getragen. Wo waren sie?

»Weder in der Abstellkammer noch in der großen Eichentruhe...«, murmelte sie und überlegte: »Hab' ich sie am Ende auf den Speicher gebracht?... Tillia, du wirst alt! Du hast vergessen, wohin du die Sandalen... So fängt es an, wenn man alt wird, man vergißt, wohin man die Dinge... So fängt es an!«

Sie seufzte, denn es würde ihr nicht erspart bleiben, über drei Stockwerke nach oben zu steigen, wobei sie stets in Atemnot geriet. Aber es mußte sein, wollte sie Klarheit haben.

Also nahm sie den großen eisernen Ring vom Wandregal, an dem die Schlüssel der Truhe, der Wohnungstür, der Eingangs-, Keller- und Speichertür aufgereiht waren, und schloß sorgfältig die Wohnungstür von außen ab. Wie immer blieb sie einen Augenblick stehen und lauschte nach oben und unten. Alles war ruhig.

Die erste Treppe, die zum dritten Stock, nahm sie ohne Beschwerden. Bei der nächsten Etappe würde sie pausieren müssen. Auf halber Höhe blieb sie an der Biegung stehen und atmete mehrmals tief durch, ehe sie weiterkonnte. Dasselbe dann auf der Treppe zum vierten Stock; nur war die Atempause diesmal noch länger. Keuchend erreichte sie schließlich den Flur des vierten Stocks, mußte sich aber erschöpft gegen die Wand lehnen und warten, bis sie wieder bei Kräften war. Sie ließ sich Zeit, da sie wußte, daß Matidia nicht im Hause war. Nichts wäre ihr unangenehmer gewesen, als von »dieser Person« in ihrem entkräfteten Zustand gesehen zu werden. Sie hörte schon ihre künstliche Anteilnahme in der Stimme: »Aber Tillia! Geht es dir nicht gut? Kann ich dir helfen? Willst du ein Glas Wasser? Komm doch herein und ruh' dich etwas aus...!«

»Schlampe!« zischte sie und schüttelte angewidert den Kopf.

Nun kam das Schlimmste, die Stiege zum Speicher, denn deren Stufen waren kürzer und daher steiler als die im Treppenhaus.

Sie schaute nach oben, atmete noch einmal tief ein und stieg langsam, ganz langsam aufwärts. Auf halber Höhe mußte sie wieder anhalten und Luft schöpfen; das Herz schlug ihr bis zum Halse. Sie blickte nach oben und war bereit, die letzten Stufen zu nehmen, als sie stutzte: Die Tür zum Speicher war nur angelehnt und nicht verschlossen. War jemand dort oben? Sie lauschte, hörte aber nichts außer dem pulsierenden Schlag ihres Herzens.

›Seltsam!‹ dachte sie und schüttelte den Kopf. ›Sehr seltsam! Wenn die Tür zum Speicher offensteht, muß eigentlich jemand dort oben sein und sich mit irgend etwas zu schaffen machen. Aber dann müßte doch etwas zu hören sein.‹

Sie spitzte die Ohren: Es blieb still.

Doch plötzlich hatte sie das Gefühl, es müßten sich auf dem Speicher geheimnisvolle Dinge abspielen. Es war noch nie vorgekommen, daß die Speichertür unverschlossen war, wenn sich niemand dort oben aufhielt.

War etwa ein Dieb im Haus? – Unsinn! Einbrecher machten einen gewissen Lärm, wenn sie in Truhen und

Schränken wühlten. Das müßte sie von hier aus hören können. Im übrigen waren auf dem Speicher keine wertvollen Dinge gelagert, für die sich ein Dieb interessierte. Und überhaupt: Wie sollte ein solcher Bursche ungesehen ins Haus gelangen!?

Dennoch war sie hin- und hergerissen zwischen Angst und Neugier. Während sie so unentschlossen dastand und schon fast geneigt war, in ihre Wohnung zurückzukehren, meinte sie von oben Flüstern zu hören. Sie hielt den Atem an: *Certo,* da sprachen zwei Menschen leise miteinander! Aber sie konnte nicht unterscheiden, wem die Stimmen gehörten, ob einem Mann oder einer Frau. Sie mußte weiter nach oben, in die Nähe des Türspalts!

Vorsichtig, ganz vorsichtig nahm sie die letzten Stufen der Stiege und blieb mit klopfendem Herzen vor der Tür stehen. Deutlich konnte sie nun das Flüstern hören und die Stimmen unterscheiden: Da sprachen ein Mann und eine Frau leise miteinander.

Langsam drückte sie die einfache Holztür auf und war froh, daß sie nicht in den Angeln quietschte. Sie blickte in den Raum und konnte zunächst keine Einzelheiten erkennen. Doch schnell gewöhnten sich ihre Augen an das Dämmerlicht.

Das Flüstern kam von links. Dieser Teil des Speichers gehörte Tarquinius und seiner Familie und war mit einem großen Vorhang vom übrigen Raum abgetrennt. Durch den Vorhang schimmerte Licht, das durch eine Dachluke einfiel. Also hatte jemand die Luke hochgestellt!

Bewegungslos blieb sie stehen und lauschte. Doch ihr Pulsschlag war immer noch lauter als die Stimmen, so daß sie zunächst kein Wort verstand. Es dauerte eine ganze Weile, bis das Klopfen in ihrem Kopf nachließ. Sie hörte deutlich, wie die männliche Stimme sagte: »Ich muß jetzt zurück zur *familia*...« Die Stimme klang tief und warm.

Und sie: »Kannst du nicht noch ein bißchen bleiben?«

»Nein, Liebes, du weißt doch, das gibt Ärger.«

Familia...? Tillia zwinkerte aufgeregt und dachte angestrengt nach: ›Ist das etwa ein Sklave, der sich hier heimlich mit einem Mädchen trifft?‹ – Mit *familia* bezeichnete man alle zu einem Haushalt gehörenden Unfreien. – ›Aber das gibt doch keinen Sinn!‹ überlegte sie. ›Ein Sklave würde nicht sagen: Ich muß zurück zu meiner *familia*...! Er wird sagen: So, ich muß nun zurück!‹

»Bitte, bitte! Bleib noch! Nur noch ein bißchen!«

Tillia Capriola fuhr zusammen und hielt erschrocken die Hand vor den Mund: Das... das war doch... das war die Stimme von Antonia, der ältesten Tochter von Tarquinius! Und sie fuhr fort: »Immer bleibst du nur kurze Zeit! Wer weiß, wann wir uns wiedersehen!«

Er antwortete nicht darauf. Anscheinend streichelte er ihr jetzt über den Kopf und küßte sie. Tillia beugte sich vor und war ganz Ohr: Jawohl, er küßte sie! Und sie schmiegte sich an ihn!

Entrüstet schüttelte Tillia den Kopf: ›Treibt Antonia es etwa mit einem Sklaven?! Unmöglich! Antonia ist ein anständiges Mädchen!‹

Familia... Plötzlich kam Erleuchtung über sie: Schauspieler nannten ihre Truppe ebenfalls *familia!* Es handelte sich also ganz offenbar um einen Schauspieler! Die volle, klangvolle Stimme! Sie konnte ohne weiteres einem Mimen gehören. Also hatte Antonia sich in einen Schauspieler verliebt! Vielleicht kannte sie, Tillia, ihn auch; sie ging ja regelmäßig ins Pompeius- und ins Marcellustheater. Aber dann müßte sie die Stimme erkannt haben! Sie hatte ein gutes Gedächtnis für Stimmen. Doch diese war ihr fremd. ›Na, wahrscheinlich irgend so ein zweit- oder drittklassiger Mime... Hat keinen Erfolg auf der Bühne und macht sich nun zum Ausgleich an ehrbare Mädchen heran!‹

Tillia war drauf und dran, den Burschen zur Rede zu stellen, als sich der Vorhang plötzlich bewegte. Flink huschte sie nach rechts in Richtung ihres eigenen Verschlags, tastete nach den Ständern, die das Dach trugen und versteckte sich hinter einem der dicken Balken. In der Dunkelheit dieses Teils des Speichers war sie sicher, nicht entdeckt zu werden. Hören und verstehen konnte sie von hier aus alles genau so gut wie von der Tür aus.

»Wir dürfen nicht zusammen gesehen werden. Du mußt vor mir gehen!« sagte Antonia.

Und er: »*Certo* – natürlich.«

›Nun umarmen und küssen sie sich zum Abschied!‹ dachte Tillia. Sie seufzte leise, voller Mitgefühl – und in Erinnerung an eigene Erlebnisse dieser Art vor fünfzig Jahren.

Da wurde der Vorhang zurückgeschlagen. Schritte! Sehr feste, energische Schritte! Der Mann hatte das Versteck verlassen und näherte sich der Tür.

›Hoffentlich merkt er nicht, daß die Tür jetzt ganz aufsteht!‹ dachte Tillia. Sie spähte hinter dem Balken hervor und konnte zunächst nur schemenhaft die Umrisse eines großen Mannes erkennen. Dann, als er die Tür erreichte, sah sie ihn für einen kurzen Augenblick von der Seite: Er war kräftig, ja geradezu muskulös und mochte etwa Mitte zwanzig sein. Er trug eine einfache, derbe Tunica; sein schwarzes, leicht gelocktes Haar war ganz kurz geschnitten. Also doch ein Sklave?* – Sie verfolgte, wie er schnell nach unten ging und seine Schritte sich auf der Treppe entfernten.

Was nun? – Sollte sie warten, bis Antonia ihm nach einer gewissen Zeit folgte? Oder sollte sie so tun, als ob sie gerade erst den Speicher betreten hatte, und das Mädchen ansprechen, als ob sie von nichts wüßte?

Aber was ging diese Geschichte sie überhaupt an?

Vielleicht würde Antonia sie in den nächsten Tagen ja ohnehin aufsuchen und von sich aus von diesem Liebesverhältnis zu erzählen beginnen. Tillia verstand sich sehr gut mit dem Mädchen und hatte ihr schon des öfteren gute Ratschläge gegeben, wenn es wegen irgend einer kleinen Sache wieder einmal Streit mit ihrer strengen Mutter gegeben hatte.

Noch bevor sie sich für das eine oder andere entscheiden konnte, hörte sie, wie Antonia hinter dem Vorhang zu weinen begann. Erst weinte sie still vor sich hin, dann wurde das Weinen lauter und ging in ein verzweifeltes Schluchzen über, das kein Ende nehmen wollte. Da weinte jemand, der sich in einer ausweglosen Lage befand, und es brach Tillia Capriola fast das Herz.

Ohne zu überlegen, trat sie aus ihrem Versteck, eilte auf den Vorhang zu und riß ihn zur Seite. Das Mädchen saß vornübergebeugt auf einem alten Stuhl und hatte das Gesicht in den Händen vergraben.

»Aber Kind!« Tillia Capriola konnte nicht anders, sie trat neben die Sitzende, umschlang ihren Kopf und

---

* Das Haar der Sklaven war kurz geschoren

streichelte mit der anderen Hand über das blauschwarze Haar.

Antonia hob ihr nasses Gesicht zu ihr empor, und aus ihren Augen quollen immer neue Tränen. Dabei stammelte sie, unterbrochen von krampfartigem Schluchzen: »Ich ... ich ... das ... ich ...«

Tillia sah sie voll Mitgefühl an und sagte: »Kindchen! Beruhige dich doch! Ich habe das letzte mitbekommen ...«

»Warst du ... etwa ... die ganze ... Zeit ... hier?«

»Nein, wo denkst du hin?!«

»Hat er ... dich ... gesehen?«

»Nein.«

»Das ist gut. Aber du ... hast ... ihn gesehen?«

»Ja, Kindchen. Und nun steh auf und komm mit mir in meine Wohnung. Dort werden wir in Ruhe über alles sprechen.«

»Ich ... kann ... aber ... so ... nicht ...« Antonia wurde immer noch von Schluchzen geschüttelt. Tillia hielt sie umschlungen und streichelte sie so lange, bis sie allmählich ruhiger wurde. Dann sagte sie: »Man darf dich hier nicht so finden, Antonia! Komm mit mir!«

Jetzt nickte Antonia und stand auf, aber sie wirkte wie betäubt.

»Wisch dir die Tränen ab!« sagte Tillia. Wieder nickte Antonia, hob den Saum ihres Gewandes und tupfte sich damit das Wasser aus den Augen. Währenddessen schloß Tillia die Dachluke und arretierte den Bügel.

Jetzt war es wieder dunkel im Speicher. Das Licht, das durch die offenstehende Tür vom Treppenhaus hereinfiel, reichte gerade aus, den Weg hinaus zu finden.

Tillia legte den Zeigefinger an die Lippen, trat auf

das Podest und lauschte nach unten. Dann gab sie Antonia ein Zeichen, ihr zu folgen. Auf jedem Stockwerk hielt sie an und vergewisserte sich, daß niemand die Treppe heraufkam.

Als sie Tillias Wohnung erreichten, schloß sie flink auf und schob Antonia hinein. Dann verriegelte sie die Tür von innen.

»Du mußt dir erst das Gesicht waschen!«

Tillia blickte sich im Flur um, trat zu einem Wandregal, holte eine der dort aufbewahrten Tonschüsseln herunter und stellte sie auf den kleinen schmalen Wandtisch, der unter dem Regal stand. Dann bückte sie sich, hob die kupferne Kanne und schüttete Wasser in die Schüssel. Aus der Truhe auf der anderen Seite holte sie ein weißes Tuch, tauchte es ins Wasser, drückte es aus und reichte es Antonia.

»Wir müssen immer wieder frisches, kaltes Wasser nehmen! Dann geht die Schwellung zurück.«

Der Vorgang wurde mehrmals wiederholt, bis Antonia zaghaft sagte: »Ich glaube, es wird besser.«

»Na siehst du!«

»Danke!«

»Komm, Kindchen!« Tillia nahm Antonia bei der Hand und führte sie in ihr Tablinum.

»Setz dich!«

Antonia nahm auf einem der Stühle, die um den hübschen runden Tisch standen, Platz. Tillia ging aus dem Zimmer und kam nach einer Weile mit einem silbernen Becher in der Hand zurück.

»Trink das! Das wird dir gut tun!«

»Was ist das?«

»Wein mit Wasser!«

»Aber ich kann doch jetzt nicht Wein...!«

»Es ist nur ein kleiner Schluck. Nun trink schon!«

Antonia setzte den Becher an die Lippen und nippte zaghaft. Dann trank sie ihn in einem Zug leer.

»Na also!« Tillia nahm ihr den Becher ab und stellte ihn auf den Tisch.

»Geht's dir etwas besser?«

Antonia nickte.

»Na siehst du! Und jetzt...« – sie rückte näher heran – »wollen wir darüber reden...« Sie lächelte dem Mädchen ermunternd zu. »Du hast eben so bitterlich geweint; liebst du ihn denn so sehr?«

Antonia nickte stumm.

»Aber es wird nicht einfach werden...?«

Wieder nickte Antonia.

Tillia holte zu der entscheidenden Frage aus: »Ich habe da eben etwas von *familia* gehört... Ist es das?«

Wieder ein Nicken.

»Wie viele sind es denn?«

»Ich glaube... über hundert.«

»Was? So reich ist ihr Patron?«

»Ja, aber außerhalb Roms hat er noch einige hundert.«

Tillia Capriola legte überrascht die Stirn in Falten und meinte: »Das ist aber eine starke Truppe! Meist sind sie doch nur an die neun, zehn!«

»Nein, nein«, erklärte Antonia, »bei so wenigen lohnt sich das nicht für den Besitzer.«

Tillia wurde stutzig: Wieso sprach Antonia von einem Besitzer? War der Fremde am Ende doch ein Sklave? Im übrigen hatte sie noch nie gehört, daß es eine Theatergruppe von einigen hundert Schauspielern und Pantomimen gab. Aber vielleicht spielten sie in den Städten ganz Italiens.

»Naja, ich kann schon verstehen, daß du dir nun die größten Sorgen machst... Ich meine, wegen deiner Eltern. Aber ich kenne Fälle, daß einige eine große Karriere gemacht haben und steinreich geworden sind. Wenn ich da an die Zeit Neros denke... Was spielt er denn?«

»Spielen? Wie meinst das?«

»Na, welche Rolle er spielt? Den komischen Alten? Den jungen Liebhaber? Den Geizhals? Sie sind doch meist auf einen Typ spezialisiert!«

»Ich verstehe dich nicht, Tillia...«

Leicht verwirrt präzisierte Tillia ihre Frage: »Aber er ist doch Schauspieler – oder?«

»*Schauspieler?*« Antonia sah sie überrascht an. »Wie kommst du denn auf Schauspieler?«

»Die Schwierigkeiten hängen doch mit seiner *familia* zusammen – und so nennen doch die Schauspieler ihre Truppe!«

»Ach, jetzt verstehe ich. Nein, er ist kein Schauspiele...«

»Was denn dann?«

»Gladiator!«

»*Per deos!* – oh, ihr Götter!« Tillia Capriola starrte Antonia an, aber nur einen Augenblick lang, dann hatte sie sich schon wieder gefaßt. »Das ist allerdings etwas anderes!«

Beide schwiegen einen Augenblick.

Tillia entschloß sich, weiter zu fragen: »Wie lange kennst du diesen Mann schon?«

»Etwa ein halbes Jahr.«

»Wie heißt er?«

»Titus... Titus Sextius Verus.«

»Das ist ja ein römischer Name!«

»*Certo* – Natürlich! Er ist doch kein Sklave!«

»Und wie ist er Gladiator geworden?«

Da erzählte Antonia ihr seine Geschichte: Verus stamme aus einer wohlhabenden Familie; sein Vater habe eine Flotte von fünf Handelsschiffen besessen, die zwischen Griechenland, Ägypten und Ostia unterwegs waren. Bei einem Sturm seien vier davon mitsamt der wertvollen Ladung untergegangen. Sein Vater und sein ältester Bruder seien dabei ums Leben gekommen, und seine Mutter sei kurz darauf vor Kummer gestorben.

»Das ist ja furchtbar!« sagte Tillia. »Aber es ist immer noch kein Grund, Gladiator zu werden und aus Mord und Totschlag einen Beruf zu machen!«

»Nun, mit den Schiffen ist fast der ganze Besitz der Familie untergegangen. Um die Forderungen der Gläubiger befriedigen zu können, mußte Verus alles, was übrig war, zu Geld machen: das Haus in der Stadt, die noch vorhandenen Waren, das letzte Schiff. Ihm blieb nichts übrig – schlimmer noch: Er hat immer noch Schulden. Und das einzige, was er kann, ist Fechten. Sein Vater hat ihm Privatunterricht geben lassen.«

»Ich verstehe. Und da hat er sich bei einem Gladiatorenmeister verdingt.«

Antonia nickte.

»Und wie lange macht er das schon?«

»Bald sind es zwei Jahre.«

»Dann hat er bisher aber Glück gehabt!«

Antonia stutzte, dann sagte sie: »Glück würde ich es nicht nennen. Er ist ein hervorragender Kämpfer! Er hat schon sieben Siege errungen und wird zum Star der Truppe aufgebaut.«

»Du bist ja richtig stolz auf ihn! Recht so!« Tillia lächelte und nickte Antonia ermunternd zu.

»Weshalb bist du denn plötzlich so heiter?« wollte das Mädchen wissen.

»Mein liebes Kind!« sagte Tillia, und nun lachte sie ganz offen. »Ich werde dir jetzt ein Geheimnis – mein Geheimnis! – verraten, und ich weiß, daß es bei dir so sicher aufgehoben ist wie in einem Grab...«

»Aber Tillia!« rief Antonia. »Wie kannst du jetzt scherzen?«

»Ich scherze nicht, denn auch ich war einmal in einer ganz ähnlichen Lage wie du. Glaube mir, niemand weiß besser als ich, wie dir jetzt zumute ist! Alle hier im Haus und in der Nachbarschaft denken, ich sei die vermögende Witwe eines Militärtribunen, der unter Kaiser Claudius in Britannien eine große Karriere gemacht hat und dabei zu viel Geld gekommen ist...«

»Und das stimmt nicht?« Antonia ließ die Augen nicht von ihr.

»Nein, natürlich nicht. Soviel Geld kann ein Tribun überhaupt nicht verdienen, es sei denn, er ist der Sohn eines millionenschweren Ritters.«

»Ja, aber, was war er denn?«

»Rennfahrer!«

»Rennfahrer?«

»Ja, er fuhr Rennen im Circus Maximus und in allen Rennbahnen des Reiches. Hast du schon mal den Namen Crescens gehört?«

Antonia dachte nach und meinte: »Ja, mein Vater hat ihn schon des öfteren genannt, wenn wir in den *circus* gingen.«

»Siehst du, noch heute ist er im Gedächtnis der Menschen. Crescens war einer der erfolgreichsten Fahrer seiner Zeit. Und er hat sich ein Riesenvermögen erworben. Aber kurz bevor er sich zur Ruhe setzen wollte, kam es zu dem tödlichen Unfall im *circus,* hier in Rom.«

»Warst du dabei?«

»Ja, ich war dabei! Es war der schrecklichste Tag meines Lebens. Noch heute habe ich deswegen Alpträume.«

Sie sagte das alles ganz ruhig und in keiner Weise wehleidig.

»Das wußte ich nicht, Tillia.«

»Nun, außer dir und mir weiß niemand hier, daß ich seine Frau war. Was heißt Frau? Wir waren ja nicht verheiratet. Er wohl! Aber er hat kurz vor dem Unfall sein Testament gemacht und mich darin in einer sehr großzügigen Weise bedacht. Für den Fall, daß ihm etwas zustieße, wollte er Gewißheit haben, daß ich bis an mein Lebensende versorgt war. Und so ist es ja auch gekommen. Einen Teil dieses Geldes habe ich in verschiedenen Transportunternehmen angelegt.«

»Transportunternehmen? Etwa auch in dem meines Vaters?«

»Ja. Aber er weiß das nicht, weil ich mich durch einen Mittelsmann vertreten lasse. Ein Anwalt regelt alles für mich und verhandelt in meinem Namen. Er ist zu absolutem Stillschweigen verpflichtet.«

Sprachlos vor Staunen schaute Antonia sie an. Dann fragte sie: »Wieviel ... ich meine, mit wieviel Geld bist du denn in unserem Geschäft?«

»Oh«, meinte Tillia lächelnd, »es ist so viel, daß dein Vater wohl in große Schwierigkeiten käme, wenn ich mein Kapital mit einem Mal aus dem Unternehmen abziehen würde. Aber sei ganz ruhig ...« Sie legte Antonia ihre Hand auf den Arm. »Das habe ich nicht vor. Und was dich betrifft, so wollen wir jetzt einmal ganz nüchtern überlegen, wie es mit euch weitergehen soll.« Man sah, daß sie angestrengt nachdachte: »Ich könnte ihm Geld leihen.«

»Das wird er nicht annehmen. Er will sich nicht noch mehr verschulden. Er ist sehr stolz!«

»Und wenn ich es ihm schenke?«

»Das wird er erst recht nicht annehmen!« Antonia war schon wieder den Tränen nahe.

»Das wollen wir mal sehen! Dummkopf!« Tillia Capriola wurde richtig böse: »Und daß du leidest und dabei zugrunde gehen kannst, das ist ihm wohl egal – wie?!«

»Nein, natürlich nicht. Er leidet ja selbst schon genug.«

»Hm. – Also, paß auf! Ihr werdet euch ab sofort nicht mehr auf dem Speicher treffen, sondern in meiner Wohnung! Bei mir seid ihr sicher. Ihr werdet zu verschiedenen Zeiten kommen und gehen. Jeder im Haus weiß, daß du mich oft besuchst. Und wenn jetzt ab und zu auch ein junger Mann zu mir kommt, dann sollen sie sich doch das Maul zerreißen! Das stört mich nicht. Sie wissen, daß ich vermögend bin. Und vor nichts haben die Menschen mehr Respekt als vor einer alten Frau, die sich ein unabhängiges Leben leisten kann und die immer wieder deutlich zu erkennen gibt, daß sie nicht auf andere angewiesen ist. Wir sind doch nicht in Athen!«

»Wie meinst du das?«

»Ha! Die griechischen Frauen leben abgeschieden in ihren Häusern. Sie dürfen nicht mal ins Theater! Und eigene Geschäfte dürfen sie auch nicht tätigen. Alles schreiben die Männer ihnen vor. – Bei uns ist das anders, Iuno sei Dank!«

Sie hatte sich richtig in Schwung geredet, und der Optimismus, den sie ausstrahlte, zeigte bei Antonia Wirkung. Vielleicht konnte doch noch alles gut werden. Das Mädchen bewunderte Tillia Capriolas gesunden Menschenverstand und ihre zupackende Art. Es mußte wohl damit zusammenhängen, daß sie in jungen Jahren eine andere Welt kennengelernt hatte, die Welt der Rennfahrer und wohl auch die der Künstler, der Schauspieler – von Menschen also, die ihr Leben außerhalb der geltenden bürgerlichen Ordnungen führten und dabei oft von der Hand in den Mund lebten. Tillia war unabhängig, selbstbewußt – und großzügig.

Nur zu gern hätte Antonia sich nach ihrem früheren Leben erkundigt. Sie wußte ja nichts, gar nichts über Tillias Herkunft. Irgendwann würde sie vorsichtig danach fragen. Nicht jetzt. Sie würden sich ja nun öfter sehen.

Tillia begutachtete kritisch Antonias Gesicht und meinte: »Ich glaube, so können wir dich gehen lassen. – Eine Frage...« Sie sah Antonia an: »Weiß noch jemand außer mir von der Geschichte?«

Antonia nickte: »Fabia, meine Freundin. Du kennst sie, glaub' ich...«

»Die Tochter des Gastwirts?«

»Ja.«

»Und sie kann es für sich behalten?«

»Aber ja! Sie ist in einer ähnlichen Lage.«

»Etwa noch ein Gladiator?«

»Nein, nein...« Antonia mußte plötzlich lachen, und Tillia kommentierte dies mit dem üblichen »Na siehst du! Du lachst wieder! – Wer ist es denn?«

»Ach, Fabia liebt meinen Bruder!«

»Lucius?«

»Ja.«

»Aber das ist doch wunderbar!«

»Eben nicht!«

»Wieso?«

»Weil ihr Vater sie an einen andern verheiraten will.«

»Diese schrecklichen Väter! Wahrscheinlich geht's wieder mal ums Geld! In dieser Stadt geht es immer nur ums Geld!«

»Wahrscheinlich.«

»Nein, ganz bestimmt! Und dein Bruder?«

»Lucius ist ein lieber, dummer Junge. Er wird doch erst achtzehn!«

»Naja, aber wenigstens ist er kein Gladiator!«

Wieder lächelte Antonia und nickte. »Da steht auch nicht alles auf dem Spiel, wie bei mir. Es ist mehr eine Liebelei. Meine Mutter...«

»Oh, ich glaube deine Mutter gut zu kennen. Sie ist eine sehr kluge, selbstbewußte Frau! Sie weiß, wo's langgeht! Da müssen wir sehr, sehr vorsichtig sein. – Und dein Vater?«

»Er hat doch kaum Zeit für uns. Für ihn dreht sich alles um seine Baustelle.«

»Jaja...« Tillia Capriola nickte wissend. Sie stand auf. »So, ich glaube, es ist an der Zeit, daß du gehst. Sie werden dich sonst vermissen.«

»Sieht man noch, daß ich geweint habe?«

»Nein, Kindchen. Und denk daran: Du kannst jederzeit zu mir kommen.«

»Ich weiß. Und ich danke dir, Tillia!«

Tillia umarmte sie und drückte sie fest an sich. Dann geleitete sie Antonia zur Tür. Im Treppenhaus vergewisserte sie sich nach oben und unten, daß niemand kam. Dann machte sie Antonia ein Zeichen, daß sie gefahrlos gehen könne.

Auf dem Treppenabsatz drehte sich Antonia noch einmal um und winkte Tillia mit der Hand zu, und Tillia winkte zurück. Dann entfernten sich Antonias Schritte auf der Treppe.

›Ein feines Mädchen!‹ dachte Tillia. Sie war mit sich sehr zufrieden: Sie hatte eine neue, eine lebenswichtige Aufgabe. Plötzlich seufzte sie laut auf: Die Sandalen! Sie hatte ihre gelben Sandalen vergessen.

»Aber heute nicht mehr!« sagte sie laut und machte die Türe zu.

Ein Abendessen

»Und du willst wirklich noch heute abend ins ›Siebengestirn‹?« fragte Antonia ihren Mann. »Nach diesem Tag?«

»Gerade deswegen«, entgegnete Tarquinius gutgelaunt, lehnte sich zurück und stützte sich mit den Händen an der Tischplatte ab. Mit Interesse verfolgte er, wie Antonia und seine älteste Tochter verschiedene Köstlichkeiten auf einem großen runden Holzbrett in der Mitte des Tisches arrangierten: in dicke Scheiben geschnittenen Schinken, garniert mit Zwiebelringen, sizilianischen Hartkäse, kalten Braten – es war immer noch »der von gestern« –, ein rundes, sternförmig geritztes Weißbrot, eine Schüssel mit Kräuterquark, eine andere mit Lauchgemüse in saurer Sahne, Schalen mit Apfelkompott und – als Nachtisch gedacht – in Honig kandierte Kirschen. Daneben stellten sie zwei Tonkrüge mit Wasser und Wein.

Tarquinius beugte sich vor und schnupperte an der Schale mit den Kirschen. »Hm!... Die riechen aber sehr gut!«

»Sie waren auch nicht billig.«

»Krieg ich auch welche?« rief Marcus und fuhr sich mit der Zunge über die Lippen.

»Aber ja doch.«

»Ich auch!« rief Gaius.

»Ja, du auch. Aber vorher wird Brot gegessen und Käse! Du bist im Wachstum.«

»Ich bin auch im Wachstum!« rief Marcus. Er wollte auf keinen Fall kleiner als sein Bruder dastehen.

Lucius und Tarquinia kamen herein und nahmen auf ihren Stühlen Platz. Dann erschien auch Azes. Sein Platz war gleich neben Tarquinius. Sein Sohn Nefer saß bei den Sklaven in der »Küche«.

»Thais!« rief Antonia, die Mutter, und schon schaute die Angesprochene herein. »Komm, setz dich! Wir wollen essen! Wo bleibt denn Paulla wieder?« Antonia wies auf deren leeren Stuhl.

»Sie sitzt in ihrem Zimmer und motzt«, verkündete Tarquinia. »Sagt, sie hätte Migräne.«

»Thais, bitte, hol sie!«

Doch Thais erwiderte: »Ich hab's schon versucht. Sie kommt nicht.«

»Hach, diese Frau!« Antonia blickte zur Decke. »Tarquinia, dann bring du ihr was rüber.«

»Ja, Mama!« Tarquinia verteilte von allem etwas auf dem Holzbrett, das an Paullas Platz lag, legte ein Messer dazu, füllte etwas Wein in einen Becher und machte sich damit auf den Weg zu Paullas Zimmer. Als sie zurückkam, sagte sie: »Sie will auch von den Kirschen.«

»Auch noch Wünsche haben!«

»Nun laß sie doch«, meinte Tarquinius. »Werden alle mal alt ...«

»Ja, sicher, alt werden wir alle, aber nicht unbedingt so verschroben!«

»Ja, Mama«, meinte Tarquinius besänftigend. »Aber nun iß doch erst mal was! Du siehst ganz blaß aus.«

»Ist das ein Wunder?«

Tarquinius schwieg dazu und widmete sich einem Stück Schinken, auf dem er geradezu andächtig herumkaute. Die Zwillinge warfen sich einen Blick zu und studierten das Gesicht ihres Vaters: Er wollte jetzt seine Ruhe haben und das Essen genießen.

Doch es war ihm nicht entgangen, daß seine älteste Tochter ungewöhnlich still war, ja verschlossen wirkte. Alle hatten ihm aufgeregt gratuliert, als er von der Audienz beim Kaiser berichtete. Sie hatten durcheinander geredet und Fragen über Fragen gestellt. Selbst Paulla hatte begriffen, welche Ehrung Tarquinius widerfahren war. Nur Antonia, seine Tochter, hatte geschwiegen. Tarquinius warf ihr einen kurzen Blick zu, und sein Instinkt sagte ihm, daß da irgend etwas nicht stimmte. Er nahm sich vor, mit ihr bei einer günstigen Gelegenheit unter vier Augen zu sprechen.

Alle am Tisch schwiegen nun, schauten auf das Brot, den Schinken, den Käse und taten so, als ob sie nur mit dem reichhaltigen Abendessen beschäftigt wären, erleichtert, daß die Auseinandersetzung zwischen Tante und Nichte fürs erste abgeschlossen war. Doch Antonias Laune war verdorben. Sie wandte sich an die Zwillinge: »Habt ihr den Jungen vom Bäcker noch mal gesehen?«

»Nein«, sagte Marcus mit vollem Mund.

»Wenn ihr ihn seht, laßt ihn in Ruhe!«

Beide riefen wie aus einem Munde: »Ja, Mama!«

»Ich hoffe, das wird ja nun bald ein Ende haben.«

Antonia sah ihren Mann an, und der nickte bedächtig, ließ sich aber nicht beim Essen stören. Gaius war jedoch hartnäckig: »Was wird ein Ende haben?«

»Das alles hier...«

»Was denn?« fragte Marcus.

Da mischte sich Lucius ein, dem die Launen seiner Großtante ebenso aufs Gemüt gingen wie seiner Mutter: »Jetzt seid doch mal still! Ihr seht doch, daß Mama müde ist!«

Marcus schwieg, dachte aber: ›Immer, wenn die Erwachsenen schlechte Laune haben, sagen sie, sie sind müde.‹ Antonia aber warf Lucius einen dankbaren Blick zu und widmete sich ihrem Essen.

»Antonia sieht aber blaß aus!« stellte Tarquinius dann doch fest und wandte sich an seine älteste Tochter: »Bist du krank?«

»Nein, nein, ich bin nicht krank.« Sie sagte es auffallend leise und senkte den Kopf, damit niemand zu genau in ihr Gesicht sehen konnte.

Da kam Thais herein und setzte sich neben ihren Mann Azes, der, wie es seine Art war, stumm vor sich hingekaut hatte, ohne sich an den Gesprächen zu beteiligen.

Tarquinius wandte sich an seinen Sohn: »Lucius...«

»Vater?«

»Wenn du Lust hast, komm doch mit ins ›Siebengestirn‹. Wir haben uns das heute verdient!«

»Gerne, Vater.« Lucius freute sich wirklich. Es war eine Auszeichnung, wenn der Vater ihn mitnahm.

»*Per deos!*« Thais erhob sich ruckartig. »Dann muß ich ja noch schnell die Tuniken bereitlegen...« Sie wollte gehen, doch Antonia, die neben ihr saß, hielt sie am Arm fest: »Nun iß doch erst mal in Ruhe zu Ende, Mädchen! So eilig haben sie's nicht!«

Antonia sah ihren Mann an, und Tarquinius nickte wieder bedächtig. Totz der Aufregungen des Tages kreisten seine Gedanken weiter um Antonia. Er wandte sich erneut an sie: »Deine Freundin Fabia hat doch heute Geburtstag – oder?«

Antonia nickte.

»Wie alt wird sie denn?«

»Achtzehn.«

»Aha... Und ihr wart zusammen in der Stadt?«

»Ja.«

»Und? War's schön?«

Antonia nickte wieder stumm, suchte dann aber ihre Trauer mit gespielter Aufgeregtheit zu überdecken: »Sie hat von ihrem Vater einen goldenen Armreif bekommen!«

»Naja, der hat's ja!« stellte ihre Mutter fest.

»Aber Mama!« tadelte Lucius. »Sie freut sich doch! Du würdest dich doch auch freuen, wenn Papa dir...«

»Sicher. Ist aber schon lange her, daß ich von deinem Vater so was Hübsches bekommen habe.«

»Das können wir ändern«, stellte Tarquinius fest. »Gleich morgen gehen wir zu einem Goldschmied!«

»Aber Mama hat doch gar keinen Geburtstag!« warf Gaius ein.

»Na und?« sagte Tarquinius. »Man muß ja nicht

unbedingt Geburtstag haben, um was geschenkt zu bekommen.«

»Ich habe auch keinen Geburtstag!« stellte Marcus daraufhin fest.

»Ich auch nicht!« rief Gaius.

Alle mußten plötzlich wegen dieser kindlichen Logik laut auflachen, sogar Azes schmunzelte. Tarquinius wandte sich an Azes: »Na, alter Junge, da wär' bei dir doch auch mal was fällig...«

Thais wechselte mit Antonia einen verständnisvollen Blick und kam ihrem Mann zuvor: »Wenn die Männer uns Frauen was schenken, haben sie immer irgendwelche Hintergedanken.«

»Sehr wahr«, stellte Antonia lächelnd fest. »Am besten kauft man sich selbst, was einem gefällt.«

»Matidia hat sich heute bei Nymphidius eine goldene Kette gekauft!« mischte sich nun Tarquinia in das Gespräch.

»Du meinst eine *ver*goldete!« meinte ihre Mutter und zog verächtlich die Mundwinkel nach unten.

»Nein«, beharrte Tarquinia. »Sie hat sie mir gezeigt! Sie ist aus purem Gold!«

»Kind, halte dich von dieser Person fern! Sie ist nicht nur dumm, sondern ehrlos, ja verkommen... Was mir Tillia Capriola neulich so alles über sie erzählt hat! Eine Schlampe ist das! Meint, sie könne allen Männern den Kopf verdrehen. Man braucht doch nur zu sehen, wie sie sich anzieht und wie sie über die Straße geht. Daß die überhaupt in diesem Hause wohnen darf!«

»Ich weiß gar nicht, was du willst«, warf Tarquinius ein, »sie ist ihrem Fabullus treu. Und er kommt doch gut zurecht mit ihr.«

»Ach, ihr Männer könnt das nicht beurteilen. – Tillia

Capriola! Das ist eine anständige, ehrbare Frau mit Charakter! Obwohl sie reich ist, bleibt sie bescheiden. Ich bin froh, daß sie sich mit Antonia so gut versteht. Nicht wahr, Antonia, man muß Achtung vor ihr haben!«

Antonia sah ihre Mutter an und sagte langsam: »Ja, das muß man.« Der Ernst in ihrer Stimme ließ Tarquinius aufblicken.

Doch da rief Marcus, dem das Gespräch der Frauen langweilig wurde, plötzlich: »Heute ist ein fremder Mann im Haus gewesen!«

Antonia fuhr zusammen und verschluckte sich beinahe.

»Was für ein fremder Mann?« fragte seine Mutter.

»Eben ein Fremder.«

»Na und? Er wird jemanden besucht haben«, sagte Antonia betont gleichgültig.

»Nein.«

»Wieso?«

»Er ging ganz nach oben!«

»Woher weißt du das denn?«

»Weil ich es gehört habe.«

»Na und? Er wird den Fabullus besucht haben. Wahrscheinlich soll der ihm ein Zimmer mit Girlanden ausmalen.« Antonia versuchte verzweifelt, das Thema zu beenden. Aber Marcus blieb hartnäckig: »Nein, er ging nicht zu Fabullus! Er hatte ganz kurze Haare... wie ein Sklave!«

»Ein Sklave?« fragte nun Tarquinia interessiert.

»Ja, und er ist noch höher gegangen!«

»Noch höher?«

»Ja, bis auf den Speicher!«

»Auf den Speicher? Woher willst du das wissen?«

»Weil ich es gehört habe. Er ist weiter als bis zum

vierten Stock gegangen! Und er hatte ganz kurze schwarze Haare!«

Antonia hatte Mühe, ihre feucht gewordenen Hände ruhig zu halten. Sie mußte mehrmals tief durchatmen, und dann schoß ihr auch noch das Blut in den Kopf. Ihrem Vater war dies nicht entgangen, und er blickte fragend zu seiner Frau hinüber.

»Ich glaube das nicht«, beharrte die Mutter. »Was soll denn ein Fremder auf unserem Speicher?«

»Was stehlen!« meinte Marcus.

»Rede nicht solchen Unsinn!« schaltete sich nun Tarquinius ein. »Da oben liegt doch nur wertloser Plunder herum. Den stiehlt keiner. Der Mann wird jemanden besucht haben. Wahrscheinlich im Auftrag seines Herrn. Vielleicht auch irgendein Bote, der was auszurichten hatte.«

Erleichtert atmete Antonia auf. Das war haarscharf an einer Katastrophe vorbeigegangen. In diesem Augenblick wandte sich Tarquinia ihr zu und fragte die Schwester neugierig, was sie mit Fabia am Nachmittag alles gemacht habe. Antonia war froh, ein Gesprächsthema zu haben.

Tarquinius putzte sich mit einem Tuch Hände und Mund ab, blickte in die Runde und sagte heiter: »So, dann wollen wir mal...«

Er erhob sich, auch Lucius und Thais standen auf, und zusammen verließen sie das Zimmer, um die Vorbereitungen für den abendlichen Ausgang zu treffen.

Im »Siebengestirn«

Als Tarquinius und Lucius kurze Zeit später aus dem Haus traten, war es stockfinster in der Straße*; nur aus den Fenstern und Eingängen der Wirtshäuser fielen matte Lichtschimmer auf die Platten des Bürgersteigs, aber sie reichten nicht aus, das übrige Areal zu erhellen, zumal die vorstehende Überdachung eine Ausbreitung des Lichts nach oben verhinderte. Wer um diese Zeit genötigt war, einen langen Weg durch die Stadt zu machen, ließ sich daher von einem Sklaven eine Laterne voraustragen. Im übrigen war er gut beraten, nicht ohne eine Waffe zu gehen, denn immer wieder kam es vor, daß man in der Dunkelheit von streunendem Gesindel überfallen und ausgeplündert wurde. Oft waren das die gleichen Leute, die am Tage an den Tempeln, Basiliken und Plätzen herumlungerten und bettelten.

Doch dieser Teil der Straße war recht gut ausgeleuchtet von den Laternen des Wirtshausschildes »Zum Siebengestirn«. Hier war es seit Menschengedenken zu keinem Raubüberfall gekommen. Die Gabelung des Argiletums mit den zu den Toren führenden Straßen war nicht nur am Tage, sondern auch noch nach Einbruch der Dunkelheit sehr belebt, denn viele Bewohner der Mietshäuser nahmen ihre Hauptmahlzeit erst um diese Zeit ein. Und da die meisten Mieter nicht in ihren Wohnungen kochen durften, waren sie auf die verschiedenen Gaststätten des Viertels angewiesen.

---

* Anders als in Alexandria (Ägypten) gab es in Rom damals keine Straßenlaternen

Das »Siebengestirn« war das größte, älteste und teuerste – kurz: das renommierteste Haus am Platz und sein Besitzer Gaius Fabius ein ebenso rühriger Geschäftsmann wie hervorragender Koch. Zwar kochte er nicht mehr selbst – er beschäftigte einen Haupt- und zwei Nebenköche –, doch hatte er ein wachsames und kritisches Auge auf alles, was in der Küche vorging. Und immer noch war er es, der festsetzte, welche Spezialitäten des Hauses auf der täglich wechselnden Speisekarte erschienen. Berühmt waren sein Fasan in Pfeffer-Honig-Soße und die große Auswahl an Süßspeisen, von denen sich Tillia Capriola öfter ein Schälchen nach Hause bringen ließ.

Das »Siebengestirn« lag an einer ungemein günstigen Stelle der Stadt: Die von der *Porta Viminalis* und der *Porta Esquilina* herabkommenden Straßen – der *Vicus Patricius* und der *Clivus Suburanus* – führten Fabius die Gäste beinahe zwangsläufig ins Haus. Nach dem großen Brand vor fünfzehn Jahren hatte er nicht nur die vier Obergeschosse vollkommen neu hergerichtet, sondern noch ein fünftes draufgesetzt. Es war übrigens der damals noch sehr junge angehende Bauunternehmer Lucius Tarquinius Corvus gewesen, der ihm die Pläne gezeichnet und die Leitung des Umbaus übernommen hatte. Kurz darauf hatte Fabius das gegenüberliegende Haus gekauft und es – ebenfalls durch einen Bautrupp des Tarquinius – von Grund auf renovieren lassen, und es war klar, daß Tarquinius und seine Familie die »Schöne Etage«, das erste Stockwerk, als neue Wohnung bekamen.

Lucius ging zum Eingang, öffnete die Tür und ließ seinen Vater vortreten. Der anschließende kurze Gang war von zwei Öllampen spärlich erleuchtet. Ein dicker, schwerer Vorhang trennte ihn von der Gaststube ab.

Kaum hatte Tarquinius die Gaststube betreten, als sich von der Theke her ein riesiger Molosserhund näherte und ihn und Lucius ausgiebig beschnupperte.

»Na, Placida, altes Mädchen!« Tarquinius kraulte die Hündin hinter den Ohren. Dazu brauchte er sich nicht tief hinunterzubeugen, denn Placida hatte beinahe die Größe eines Kalbs. Sie schnupperte an seiner Tunika und begann gemächlich zu wedeln.

Die beiden kannten sich seit Jahren, und Placida wußte sehr wohl, daß Tarquinius ein guter Freund ihres Herrn und gern gesehener Gast im Hause war.

Placida hatte eine erstaunliche Eigenschaft: Jeder neu eintretende Gast wurde von ihr kritisch daraufhin untersucht, ob er sich etwa im Zustand der Volltrunkenheit befand. War dies tatsächlich der Fall, ließ sie ihn nicht in die Gaststube. Sie verhinderte es, indem sie ein tiefes Grollen hören ließ. Der so begrüßte Zecher zog es meist vor, aus freien Stücken den ungastlichen Ort zu verlassen. Tat er es nicht – was freilich sehr selten vorkam –, dann baute Placida sich mit scharf beobachtendem Blick vor ihm auf und verdeutlichte ihm durch ein nochmaliges gefährliches Grollen, daß es für ihn besser wäre, wenn er jetzt das Weite suchte. Und da sie fast das Gewicht zweier erwachsener Männer und ein respekteinflößendes Gebiß wie der Höllenhund hatte, war die Angst bei den Betroffenen größer als ihr Wunsch nach einem weiteren Schoppen Wein. Sie torkelten zurück auf die Straße. Umgekehrt ließ Placida jeden Gast, der dem Wein allzu reichlich zugesprochen hatte und sich schwankend bewegte, geradezu generös von dannen ziehen – und dabei machte sie ihrem

Namen alle Ehre; denn *Placida* bedeutete die »Sanftmütige«.

Tarquinius blickte sich um: Das Lokal war, wie an jedem Abend um diese Zeit, stark besucht.

Sie gingen zwischen den Tischen hindurch auf die Theke zu. Dort war Cyrus gerade dabei, einem neu angekommenen Gast – offensichtlich ein Ägypter, denn er trug den bis zu den Fußknöcheln reichenden Burnus – auf Griechisch die Lage seines Zimmers zu erklären. Dann befahl er einem Sklaven, dem Herrn das Gepäck nach oben zu bringen. Die beiden verließen den Schankraum.

Cyrus, von Hause aus Perser, war ein Freigelassener des Fabius, dem dieser die Aufsicht über das gesamte Personal übertragen hatte. Er fungierte auch als Empfangschef.

»*Cyre, salve!* – Cyrus, grüß dich!« sagte Tarquinius. »Ist aber viel los heute abend!«

»*Tarquini, salve! Salve Luci!* – Ja, halb Ägypten scheint nach Rom aufgebrochen zu sein ...«

»Händler?«

»Durchweg, ja. Lieferanten von Schmuck, Steinen, Papyrus – und Amuletten...« Cyrus lächelte abschätzig, schaute dann Tarquinius respektvoll an und sagte: »Wenn ich mir die Bemerkung erlauben darf, Tarquinius: Du warst lange nicht hier!«

»Die Arbeit, Cyrus! Die Arbeit!«

»Ja, die Arbeit. Aber sie hält uns jung.«

»Hoffen wir's! Wo sind die andern?« Er meinte seine Freunde.

»Am Stammtisch. Dein Platz ist frei. Wie immer.«

»Wie immer...« Tarquinius nickte ihm freundlich zu

und ging, gefolgt von Lucius, weiter, in den hinteren Teil des großen Raumes, der durch einen Vorhang vom Schankraum abgetrennt werden konnte. Doch meist war der Vorhang seitlich gerafft, so wie jetzt, damit das bedienende Personal ungehindert aus und ein gehen konnte. Schon von weitem erkannte er Primosus, Nymphidius und Fabius.

Primosus sah ihn kommen, unterbrach das Gespräch und rief munter: »Na, endlich! Der Besuch beim Kaiser hat aber lange gedauert!«

Alle sahen ihm gespannt entgegen. Natürlich wollte ein jeder von Tarquinius ganz genau wissen, wie denn die Audienz beim Kaiser verlaufen war. Tarquinius kam also nicht umhin, das große Ereignis in allen Einzelheiten zu schildern.

Fabius stand auf und legte Tarquinius die Hand auf die Schulter: »Schön, daß du da bist!« Dann entschuldigte er sich: »Ich muß in die Küche. Ich komm' später zu euch...«

»Und du bist nun tatsächlich oberster Bauleiter?« fragte Nymphidius.

»Sieht wohl so aus, ja.«

»Und Rabirius ist Chefarchitekt?«

»*Est* – er ist es.«

Da kam Cyrus mit einem großen Krater* und setzte ihn in der Mitte des Tisches ab. Zwei Sklaven füllten ihn mit Wein und Wasser, setzten den Gästen silberne Becher vor und schenkten ein. Tarquinius erklärte: »Das geht auf meine Rechnung. Ihr seid eingeladen.«

Primosus fuhr sich mit der Hand über den vom Wein

---

* Der Krater ist ein Gefäß, in dem Wein und Wasser gemischt werden feuchten Mund und erklärte mit ernstem Gesicht: »Aber da hast du dir ja nun einen Feind eingehandelt!«

Tarquinius sah ihn fragend an, und Primosus wurde deutlicher: »Ich meine den Sabidius!«

»Wieso?« fragte Tarquinius zurück, obwohl er genau verstand, auf wen Primosus anspielte. Auch Lucius wußte es, und er blickte den Vater gespannt an.

»Nun ja...«, räumte Tarquinius ein, und es klang so, als ob er in diesem Augenblick zum erstenmal darüber nachdächte. »Das mag schon so sein... Aber hätte ich denn drumherum reden sollen? Immerhin geht es auch um Menschenleben! Sabidius hat einen unverantwortlichen Fehler begangen! Der Caesar hätte es ohnehin von irgend jemand erfahren. – Aber woher weißt denn du davon?«

»Lieber Freund!« rief Primosus. »Solche Dinge sprechen sich mit Windeseile herum! Du bist jetzt im Viertel bekannt wie ein bunter Hund! Oberster Kaiserlicher Bauleiter! Beim Hercules, das ist schon was! Oberster Bauleiter des größten und teuersten Projekts, das jemals in Rom – ach was: auf dem ganzen Erdkreis in Angriff genommen wurde!« Er beugte sich vor und starrte Tarquinius bedeutungsvoll an: »Und ich sage dir, du wirst nicht nur auf diesen Sabidius, sondern auch auf die ehemaligen Kollegen achten müssen, deren Vorgesetzter du von einem Tag auf den andern geworden bist!«

»Ich sehe da keine Schwierigkeiten.«

»*Certo, certo*... Du wirst die Sache nach deiner Art redlich anpacken, ich weiß, aber glaub' mir, ich spreche da aus Erfahrung...« Er reckte sich und tat sehr wichtig: »Ich war, wie ihr ja wißt, zwanzig Jahre in der Armee, und immer wieder konnte ich beobachten, wie die Beförderung eines Kameraden bei den übrigen Mißgunst und Neid weckte. Nur...« Er lachte kurz auf. »Bei der Armee löst man das Problem, indem man den Mann zu einer anderen Einheit versetzt, wo ihn niemand kennt. Aber das ist ja hier nicht möglich. Sei also vorsichtig!«

»Aber ich bitte dich, Primosus! Die Jungs an der Baustelle sind keine Legionäre!« widersprach Nymphidius energisch.

»Eben darum!« beharrte Primosus.

»So rede doch nicht solchen Unsinn! Hier geht es um eine große gemeinsame Sache!«

»Im Krieg auch!«

»Also, jetzt gehst du aber entschieden zu weit, mein Lieber!«

Lucius registrierte einmal mehr, wie leicht sich Primosus und Nymphidius in die Haare gerieten; er hatte das auch schon bei Gesprächen auf der Straße beobachtet. Offenbar bestand zwischen beiden eine unergründliche Abneigung, die sie aus den nichtigsten Anlässen miteinander streiten ließ.

»Du wirst doch wohl nicht«, fuhr Nymphidius fort, »das Leben von Soldaten mit dem von Handwerkern und Arbeitern vergleichen wollen, die sich friedlich der Arbeit an einem Großbau wie dem Flavischen Amphitheater widmen!«

»Aber natürlich, aber natürlich!« beharrte Primosus, dessen Gesicht sich im Eifer des Argumentierens – und wohl auch vom Wein – längst gerötet hatte. Er rief: »Warst du Soldat? – Aha, nein!« Und zu den übrigen: »War nicht Soldat, meint aber, hier mitreden zu können!«

»Quatsch!« konterte Nymphidius hart. »Ich muß

doch nicht Soldat gewesen sein, um das beurteilen zu können! Da genügt mir mein gesunder Menschenverstand! Und meine Erfahrung und Menschenkenntnis! Und die sagen mir: Unser lieber Freund Tarquinius wird sehr wohl in der Lage sein, die Dinge nicht nur technisch, sondern auch menschlich unter Kontrolle zu halten. Schuster, bleib bei deinem Leisten!«

Das saß!

»Waaas?!« rief Primosus: »Beim Iupiter! Muß ich mir das sagen lassen?! Von einem... von einem...« – er spuckte beim Reden – »von einem dieser unbedarften Zivilisten, die schon zittern, wenn sie ein Schwert nur von weitem sehen!«

Er schien nun wirklich böse zu werden. Tarquinius, dem die Eskalation der Auseinandersetzung zunehmend unangenehm wurde, schaltete sich vermittelnd ein und versuchte es mit einem Scherz: »Tja, meine Freunde, dann wäre es wohl besser gewesen, ich hätte die Beförderung heute abgelehnt...«

Er grinste zu den beiden Streithähnen hin, und beide verstanden, was er meinte. Primosus gab sich einen Ruck und erklärte mit gehobener Stimme: »Dem ehrenwerten Lucius Tarquinius Corvus zuliebe werde ich nun den Mund halten.« Zu Nymphidius aber sagte er: »Wir zwei sprechen uns noch! Wir sprechen uns noch! Das ist nicht vergessen!« Und wie im Selbstgespräch murmelte er leise vor sich hin: »Ist ja nicht zu fassen... Ist nicht zu... War nie... Und meint, er könne nun... er könne hier...«

Nymphidius war drauf und dran, erneut scharf zu erwidern, und der Streit wäre wohl aufs neue ausgebrochen, wenn nicht Tarquinius in diesem Augenblick laut ausgerufen hätte: »Ah, da kommt ja unser Dichter!«

Alle schauten zur Mitte des Lokals, wo sich ein schlanker, ja fast hagerer, großer, dunkelhaariger Mann zwischen den Sitzenden hindurchzwängte und, gefolgt von einem zweiten, etwa gleichaltrigen, zu den Freunden hin bewegte. Unmittelbar hinter den beiden näherten sich auch schon die bedienenden Sklaven mit dem Abendessen: Sie trugen gebratene Fasanstücke auf silbernen Tabletts, die Soße in silbernen Kännchen und das Gemüse in Schüsseln aus feinstem rotem Geschirr tiburtinischer Werkstätten. Offensichtlich legte Fabius an diesem Abend größten Wert darauf, daß das Essen in den Rang eines Festmahls erhoben wurde. Er selbst bildete den Schluß der kleinen Prozession, gefolgt von Placida, die längst erkannt hatte, daß da etwas Kulinarisches im Gange war, aus dem auch sie ihren Nutzen ziehen konnte. Mehrmals schnupperte sie intensiv nach oben.

Der Wirt ließ es sich nicht nehmen, eigenhändig die herrlich duftenden Bratenstücke auf den Tellern der Freunde zu verteilen.

Während Fabius die Vorbereitung des Mahles beaufsichtigte und die Becher und Teller hin und her rückte, wandte sich Tarquinius betont feierlich an Lucius und begann: »Mein lieber Sohn! Du hast heute abend die Ehre, einen echten Dichter...«

»...den frechsten!« – warf Nymphidius dazwischen – »...den frechsten!«

»... kennenzulernen und als Tischnachbarn zu haben: Marcus Valerius Martialis! Leider entspricht der Grad seiner Bekanntheit noch nicht dem seiner Frechheit. Soviel ist freilich sicher: Er dichtet alles in Grund und Boden! Wenn du je ein Gedicht ›Zu einem Korb Bohnen‹, ›Ein Reinfall‹, ›Eine zahnlose Alte‹ oder ähnliches brauchen solltest – er steht jederzeit zu Diensten...«

Lucius erhob sich, leicht verwirrt über die ungewohnt leutselige Art seines Vaters, und verbeugte sich vor Martialis, was dieser prompt kommentierte: »Laß das! Bin nicht der König von Ägypten!«

Er nahm auf dem noch freien Stuhl neben Tarquinius Platz, Lucius direkt gegenüber, und erklärte mit entwaffnender Offenheit: »Und außerdem habe ich Hunger!«

»Da kommst du gerade recht!« sagte Fabius. »Die Herren bestanden auf dem Tagesgericht: Fasan in Pfeffer-Honig-Soße!«

»Ich auch!« erklärte Martialis, beugte sich über den Teller von Tarquinius und schnupperte an dem Braten: »Ganz vorzüglich! Mögen diese Vögel auch die dümmsten des Erdkreises sein – sie schmecken um so besser! So kann sich sogar Dummheit nützlich machen.«

Diese Äußerung wurde von Primosus und Nymphidius mit einem breiten Grinsen zur Kenntnis genommen, während Lucius, der den Dichter noch nie zuvor persönlich erlebt hatte – er kannte ihn nur aus den Beschreibungen seines Vaters – unangenehm berührt war: Der Mann, den er auf Ende dreißig schätzte, machte auf ihn einen gehetzten Eindruck. Er redete und gebärdete sich wie jemand, der ununterbrochen darauf aus war, auf seine Mitwelt Eindruck zu machen. Doch zugleich ging von ihm eine große geistige Anziehungskraft aus; er kam Lucius vor wie ein Spieler, wie jemand, der weder sich noch seine Mitmenschen ernst nahm. Ununterbrochen war ein ironischer Zug in seinem Gesicht. ›Als ob er dauernd über die Menschen lächelt!‹ dachte Lucius. ›Dazu paßt diese feine, scharf geschnittene Nase, auch der spöttische Mund – und die Stimme! Er benutzt sie wie ein Instrument!‹

Fabius gab dem Cyrus durch Zeichen zu verstehen, ein weiteres Gedeck aufzulegen und noch eine weitere Portion Fasan zu servieren.

Martialis wandte sich an Tarquinius: »Das hättest du mir dann doch schon heute morgen verraten können, daß ›Wespe‹ dich zum obersten Bauleiter befördern will!«

Während Primosus und Nymphidius über die Bezeichnung ›Wespe‹ – gemeint war natürlich Vespasianus* – schmunzelten, sagte Tarquinius: »Ich hab's ja eben erst erfahren. Aber wieso weißt du schon davon?«

»Beim Iupiter!« rief Martialis und riß seine dunklen Augen weit auf: »Wir leben in Rom! In der geschwätzigsten Stadt des Erdkreises! Wenn der Kaiser heute hustet, sind morgen alle Römer erkältet!«

Ausgerechnet in diesem Augenblick mußte Lucius niesen, und alle riefen: »Gesundheit!«

»Da habt ihr's!« Martialis hob wie entschuldigend beide Hände, dann wies er auf seinen Begleiter: »Mein Freund Pereander... bei Pollius Valerianus unter anderm als Federfuchser angestellt.«

Pereander nickte freundlich nach allen Seiten, und Nymphidius fragte prompt nach: »Federfuchser...?«

»Aber ja doch! Er hat sich auf das Abschreiben meiner Gedichte spezialisiert.** Manchmal fummelt er sogar noch nachträglich darin herum und bringt eigene

---

* *Vespasianus,* der Beiname des Kaisers, leitet sich in der Tat von vespa (= Wespe) ab und bedeutet »der Wespenartige«
** Vor der Erfindung des Buchdrucks mußten alle Bücher von Hand vervielfältigt werden

Vorschläge! Das sollte allerdings durch ein kaiserliches Dekret verboten werden!«

Da für Pereander ein Stuhl fehlte, holte Fabius einen vom Nachbartisch, und der Schreiber des Pollius Valerianus – des angesehensten Buchhändlers von Rom – nahm Platz.

Solange die beiden Neuankömmlinge noch auf ihren Fasan warteten, zögerten die Tischgenossen aus Höflichkeit, mit dem Essen zu beginnen – bis schließlich Primosus vorschlug: »Er kann uns doch schon mal seine neuesten Gedichte vortragen, während wir essen!«

Alle nickten beifällig.

»Muß das sein?« fragte der Dichter.

»Es muß!« tönte Tarquinius, der heute abend in bester Laune war. »Keiner hier möchte sich die einmalige Gelegenheit entgehen lassen, den frechsten Dichter Roms seine eigenen Verse vortragen zu hören!«

Alle, außer Martialis, begrüßten den Vorschlag.

»Nun gut...« Er warf einen Blick in die Runde, nahm einen Schluck Wein und fragte: »Was soll's denn sein?«

»Das Neueste!« nickte ihm Primosus zu.

Martialis besann sich kurz und begann:

»Ein Plagiator...*
Fidentin! Das Gerücht erzählt, du trägst meine Verse
vor dem Publikum vor, grad als gehörten sie dir.
Läßt du als mein sie gelten, so schick ich umsonst
        dir Gedichte.
Willst du, sie gelten als dein, bitte, so kauf mir
        dies ab!«

---

* Das ist jemand, der fremde Werke unter seinem eigenen Namen verbreitet

»Na hör mal!« kommentierte Primosus die Verse. »Du solltest dich darüber freuen, daß dieser Fidentinus...! Das zeigt doch, wie bekannt du bist!«

Da Martialis schwieg, schaltete sich Pereander ein: »Schon richtig... Aber er ist nicht der einzige, der seine Verse stiehlt.«

Martialis nickte beifällig: »Ich könnte jeden Tag so was schreiben. Und tu's auch! Aber ich will euch damit nicht langweilen... Was anderes:

Verschiedene Tätigkeit, gleicher Erfolg...
Früher Chirurg, ward jetzt zum Leichenträger
        Diaulus:
legt auf die Bahre auch jetzt, wie er es früher
        gekonnt!«

Alle schmunzelten, denn jeder von ihnen hatte seine eigenen Erfahrungen mit Ärzten.

Martialis trug noch weitere seiner kurzen Epigramme vor, und besonders dieses rief lautes Gelächter hervor, zumal die Person, um die es ging, drei Tische weiter saß: eine alte Frau mit einem vom Trinken entstellten Gesicht.

»Säuferin...

Wer da glaubt, daß Acerra noch riecht nach dem
        Wein von gestern,
Irrt sich! Acerra trinkt stets bis zum hellichten Tag.«

Lucius war peinlich berührt von diesem Text, den er als mitleidlos, ja brutal empfand; und es entging ihm nicht, daß sogar Fabius, der Wirt, ähnlich darüber dachte, denn auch er lachte nicht mit.

Endlich kam das Essen für Martialis und Pereander, und Tarquinius erklärte: »Das geht auf meine Rechnung!«

»In Ordnung!« feixte Martialis. »Ich werde dich noch zu meinem Patron ernennen, wenn erst einmal dein Theater fertig ist... Das gibt Stoff für massenweise neue Verse!«

Angesichts der eben vorgetragenen Gedichte war sich Lucius nicht sicher, ob sich sein Vater über diese Perspektive freuen sollte.

Martialis und Pereander machten sich mit großem Appetit über das Essen her.

Martialis wollte gerade genüßlich den zweiten Fasanschenkel zum Munde führen, als ihn jemand von hinten am Ellbogen anstieß. Er stutzte, hielt in der Bewegung inne, blickte zur Seite und erschrak: Placida starrte ihn mit halb geöffnetem Maul an und wedelte. Und als er nicht reagierte, gab sie ihm mit der Nase noch einen zweiten Stups und schaute ihn erwartungsvoll an.

Und Martialis: »Placida, geh weg! Ich kann Schmarotzer nicht leiden!«

Alle grinsten, denn sie verstanden durchaus die Selbstironie dieser Äußerung.

Die riesige Hündin trat ein Stück zurück, schaute ihn aber so treuherzig an, daß er ihr schließlich einen Knochen zuwarf, den sie im Fluge auffing und binnen kurzem mit ihren mächtigen Kiefern zermalmte. Dann begann die Bettelei von neuem.

»Sie weiß eigentlich genau«, erklärte Fabius, »daß sie die Gäste in Ruhe lassen soll. Nur bei alten Bekannten und guten Freunden des Hauses nimmt sie es sich doch bisweilen heraus, diese um eine kleine Spende zu bitten.« Scharf befahl er: »Placida! Laß das!«

Und dann geschah etwas Erstaunliches: Sie ging abrupt zu Boden und legte ihren Kopf auf die Füße von Martialis.

»Donnerwetter!« staunte Fabius. »Sie mag dich!«

»Gleich und gleich gesellt sich gern«, murmelte Lucius, freilich so leise, daß niemand es hören konnte.

Das Gespräch kreiste bald wieder ums Amphitheater. Alle äußerten sich begeistert über die bauliche Konzeption und freuten sich auf die Eröffnungsspiele. Nur Nymphidius hielt sich auffallend zurück.

Das ging so bis Mitternacht. Da begann Primosus lange und laut zu gähnen. Es wirkte so ansteckend, daß auch Martialis den Mund weit öffnete, die Augen fast schloß und ungehemmt einen Schwall Atemluft entließ. Dann sagte er: »Mir reicht's für heute. Ihr könnt euch ja noch bis in den Morgen unterhalten. Ich muß früh raus. Gute Nacht allerseits!« Und zu Tarquinius: »Besten Dank für Speis und Trank! Werde mich mit einem Gedicht bei dem edlen Fasan revanchieren...«

Das war auch für Pereander das Zeichen zum Aufbruch.

Placida begleitete die beiden bis zum Ausgang, ließ sich von Martialis hinter den Ohren kraulen und legte sich dann neben der Tür nieder, da sie wußte, daß dies die Stunde war, in der Betrunkene vor dem Zubettgehen noch auf einen allerletzten Schlaftrunk aus waren. Doch gegen die Einwände der wachsamen Molosserhündin hatten die schwankenden Zecher keine Chance!

Die Zurückgebliebenen – Fabius, Tarquinius, Lucius, Primosus und Nymphidius – saßen eine ganze Weile nachdenklich und müde da. Schließlich wandte sich Tarquinius an Nymphidius: »Du hast während der ganzen Zeit geschwiegen – warum?«

Nymphidius holte einmal tief Luft, atmete langsam aus und erklärte dann ohne Umschweife: »Nun, bei mir ist die Sache ganz einfach: Mein Glaube verbietet mir die Teilnahme an solchen Veranstaltungen.«

»Dein Glaube? Was für ein Glaube? Bist du Jude?«

»Nein, ich bin Christ.«

»Das wußte ich nicht. Und was hat das damit zu tun?«

»Sehr viel!« sagte Nymphidius. »Drei Kerngebote unseres Glaubens lauten: Du sollst nicht töten! Liebe deinen Nächsten wie dich selbst! Und dies: Vor Gott sind alle Menschen gleich!«

»Etwa auch Sklaven?« fragte Primosus.

»Ja, auch Sklaven.«

»Etwa auch Gladiatoren?«

»Natürlich! Sie haben vor Gott die gleiche Würde wie der Kaiser!«

»Was für ein Unsinn!« rief Primosus. »Ihr stellt ja die Welt auf den Kopf!«

Nymphidius lächelte: »Das, mein Freund, ist durchaus möglich...«

Sie brachen alle auf.

Obwohl Mitternacht schon vorbei und er sehr müde war, konnte Lucius nicht gleich einschlafen. Die Ereignisse des Tages hatten ihn in einen Zustand versetzt, den sein Vater bei einem anderen Anlaß einmal »überdreht« genannt hatte. In klaren Bildern sah er immer wieder die aufregenden Szenen vor sich. Beim Hercules! Heute war einiges passiert:

Haterius hatte einen Schlaganfall bekommen... Dann war plötzlich der Caesar auf der Baustelle erschienen... Kurz darauf der Zusammenbruch des Tribünengewölbes und die Rettung des verschütteten

Tiribazos... Die Entlassung von Sabidius... Die Audienz des Vaters beim Kaiser und seine Beförderung zum obersten Bauleiter... Schließlich das Abendessen im »Siebengestirn« und die Gespräche mit Martialis, Fabius, Primosus, Nymphidius und Pereander. Er fand, daß sein Vater dabei eine gute Figur gemacht hatte, – doch immer wieder mußte er an die Worte von Primosus denken, sein Vater würde nun viele Feinde haben. Tarquinius schien das nicht weiter zu beunruhigen, aber Lucius hatte kein gutes Gefühl, wenn er an die vielen verschiedenen Arbeiten dachte, die dem Vater nun unterstellt waren.

Plötzlich sah er das traurige Gesicht seiner Schwester vor sich. So wie heute abend hatte er sie noch nie erlebt. Sie hatte auf ihn den Eindruck gemacht, als ob sie unter einer großen Belastung stände, und er dachte darüber nach, was das sein könnte, fand aber keine Erklärung.

Über solchen Gedanken schlief er, ohne daß er es merkte, ein.

Auch sein Vater lag noch lange wach, ihn beschäftigten die gleichen Dinge wie seinen Sohn. Nur war er noch unruhiger und wälzte sich mal auf die linke, mal auf die rechte Seite. Zwar hatte er sich ganz leise entkleidet und war im Dunkeln vorsichtig unter die Bettdecke gekrochen, denn er wollte seine Frau nicht wecken, doch schließlich war Antonia dann doch wach geworden. Sie griff nach seiner Hand und drückte sie.

»Warum schläfst du denn nicht?« fragte sie leise.

»Das war alles ein bißchen viel heute.«

»Das war es!«

Sie schwiegen eine Weile. Dann fragte er: »Sag mal, ist irgend etwas mit Antonia?«

Und sie: »Was sollte sein?«

»Sie war so ... so komisch am Abend! Hattest du Streit mit ihr?«

»Nein, nein. Sie war nur müde. Das gibt sich wieder. Du mußt jetzt schlafen, Lucius!«

»Hm ... Ich will's versuchen. Du auch!«

»Gute Nacht!«

»Gute Nacht!«

Und schon nach wenigen Augenblicken lag er in tiefem Schlaf. Antonia aber lag noch lange wach ...

Der *Ludus Magnus*

Einige Tage später hatten sich Rabirius und Tarquinius auf Wunsch des Thronfolgers im *Ludus Magnus* einzufinden.

Tarquinius hatte keine Ahnung, worum es »drüben« – wie man unter den Arbeitern des Theaters sagte, wenn man den *Ludus* meinte – im einzelnen ging, weil die Gladiatorenkaserne bisher nicht zu seinem Aufgabenbereich gehört hatte. Er hätte Rabirius fragen können, doch der war mit Titus in seinem Büro, und der Caesar drängte zum Aufbruch.

Tarquinius ließ Azes kommen und forderte ihn auf, Schreibzeug und Papyrus mitzunehmen, damit er ihm die wohl anfallenden Änderungswünsche des Thronfolgers diktieren konnte.

»Wo ist mein Sohn?«

»Hier!« Lucius kam gerade in die Baracke und teilte mit, daß ein Wagen mit Travertinquadern aus den Brüchen bei Tibur auf dem *Clivus Suburanus* mit einem Achsenbruch liegengeblieben sei.

»*Malum!* – Mist!« rief Tarquinius. »Ist jemand zu Schaden gekommen?«

»Nein. Aber der Wagen blockiert die ganze Straße. Teile der Ladung sind auf das Pflaster gefallen. Du kannst dir vorstellen, was da oben los ist...«

Tarquinius blickte zur Decke und seufzte.

»Junge!« hieß es dann. »Ich kann mich nicht darum kümmern. Mach du das! Nimm zehn Leute von hier mit! Und einen Wagen – nein, zwei! Für alle Fälle! Ich verlaß mich auf dich!«

»In Ordnung!«

»Gut. Ich muß jetzt in den *Ludus*. Bis später...«

Tarquinius schaute aus dem Fenster der Bauhütte auf die ansteigenden Tribünen – aber vor seinem inneren Auge sah er den *Ludus* vor sich: Seine Außenmauern bildeten ein Rechteck von etwa 300 mal 340 Fuß*. Wie das Amphitheater war die Anlage noch im Rohzustand, da man erst vor zwei Jahren** mit dem Bau begonnen hatte. Doch trotz des späten Baubeginns kamen die Arbeiten hier zügiger voran, weil man sich nicht mit den statischen Problemen von schweren Gewölben und der Verteilung riesiger Lasten auseinandersetzen mußte.

»Bist du fertig...?« Rabirius stand im Türrahmen und riß ihn abrupt aus seinen Gedanken. »Der Caesar

---

* ca. 90 × 100 Meter
** Siehe im Anhang unter »Der *Ludus Magnus*«

wartet... Der *curator operum publicorum,* Flavius Sabinus, ist auch da.«

»Ich komme!«

Die Begrüßung war kurz und geschäftsmäßig. Eskortiert von einigen Offizieren und Soldaten der Prätorianer, verließen sie die Arena, durchquerten die Halle des Erdgeschosses, folgten der Außenfront des Theaters, bis sie die Baustelle des *Ludus Magnus* vor sich sahen.

Die ganz aus Ziegeln errichtete Anlage war bis zur Höhe des dritten Stockwerks fertig, allerdings außen erst im Rohbau. Von Rabirius wußte Tarquinius, daß der Innenausbau vorgezogen worden war, um den Betrieb so bald wie möglich beginnen lassen zu können. An der Nordseite waren Steinmetzen dabei, die Säulen des monumentalen Haupteingangs zu polieren. Andere verkleideten die Ziegelmauern mit Travertinplatten. Als Titus sich näherte, hielten sie in ihrer Arbeit inne und verbeugten sich vor dem Thronfolger.

»Bitte, laßt euch nicht stören!« sagte dieser und fuhr mit der Hand über eine fertig polierte Säule. Er nickte anerkennend: »Wunderbar! Glatt wie Ebenholz! Macht weiter so!« Und zu seinen Begleitern: »Es hat sich bewährt, daß wir die Säulen bereits in den Brüchen grob auf das Maß zurichten lassen. Damit sparen wir Zeit.«

»So werden wir auch mit den Statuen verfahren«, sagte Tarquinius.

»Darauf bin ich gespannt. – Wo ist denn Perdikkas?«

»Hier, Herr!«

Ein Kerl von einem Mann trat aus dem dämmrigen Hintergrund der Eingangshalle und verbeugte sich tief vor Titus. Perdikkas war als *lanista maximus* der oberste Gladiatorenmeister des *Ludus*. Tarquinius erinnerte sich noch daran, daß er seine Karriere als Gladiator unter Nero begonnen hatte. Nach seinem dreißigsten Sieg war er aus dem aktiven Dienst ausgeschieden. Ob Perdikkas früher Sklave gewesen war, wußte er nicht. Vespasianus hatte ihn vor drei Jahren mit der Ausbildung von Gladiatoren beauftragt, und er machte seine Arbeit offensichtlich so gut, daß ihm nun alle *magistri* – die Fechtmeister der einzelnen Disziplinen – unterstellt worden waren. Seine Arme und Beine waren von Narben bedeckt, während das Gesicht keine Spuren der früheren Kämpfe aufwies: Er hatte als *thraex,* als Thraker gefochten. Bei Kämpfern dieser Gattung war der Kopf ganz von einem schützenden Helm bedeckt.

»Ich hoffe, es geht dir gut?« fragte Titus.

Aus dieser Frage schloß Tarquinius, daß zwischen dem *lanista* und dem Caesar ein gutes Verhältnis bestand. Anders als Vespasianus begeisterte sich Titus seit jeher für Gladiatorenkämpfe und ließ sich die Ausbildung der Fechter viel kosten.

»Danke der Nachfrage, Herr. Mir selbst gehen sehr gut...«

»Aber?«

»Einige der Männer an Durchfall leiden.«

»An Durchfall?«

»So ist es, an Durchfall.«

»Aber das wird doch Laches in den Griff kriegen!« Laches war der für den *Ludus* zuständige Arzt.

»Ich es hoffen, Herr.«

Es entspann sich eine Fachsimpelei über die möglichen Ursachen der Erkrankung, und Titus fragte: »Haben sie etwa zuviel fettes Fleisch gegessen?«

»Wenig Fleisch, Herr. Sie seit eh und je Bohnen und

Gerstenbrei bekommen, Fleisch nur selten.« Er grinste. »Dann *ich* eigentlich müßte haben Durchfall ...«

Verwundert registrierte Tarquinius, daß Perdikkas das Latein immer noch fürchterlich radebrechte, obwohl er schon seit zwei Jahrzehnten in Rom lebte.

Titus lachte: »*Du* kannst dir das ja nun auch leisten! Weil du nicht mehr kämpfst – und im übrigen ein hervorragendes Gehalt vom Kaiser beziehst!« Er wurde wieder ernst: »Was hat Laches dagegen unternommen?«

»Kohle!«

»Wie bitte?«

»So ist es, Herr! Holzkohle, zerstoßen in Mörser, dann mit Wasser vermengt, zum Trinken.«

»Sonst nichts?«

»Doch. Eine Getränk ...« Er dachte angestrengt nach. »*Tinctura ... tinctura tormentillae* ...«*

»Noch nie gehört. – Und? Nützt es was?«

»Das, Herr, wir müssen warten ab. Laches sagt, Männer wieder auf gesundes Land! Nach Praeneste oder Capua! Dort Klima günstig für Heilung.«

»Sind denn alle davon betroffen?«

»Nein, nicht alle. Du sie gleich sehen.«

Titus seufzte: »*Mehercule!* – Perdikkas! Laß uns Griechisch miteinander reden. Dein Latein macht einen ja krank!«

»Ich danke dir, Herr ...« Unvermittelt wechselte Perdikkas ins Griechische, das er als gebürtiger Makedone fließend sprach. Und nun klangen seine Äußerungen

---

* Dieses uralte homöopathische Heilmittel, eine Tinktur aus dem Saft der »Blutwurzel«, bekommt man noch heute in jeder Apotheke

keineswegs mehr so unbeholfen; allerdings mußte sich Tarquinius anstrengen, um alles genau zu verstehen, da er nur so viel Griechisch beherrschte, wie er es im Lauf der Jahre beiläufig gelernt hatte.

Flavius Sabinus, der bisher beharrlich geschwiegen hatte, rief sich mit einer diensteifrigen Erklärung in Erinnerung: »Das kann sofort veranlaßt werden, Herr.« Er zuckte.

»Was?«

»Die Umquartierung der Männer!«

»Gut«, nickte Titus, »Tu das! Sie sind ja auch in den Kasernen von Praeneste und Capua ausgebildet worden! Aber zuvor möchte ich mir die Leute ansehen. Wo sind sie?«

»In der Arena, Herr!«

Sie gingen durch die schon fertige Eingangshalle und betraten den großen Innenhof. Neugierig schaute sich Tarquinius um, denn er war zum erstenmal hier: Der ganze Hof war von einem umlaufenden Portikus, einer Säulenhalle, eingefaßt. Dahinter lagen die Kammern, in denen die Gladiatoren wohnten.

Die Besonderheit der Anlage bestand darin, daß in den Hof ein kleines Amphitheater eingebaut war, das die Säulenhalle an vier Stellen berührte. Es diente als Übungsplatz für die Gladiatoren. Um die elliptische Arena war eine kleine Tribüne errichtet worden, zu deren Sitzplätzen man über kleine Treppen an der Außenseite gelangte. Die Arena selbst erreichte man durch vier in den Hauptachsen gelegene Eingänge.

Es war Tarquinius nicht entgangen, daß das Wachpersonal hinter ihnen das Tor des Haupteingangs schloß und verriegelte. Dann nahmen bewaffnete Posten davor Aufstellung. Einen Augenblick lang hatte Tarquinius das bedrückende Gefühl, in ein Gefängnis geraten zu sein.

Sie gingen durch den Bogen unterhalb der Tribüne in die Arena. Dort waren die Gladiatoren wie Soldaten in Gruppen angetreten. Einer der Fechtmeister machte ein Handzeichen, und die Gladiatoren brüllten im Chor: »*Ave Caesar!*«

Titus hob grüßend die Rechte und rief zurück: »*Avete gladiatores!*«*

Dann ging er, gefolgt von Perdikkas, durch die Reihen und musterte die Männer. Den einen oder andern, den er kannte, sprach er mit seinem Namen an und fragte nach seinem Befinden. Natürlich versicherte jeder von ihnen, daß er wohlauf sei.

Daraufhin forderte Titus Perdikkas auf, die Kranken auszusondern. Der *lanista* ließ sie seitlich, getrennt von den übrigen, antreten. Es waren etwa zwanzig Männer.

Titus musterte sie noch einmal, betrachtete genau ihre Gesichter und fragte, ob ihre Eingeweide rumorten – was sie bejahten. Daraufhin gab er Perdikkas die Order, die Kranken unverzüglich in den *Ludus* nach Praeneste** bringen zu lassen.

Perdikkas winkte zwei Fechtmeister herbei, um den Auftrag an sie weiterzugeben. Und zu den Gladiatoren gewandt sagte er: »Holt eure Sachen!«

Die Männer verließen die Arena.

Titus ging zurück zu den übrigen; Tarquinius, Azes, Flavius Sabinus und Perdikkas folgten ihm.

Titus ließ noch einmal den Blick über die Gladiato-

---

* Siehe im Anhang unter »Anredeformen«
** Heute Palestrina, 35 km östlich von Rom

ren wandern, über etwa fünfzig kräftig gebaute, muskulöse Gestalten, die jedem Bildhauer als ideales Modell dienen konnten. Tarquinius schätzte ihr Durchschnittsalter auf fünfundzwanzig, aber es waren auch ältere dabei. Und gerade deren Gesichter, Arme und Beine waren von zahlreichen Narben bedeckt. Tarquinius wußte: Das waren die Besten! Ihr Können, ihre Körperkraft und Fechtkunst hatten ihnen das Überleben in der Arena ermöglicht. Diese Männer bildeten die Elite der kaiserlichen Gladiatoren.

Titus ließ sich Zeit. Man spürte, daß er großes Vergnügen daran fand, diese durchtrainierten Körper zu betrachten und dabei abzuschätzen, wie sie sich im Kampf bewähren würden.

Doch dann stutzte er...

Tarquinius blickte zur Seite und bemerkte, daß einer der Thraker das Interesse des Caesar weckte. Der Mann schien irgendwie nicht in seine Vorstellungen von einem Gladiator zu passen. Er war auch Tarquinius schon aufgefallen: Sein Gesicht war eigentlich zu fein geschnitten für einen Gladiator; es konnte eher zu einem ehrgeizigen jungen Kaufmann gehören. Obwohl der Mann sich bemühte, kein Aufsehen zu erregen, konnte er nicht verbergen, daß er eigentlich nicht in diese Gesellschaft von Männern paßte, die das Töten zum Beruf gemacht hatten. Dennoch – alle körperlichen Anlagen dafür waren vollendet ausgebildet: Er war gut gewachsen, hielt sich mit einer natürlichen Anmut, und die Proportionen seines Körpers ließen ahnen, daß er sich blitzschnell der Attacken des Gegners zu erwehren wüßte – er war muskulös und sehnig zugleich!

»Du da!« sagte Titus und zeigte mit dem Finger auf ihn. »Komm her!«

Der Gladiator trat aus der Reihe und näherte sich dem Caesar.

»Du bist doch kein Sklave – oder?«

»Nein.«

»Ich kenne dich nicht. – Wie heißt du?«

»Titus Sextius Verus.«

»Titus...?« Titus lächelte überrascht und betrachtete den Mann wohlwollend. »Ein gutes Omen! Seit wann bist du hier?«

»Seit einem halben Jahr.«

»Und vorher?«

»...war ich in Praeneste.«

»Du hast dich aus freiem Willen verdingt?«

»*Ita'st.*«

»Das ist selten. – Warum? Warum tatest du es?«

Mit entwaffnender Offenheit sagte Verus: »Weil ich Geld brauche.«

Titus lächelte. »Wer braucht das nicht?!« Er studierte das Gesicht des jungen Mannes: »Du bist römischer Bürger?«

»*Ita'st.*«

»Und was sagt dein Vater dazu, daß du das machst?«

»Ich habe keinen Vater mehr.«

»War er Soldat?«

»Nein.«

Tarquinius, der neben dem Caesar stand, war erstaunt darüber, wie selbstsicher Verus sprach und antwortete, auch daß er das übliche »Herr« wegließ.

»Was dann?« fragte Titus.

»Kaufmann.«

Titus betrachtete den Mann mit wachsendem Interesse und rief erstaunt: »Beim Mercurius! Was machst du dann hier?« Ging er doch davon aus, daß der Sohn das Vermögen des Vaters geerbt haben müßte.

Doch Verus schwieg und sah dem Caesar selbstbewußt in die Augen. Als dieser spürte, daß der Mann nicht gewillt war, weiter über seine persönlichen Verhältnisse zu reden, wechselte er das Thema: »Wieviel Kämpfe hast du hinter dir?«

»Sieben.«

»Wo?«

»In Capua.«

»In Capua. Soso...« Titus wiegte den Kopf. »Darum kenne ich dich nicht. Hat man dich in Capua ausgebildet?«

»Eigentlich nicht.«

»Was heißt das?«

»Ich habe schon vorher Fechtunterricht bekommen.«

»Vorher?« Titus' Sympathie für den Mann war offensichtlich. »Wieso vorher?«

»Weil ich es wollte.«

»Ich verstehe. Und dein Vater hatte nichts dagegen?«

»Durchaus nicht.«

»Interessant... Sehr interessant... Wolltest du ursprünglich Soldat werden?«

»Vielleicht...«

Titus lachte kurz auf: »Ich sehe sehr wohl, daß du nicht gewillt bist, in dich hineinschauen zu lassen...« Er wandte sich an Tarquinius: »Aber das ist ja sein gutes Recht, nicht wahr, Tarquinius?«

Kaum hatte Titus diesen Namen genannt, als Verus den Tarquinius in einer Weise anstarrte, die größte Überraschung ausdrückte.

Titus, dem das nicht entgangen war, fragte: »Ist was?«

»Nein, es ist nichts.« Verus schluckte. »Was sollte sein?«

»Gut ...« Titus dachte nach. »Als was kämpfst du?«

»Als *thraex*.«

»Das dachte ich! – Perdikkas!«

»Herr?«

»Ich möchte sehen, was Titus kann! Stell ihn einem guten Mann gegenüber! Natürlich mit stumpfen Waffen!«

Perdikkas nickte, dachte kurz nach und rief: »Aurelius Priscus!«

»Hier!«

»Vortreten!«

Ein etwa fünfundzwanzigjähriger Mann trat aus dem Glied und kam nach vorne.

»Er ist Samnite!« erklärte Perdikkas. »Einer der Besten! Möchtest du, daß sie in voller Rüstung gegeneinander antreten?«

»*Certo!* – Natürlich!«

»Ihr habt den Wunsch des Caesar vernommen!« sagte Perdikkas auf Griechisch. »Macht euch fertig!«

Während die beiden sich entfernten, um sich für den Schaukampf bereitzumachen, wies er mit der Hand über die angetretenen Gladiatoren, die ja alle in der zivilen Tunika erschienen waren, und rief: »Die anderen können zuschauen und dabei was lernen! – Wegtreten!«

Sie warfen sich erleichterte Blicke zu und verteilten sich in Gruppen auf den Rängen der Tribüne.

Auch der Caesar begab sich mit seinen Begleitern nach oben, um die beiden Kämpfer besser in Aktion sehen zu können. Die Ehrentribüne befand sich auf der Höhe des Haupteingangs. Sie war von der Säulenhalle des ersten Stockwerks aus zu erreichen.

Schon wenige Augenblicke später erschienen die beiden Kämpfer in der Arena und grüßten mit erhobenen Waffen zur Tribüne, wo Titus Platz genommen hatte.

Titus Sextius Verus war äußerlich nicht zu erkennen, denn er trug Ausrüstung und Bewaffnung des *thraex,* des Thrakers: den Visierhelm mit Busch, der auch das Gesicht bedeckte, am linken Arm die Bandage, den Schurz mit Leibgurt, zwei Beinschienen und Sandalen; dazu die *parma,* den kleinen runden Schild, und das gebogene Schwert.

Aurelius Priscus trat als *samnis,* als Samnite, an und trug den vorne offenen Helm mit Krempe und Busch, die Beinschiene am linken Bein, am rechten eine Wadenbinde, den Schurz mit Gurt, am rechten Arm die Bandage, in der Linken das *scutum,* den großen Schild, und in der Rechten den *gladius,* das gerade Schwert.

Sogar von der Höhe der Tribüne war zu erkennen, daß die Schwerter vorne abgerundet und ihre Schneiden stumpf waren.

»Ich möchte mir ein Bild von ihm machen«, sagte Titus leise, und Tarquinius, der neben ihm saß, fühlte sich angesprochen und fragte: »Du meinst diesen Verus, Herr?«

»Durchaus, ja. Der Mann gefällt mir...«

›Mir auch!‹ dachte Tarquinius. Es war ihm keineswegs entgangen, daß Verus ihn, als der Caesar ihn mit seinem Namen ansprach, abrupt anstarrte – zwar nur kurz, aber er hatte es bemerkt. Seltsam – er kannte diesen Mann nicht! Aber Verus mußte *ihn* kennen, ein Fremder würde so nicht reagieren, wenn er ihn nicht kannte. Tarquinius fand keine Erklärung für dieses Verhalten.

»Er ist ja Linkshänder!« rief Titus. Er meinte Verus. »Das kann sehr interessant werden!«

So viel wußte Tarquinius von den Gladiatoren, daß ein Kampf zwischen einem Links- und einem Rechtshänder besonders spannend war, weil für den Rechtshänder die Schläge des Gegners immer wieder überraschend aus der »falschen« Richtung kamen.

Verus und Priscus nahmen gegenüber Aufstellung, maßen sich, tänzelten ein wenig, und plötzlich schoß Verus vor und attackierte den Gegner – doch Priscus hatte die Bewegung erahnt und parierte die Attacke, indem er sich zurücklehnte und den Schlag mit dem Schild auffing. Unmittelbar darauf folgte sein Gegenangriff, den wiederum Verus souverän abwehrte.

»Großartig!« lobte Titus.

Der Kampf gewann zunehmend an Bewegung und Härte. Schon nach kurzer Zeit war klar, daß die beiden sich ebenbürtig waren.

Per deos! « rief Titus einmal. »Bei scharfen Waffen hätte der Schlag gesessen!«

Auch Tarquinius und die anderen auf der Tribüne wurden zunehmend von der Eleganz dieses Gefechts mitgerissen. Sie vergaßen, daß es sich um einen Kampf mit stumpfen Waffen handelte. Die Kameraden feuerten die beiden an, mal Verus, mal Priscus, und die Fechter gaben das Beste ihrer Kunst.

»Er muß einen guten Lehrer gehabt haben!« sagte Titus, und er meinte wiederum Verus. Dann stand er auf und rief nach unten: »Danke! Das reicht! Die beiden sollen zu mir kommen!«

Wenige Augenblicke später standen die beiden Fechter vor ihm, den Helm unter dem Arm, Schwert und

Schild in der Hand. Sie atmeten heftig. Schweiß tropfte ihnen von der geröteten Stirn.

»Das war sehr gut!« lobte Titus. »Habt ihr schon in der Arena gegeneinander gekämpft?«

»Nein, Herr«, sagte Priscus und fügte leiser hinzu: »Wir sind ... Freunde.«

»Ah ja ...« Titus betrachtete beide abwechselnd, dann wandte er sich an Priscus: »Du bist Sklave?«

»Ich bin es, Herr.«

»Du gehörst dem Kaiser?«

Ita'st, domine.«

»Seit wann?«

»Seit einem halben Jahr, Herr.«

»Und vorher?«

»Vorher gehörte ich dem Aurelius Numerianus ...«

»... der in Praeneste den *Ludus* betreibt?«

Ita'st, domine.«

»Darum trägst du seinen Namen?«

Ita'st, domine.«

Titus dachte nach und sagte plötzlich sehr kühl: »Ihr könnt nun gehen und euch frisch machen. Ihr werdet von mir hören.«

Sie verbeugten sich und entfernten sich.

Titus blickte zur Seite: »Perdikkas!«

»Herr!« Perdikkas schoß in die Höhe.

»Du wirst auf diese beiden dein besonderes Augenmerk richten!«

»Jawohl! – Aber das ich tue ohnehin schon, Herr.«

»Von nun an noch mehr! Du wirst sie auf keinen Fall gegeneinander antreten lassen – es sei denn, ich ordne es an.«

»Ich verstehe, Herr.«

»Du wirst sie geradezu schonen!«

»Jawohl!«

»Sag mal...« Titus sah ihn forschend an. »Sind die beiden tatsächlich Freunde?«

»So ist es, Herr. Sie sind fast wie Zwillinge.«

»Hm...« Titus dachte nach. »Dieser Verus... Er ist doch ein freier Mann...«

»Jawohl!«

»...und kann sich frei bewegen...«

»Er kann es.«

»Gut. – Aber Priscus! Er sagte, er sei Sklave.«

»Er ist es, Herr.« Perdikkas wechselte wieder ins Griechische. »Ich weiß, was du meinst, Herr: Du willst wissen, ob man ihm gestatten kann, sich frei zu bewegen...«

»Genaus das!«

»Nun, ich glaube, man darf dies gestatten.«

»Warum?«

»Weil das Fechten sein Lebensinhalt ist. Außerdem...«

»Ja?«

»Er hat sich ein Ziel gesetzt.«

»Nämlich?«

»Er will *lanista* werden.«

»Na, das ist doch hervorragend!« Titus erhob sich. »Ab sofort wirst du dafür sorgen, daß er sich frei bewegen kann!«

»Auch außerhalb des *Ludus?*«

»Eben das meine ich: auch außerhalb des *Ludus!* Ich kann mich auf dich verlassen?«

»Selbstverständlich, Herr!« Perdikkas verbeugte sich.

Titus wandte sich an Flavius Sabinus und Tarquinius: »Und nun zum eigentlichen Grund unseres Besuches!

Schauen wir uns doch mal die Unterkünfte der Männer an...«

An diesem Abend kam Tarquinius erst sehr spät nach Hause.

Wäre er früher heimgekehrt, hätte er miterlebt, wie seine Tochter Antonia aufgeregt von einem Besuch bei Tillia Capriola zurückkehrte. Von der Mutter nach dem Grund ihrer Erregtheit befragt, gab sie keine Antwort. Kurze Zeit später aber verließ ein großgewachsener junger Mann das stattliche Haus im Argiletum. Mindestens zwei Augenpaare verfolgten, wie sich seine Gestalt langsam in der hereinbrechenden Dämmerung verlor.

Ein schwieriges Geschäft

Auch in den nächsten Tagen und Wochen kam Tarquinius selten vor Sonnenuntergang nach Hause.

Alle Richtlinien, Vorgaben oder Entscheidungen des Kaisers, des Thronfolgers oder des Chefarchitekten landeten nun auf seinem Arbeitstisch, und es war seine Aufgabe, diese Anweisungen in praktische Maßnahmen umzusetzen. Kamen dann noch besondere Wünsche »von oben« oder Vorschläge »von unten« dazu, mußte sehr schnell entschieden werden, ob sie realisierbar waren oder nicht. Also hielt er ständigen Kontakt mit den vier ihm unterstellten Bauleitern der einzelnen Abschnitte, und diese Männer – durchweg erfahrene Praktiker wie er selbst – hielten mit ihren Bedenken nicht hinter dem Berg. In diesen Besprechungen wurde kein Blatt vor den Mund genommen.

In der Familie des Tarquinius kam es nun zu einigen Veränderungen. Es wurde beschlossen, daß die Zwillinge ab sofort von einem fähigen Hauslehrer unterrichtet wurden; sie sollten nicht nur Lesen und Schreiben lernen, sondern auch in die Geschichte der Stadt und des Imperiums eingeführt werden; außerdem sollten sie Griechisch lernen. Tarquinius war zwar der Meinung, es sei ausreichend, die beiden zu einem der Schulmeister zu schicken, die in den Buden beim Forum unterrichteten, doch Antonia setzte sich mit ihrem Vorschlag durch, einen Hauslehrer mit dem Unterricht zu betrauen; ja, sie erwog bereits, zu diesem Zweck einen gebildeten Sklaven zu kaufen.

Doch diesmal sperrte sich Tarquinius: »Aber Frau! Du scheinst nicht zu wissen, was ein solcher Mann kostet! Unter zwanzigtausend Sesterzen ist der nicht zu haben! Falls es überhaupt einen gibt! Und es sollte ja schon ein Grieche sein, nicht wahr. Aber Griechen sind schon lange nicht mehr im Angebot, weil wir in Griechenland keine Kriege mehr führen. Das Land ist eine eigenständige Provinz des Reiches. Er wäre allenfalls ein Nachkomme von Leuten, die vor hundertfünfzig Jahren als Kriegsgefangene nach Rom gekommen sind. Und die sind längst Freigelassene, wenn nicht gar römische Bürger. Nein, nein, schlag dir das aus dem Kopf...«

Er sah Antonia an, dachte nach und rief: »Ich hab's! Marcus Paconius Felix!«

»Der Schreiber, der im dritten Stock?«

»Genau. Es wird ihm eine Ehre sein, die Zwillinge zu unterrichten.«

»Ein Schreiber!« sagte Antonia verächtlich.

»Ich glaube, du unterschätzt ihn. Er könnte für den Anfang der richtige Mann sein. Er soll ihnen ja erst einmal Lesen und Schreiben beibringen – und keine Gelehrten aus ihnen machen. Und schön zu schreiben lernen sie bei ihm bestimmt. Ich habe gehört, daß er großen Zulauf hat. Es käme auf einen Versuch an.«

Damit war die Angelegenheit fürs erste erledigt. Antonia würde sich in den nächsten Tagen an Paconius Felix wenden, wenn sich dazu eine Gelegenheit ergab.

Wichtiger war ihr im Augenblick freilich das Hausprojekt auf dem Esquilinus. Ihr Bruder Marcus Antonius Paullus hatte sich gerne bereit erklärt, den Besitzer – er war einer seiner Kunden – aufzusuchen, um von ihm einen Termin für die Besichtigung von Grundstück und Haus zu bekommen. Natürlich hatte er dabei durchblicken lassen, um wen es sich bei dem Interessenten handelte – »...den obersten kaiserlichen Bauleiter des Amphitheaters!« –, und prompt wurde dessen Gattin schon für den kommenden Morgen – »...wenn es der *domina* passen würde...« – zu einer Besichtigung eingeladen.

Begleitet von ihrer ältesten Tochter und zwei Sklaven machte Antonia sich auf den Weg und wurde geradezu respektvoll empfangen.

Beide Frauen waren sehr angetan von dem alten Gemäuer, das mit seinen zahlreichen Durchgängen und Bögen jenen altehrwürdigen, vornehmen Eindruck machte, den sich Antonia so sehr wünschte. Dazu das herrliche Atrium! Schon immer hatte sie von einem

Haus mit Atrium geträumt. Und dann der Garten! An den Säulen der umlaufenden Halle waren hundertjährige Weinstöcke in die Höhe gerankt, und man versicherte ihr, daß deren Trauben – eine rote Sorte – so köstlich schmeckten wie jene von der Insel Chios. Nicht weniger entzückten sie die alten Rosensträucher, die gepflegten Buchsbaumhecken, die geometrische Muster bildeten, und schließlich der kleine Springbrunnen in der Mitte des Gartens. Er war bekrönt von einer Figur, die am Rand der Schale des Beckens stand: Ein rundlicher, etwa vierjähriger Knabe hielt eine Ente an sich gedrückt, aus deren Schnabel das Wasser sprudelte.

Der Verkaufspreis, der irgendwann im Laufe des Gesprächs genannt wurde – 800000 Sesterzen! – ernüchterte Antonia freilich, doch ließ sie sich nichts anmerken.

»Unmöglich! Ganz und gar unmöglich!« war die erste Reaktion von Tarquinius, als er abends davon hörte. »Ich müßte den Kaiser um eine Vorauszahlung eines ganzen Jahresgehaltes bitten!«

»Aber das ist doch üblich«, argumentierte Antonia, und Tarquinius wußte, daß seine Frau nicht klein beigeben würde. »Dann mußt du eben zum Kaiser gehen und ihn darum bitten. Lucius, eine solche Gelegenheit kommt nie wieder! Ein Haus auf dem Esquilinus!«

»Aber Antonia! Wie stellst du dir das vor? Der Kaiser ist ein todkranker Mann!«

»Gut, dann halte dich an Titus! Er ist es doch, der schon längst alles regelt.«

An einem der nächsten Tage machte sich Tarquinius selbst auf den Weg und besichtigte Haus und Grundstück. Anders als seine Frau interessierte er sich für den bautechnischen Zustand der Mauern und Gewölbe, stellte fest, daß sie an einigen Stellen feucht waren und daß außen und innen der Putz erneuert werden mußte. Der Grund: Das Dach war an einigen Stellen undicht, die Sparren und Dachlatten waren zum Teil durchgefault, die uralten Ziegel beschädigt.

Tarquinius hatte sich unter seinen Kollegen umgehört und dabei erfahren, daß der Verkäufer nicht nur dringend Geld brauchte, sondern von den meisten Interessenten eine Absage erhalten hatte, weil sie nicht bereit waren, die anfallenden teuren Restaurierungsarbeiten durchführen zu lassen. So gelang es ihm, den Kaufpreis auf 600 000 Sesterzen herunterzudrücken – allerdings unter der Voraussetzung, daß die ganze Summe auf einmal bezahlt würde. Sie verblieben so, daß Tarquinius dem Verkäufer in fünf Tagen einen endgültigen Bescheid geben würde. In dieser Zeit mußte es ihm möglich sein, Klarheit zu schaffen.

Am Abend dieses Tages saß Tarquinius lange an seinem Arbeitstisch in der Baracke und rechnete alle Möglichkeiten durch: Er konnte 100 000 Sesterzen aus seinen Rücklagen nehmen – nicht mehr, denn man mußte eine Restsumme für unvorhersehbare Eventualitäten liegen lassen; doch selbst wenn Vespasianus oder Titus sich bereit erklärten, ihm ein volles Jahresgehalt vorauszuzahlen, fehlten immer noch 200 000 Sesterzen ... Er spielte mit dem Gedanken, einige Schiffe zu verkaufen; aber das wäre eine Dummheit, da er gerade von dem Verdienst, den der Gütertransport auf dem Tiber einbrachte, die Ausgaben für Familie, Freigelassene und Sklaven decken mußte. Es gab nur eine Möglichkeit: Er mußte sich mit dem Anwalt seines anonymen Geldgebers in Verbindung setzen und nachfragen, ob dieser gewillt war, ihm die Summe gegen entsprechenden Zins zu leihen – oder sich in der genannten Höhe zusätzlich am Unternehmen zu beteiligen.

Schon am nächsten Tag schickte er den Azes mit der Bitte zu dem Advokaten, ihn gegen Abend in der Bauhütte der Arena aufzusuchen; leider sei er aus beruflichen Gründen nicht in der Lage, selbst zu kommen.

Der Mann kam und versicherte, er könne Tarquinius schon morgen Bescheid geben. Tatsächlich erschien er am Morgen des nächsten Tages in der Bauhütte der Arena und teilte mit: Er, Tarquinius, könne es sich aussuchen, was ihm genehmer sei, eine stille Teilhabe des Geldgebers am Unternehmen – oder ein Darlehen. Nach kurzem Überdenken entschied sich Tarquinius für ersteres. Die stille Beteiligung ging mehr auf das Risiko des Geldgebers und belastete ihn weniger als die pünktliche Rückzahlung der Raten und der Zinsen, die bei etwa fünfzehn Prozent lagen. Der Anwalt diktierte seinem Schreiber den entsprechenden Vertrag und ließ ihn zweimal kopieren. Ein Exemplar würde Tarquinius, das zweite der Geldgeber, das dritte der Anwalt erhalten und in seinem Archiv deponieren.

»Ich bitte dich, den Vertrag bis morgen hier zu lassen, da ich noch einige Dinge zu klären habe«, sagte Tarquinius. Bevor die Angelegenheit nicht mit dem Palast abgeklärt war, konnte er die Verträge nicht unterschreiben. Der Anwalt war einverstanden.

Tarquinius kam nun nicht daran vorbei, den Caesar anzusprechen. Er traf ihn ohnehin am Nachmittag, um mit ihm über einige Probleme der Mechanik der Seilzüge für das Sonnensegel zu reden.

Er war ziemlich aufgeregt, und Titus, der ein guter Menschenkenner war, entging es nicht, daß sein Bauleiter immer wieder tief durchatmete und seine Hände knetete.

Schließlich fragte er: »Geht's dir nicht gut?«

»Doch, doch...«

»Aber?«

»Herr! Ich... eh...«

So hatte ihn Titus noch nie gesehen, und er ermunterte ihn zu sprechen.

Tarquinius entschloß sich, nicht drumherum zu reden, sondern den direkten Weg zu gehen: »Es handelt sich um eine Geldfrage, Herr.«

»Aha. Brauchst du welches?«

»*Ita'st.*«

»Wofür?«

»Ich möchte ein Haus kaufen.«

»Sehr gut. Wo?«

»Auf dem Esquilinus...«

»Oh, auf dem Esquilinus! Seit wann kann man da noch ein Grundstück erwerben?«

Tarquinius beschrieb kurz das Anwesen und betonte, daß es sich um einen günstigen Kauf handele, da der Besitzer gezwungen sei, Haus und Grundstück unter Wert zu verkaufen.

»Und was willst du von mir?«

»Die Vorauszahlung des Jahresgehalts.«

»Oha!« Titus wiegte den Kopf, als müsse er das Ansinnen gründlich überdenken. Doch dann glitt jenes jungenhafte Lächeln über sein Gesicht, das gute Laune verriet. »Ich wollte es dir sowieso anbieten, da du ja nun auch größere Auslagen hast. Wieviel waren es denn? Vierhunderttausend?«

»Nein, der Kaiser sprach neulich von dreihunderttausend.«

»Nun ja...« Titus grinste plötzlich. »Du kennst doch den Kaiser! Er hält das Geld zusammen. Ich auch! Aber ich denke schon, daß vierhunderttausend angemessen wären – wenn du einverstanden bist.«

Tarquinius mußte schlucken, ehe er antworten konnte: »Ich danke dir, Caesar.«

Gleich anschließend ging Tarquinius in seine Baracke, unterschrieb und siegelte alle drei Ausführungen des Vertrags und schickte sie durch einen Boten dem Anwalt.

Noch am Nachmittag kam der Advokat mit den Urkunden zurück, die diesmal nur von ihm gegengezeichnet und gesiegelt waren, da er in Vollmacht für den Geldgeber handelte.

»Wohin soll das Geld gebracht werden?«

»Wie? – In meine Wohnung...«

Gegen die elfte Stunde* stand Tillia Capriola an einem weit geöffneten Fenster ihrer Wohnung und verfolgte interessiert, wie eine mit Schlössern gesicherte Truhe unter starker Bedeckung von zehn bewaffneten Sklaven zum Eingang des Hauses getragen wurde.

»Verzeih, Herrin...« wandte sich der Anführer der Gruppe an Tillia. »Wohnt hier der Kaiserliche Bauleiter Lucius Tarquinius Corvus?«

Tillia stellte sich schwerhörig, da sie sah, daß auch einige Nachbarn die Ankunft der Truppe mit großem Interesse verfolgte: »*Quid rogas?*** – Bitte?« Und sie hielt die Hand hinters Ohr.

---
* 17 Uhr
** Wörtlich: »Was erbittest du? ... Was willst du wissen?«

Der Mann rief laut nach oben: »Ob hier der Kaiserliche Baumeister Lucius Tarquinius Corvus wohnt!«

»Tarquinius Corvus?« Tillia nickte und rief: »Er wohnt hier.«

»Danke!«

»Bitte! Keine Ursache!« Und sie schloß das Fenster.

Schicksalsschläge für Titus

So wurde denn Lucius Tarquinius Corvus Besitzer eines geradezu herrschaftlichen Anwesens auf dem Esquilinus. In der Nachbarschaft wohnten alte senatorische und ritterliche *gens**, und sie beobachteten argwöhnisch, wie sich da mitten unter ihnen ein »Plebejer« mit seiner Familie breitmachte.

Einmal sagte Tarquinius zu seiner Frau: »Wenn das mein Vater noch erlebt hätte …!«

Antonia verstand sehr wohl, was er meinte. Aber sie sagte mit der ihr eigenen Nüchternheit: »Lucius! Dein Vater in allen Ehren – aber er hatte nicht das Zeug dazu. *Du* hast es geschafft! Er nicht! Ich bin stolz auf dich.« Und sie gab ihm einen zärtlichen Kuß auf die Wange.

Die einzigen, die zunächst ganz und gar nicht mit der neuen Entwicklung zufrieden waren, hießen Marcus und Gaius; denn von nun an hatten die Zwillinge sich

---

* *gens* = (vornehmes) Geschlecht, Sippe; vgl. das englische *gentleman*

täglich in der Frühe bei Paconius Felix einzufinden und drei bis vier Stunden lang alles zu tun, was er von ihnen verlangte.

Schon nach kurzer Zeit ging es an das Erlernen des griechischen Alphabets: Buchstabe für Buchstabe mußte erkannt, gelesen, geschrieben und zu Wörtern zusammengesetzt werden, die bald schon kleine Sätze bildeten.

Wie Tarquinius richtig angenommen hatte, legte Paconius Felix sehr großen Wert auf eine saubere, ausgeglichene, gut lesbare Schrift.

»Eine schlechte Schrift, nicht wahr, ist wie ein Teller kalte Suppe!« pflegte er zu sagen.

Paconius war zwar ein strenger, ja unbestechlicher Lehrer, der Nachlässigkeiten, Unaufmerksamkeit und Faulheit nicht durchgehen ließ, zugleich begleitete er mit unendlicher Geduld das allmähliche Fortschreiten seiner neuen Schüler und ging auf fast jede ihrer Fragen ein. Es entging den Zwillingen nicht, daß er oft gewisse Redewendungen wiederholte – wie diese: »Wo kommen wir denn hin, nicht wahr, wenn der Schiffsjunge dem Steuermann den Kurs angibt!« Oder: »Wie sagte schon einst Publilius Syrus*, nicht wahr: ›*Deliberando discitur sapientia!*‹ – ›Durch Denken kommt der Mensch zur Weisheit!‹«

Natürlich verstanden sie die Bedeutung solcher Sprüche nicht, denn sie waren erst sieben Jahre alt, doch sie spürten, daß dieser Mann sie liebte; und wenn er sie einmal strafte, bestand dafür ein Anlaß.

---

* Publilius Syrus war ein Stückeschreiber zur Zeit Caesars; seine geistreichen Aussprüche wurden gesammelt und immer wieder veröffentlicht

Hatten sie anfangs den ihnen aufgezwungenen Unterricht recht unwillig über sich ergehen lassen, machte ihnen das Lernen mit diesem Lehrer zunehmend Freude, zumal Paconius ihnen zur Auflockerung immer wieder spaßige oder spannende Anekdoten und Geschichten erzählte, die sie wiederum an ihre Mutter weitergaben.

In diesen Wochen verschlechterte sich der Zustand des Kaisers rapide.

Vespasianus ließ sich – nach Absprache mit Titus, der dies befürwortete – auf sein Landgut bei Reate bringen, wo er alljährlich seinen Sommeraufenthalt zu nehmen pflegte. Obschon sich sein Darmleiden dort verschlimmerte – eine ihm von Athenodorus verordnete Wasserkur schlug nicht an –, besorgte er wie gewohnt seine Regierungsgeschäfte und hörte sogar Abordnungen des Senats oder befreundeter Könige zu Bett liegend an. Plötzlich aber verschlimmerte sich der Durchfall und schwemmte sozusagen die letzten Kräfte aus dem Körper des alten Mannes. Zuletzt war er nur noch Haut und Knochen.

Als er spürte, daß es zu Ende mit ihm ging, richtete er sich im Bett auf und sagte: »Ein Kaiser muß stehend sterben!«

Und während er sich bemühte aufzustehen, verschied er in den Armen derer, die ihn stützen wollten, am 24. Juni* im Alter von 69 Jahren, sieben Monaten und sieben Tagen.**

Reitende Boten brachten die Nachricht vom Tod des

---

* 79 n. Chr.
** Sueton, der das berichtet (vgl. *De vita Caesarum, Vespasianus 24),* bringt keine genaue Beschreibung der Krankheit; es dürfte sich um die Ruhr gehandelt haben

Kaisers nach Rom. Titus nahm sie gefaßt entgegen. Gewiß, er hatte ja schon seit langem mit dem Hinscheiden des Vaters gerechnet, aber der Tod kam – wie immer – plötzlich und zu früh. Am meisten bedauerte er, daß er in den letzten Augenblicken nicht in der Nähe des Vaters gewesen war.

Am nächsten Tag wußte ganz Rom, daß der Kaiser tot war.

Die Bestattungsfeierlichkeiten für den toten Herrscher wurden von Titus in angemessener Weise vorbereitet und würdevoll vollzogen. Die Asche des Kaisers ließ er im Mausoleum des Augustus beisetzen.* Schon wenige Tage später erfuhren die Bürger der Stadt, daß der Sohn den Verstorbenen habe konsekrieren** lassen und ihn zum »*Divus Vespasianus*« – zum »Vergöttlichten Vespasianus« – erklärt habe.

Mit Argusaugen verfolgte man in Rom, wie der neue Kaiser seine Macht gebrauchen würde. Außer seiner »Grausamkeit« hatte man Titus einen liederlichen Lebenswandel vorgeworfen, da er mit seinen Freunden die Gelage bis tief in die Nacht hinein ausdehnte. Dann seine heftige Leidenschaft für die Königin Berenike; es hieß, er habe ihr sogar die Heirat versprochen. Erinnerungen an eine andere orientalische Königin wurden wach, an Cleopatra von Ägypten, die einst Caesar den Kopf verdreht hatte. Ferner beschuldigte man ihn der Habsucht: Er treibe mit den Gerichtsentscheiden seines

---

* Sein zweiter Sohn Domitianus ließ die Urne, als er Kaiser war, in das *Templum Gentis Flaviae,* das Heiligtum der Flavischen Familie, überführen
** Das heißt vergöttlichen

Vaters geradezu Handel und nehme Bestechungsgelder an. Kurz, viele – und dazu gehörten eben Leute wie Primosus – hielten ihn für einen zweiten Nero und sprachen dies auch offen aus.

Aber dieser schlechte Ruf schlug schon sehr bald zu seinen Gunsten um: Plötzlich hörte man nur noch die höchsten Lobsprüche und fand keinen Fehler mehr an ihm, sondern im Gegenteil die größten Tugenden. Seine Einladungen wußte er eher heiter als verschwenderisch zu gestalten. Er suchte sich kritische, selbständig denkende Männer zu Freunden aus, deren klugen Rat er schätzte. Einige seiner erklärten Lieblinge unter den Schauspielern, Tänzern und Pantomimen überschüttete er nicht mehr mit seiner Gunst, ja er unterließ es sogar, ihnen bei öffentlichen Auftritten zuzuschauen, obschon sie Künstler ersten Ranges waren, die bald die Bühne beherrschten. Keinem Bürger nahm er etwas weg. Wie kein zweiter hielt er fremdes Gut heilig und nahm nicht einmal die gewohnten Geschenke an.

Nach kurzer Zeit wußte ganz Rom, daß man einen guten Kaiser bekommen hatte, und von den vorherigen bösen Gerüchten blieb am Ende nichts. Man spürte, wie die Stadt, Italien und die Provinzen allmählich aufatmeten: Normalität kehrte ein, jeder ging seinen Geschäften nach und wußte, der Kaiser – IMPERATOR TITUS CAESAR VESPASIANUS AUGUSTUS*, wie sein offizieller Titel nun lautete – würde seine schirmende und schützende Hand über allem halten. Und er würde das Recht achten! Man konnte wieder optimistisch in

---

* Siehe im Anhang unter dem Stichwort »CAESAR, IMPERATOR, PRINCEPS, AUGUSTUS ... Was ist eigentlich ein römischer Kaiser?«

die Zukunft schauen. Die Grenzen waren ruhig. Kein Krieg stand ins Haus.

Doch Götter und Schicksal hatten anderes vorgesehen ...

Es kam Schlag auf Schlag! Innerhalb einer Woche wurden dem Kaiser drei Katastrophen gemeldet:

Auf den Tag genau zwei Monate nach dem Tod seines Vaters – am 24. August* – war der Vulkan Vesuvius ausgebrochen und hatte – so lauteten die ersten Nachrichten, die drei Tage später eintrafen – die blühenden Städte Pompeii und Herculaneum vernichtet. Seit Jahrhunderten hatte der Berg geschwiegen. Seine Hänge waren fast bis zum Gipfel bewaldet, und an seinen tieferen Flanken wurde Wein angebaut. Die Menschen zu seinen Füßen hatten vergessen, daß der Riese nur geschlafen hatte, obgleich ein Erdbeben, das vor 17 Jahren** die Region heimgesucht hatte, sie hätte warnen sollen.

Dann kam der 24. August dieses Jahres. In einer gewaltigen Explosion hatte der Vesuvius seinen Gipfel weggeschleudert und Milliarden Kubikfuß Asche ausgestoßen. Die ganze Bucht von Neapolis*** war von starken Seebeben erschüttert worden, die ungeheure Flutwellen gegen das Land warfen.

Einige Flüchtlinge, die Rom erreichten, berichteten, daß in Pompeii über 2000 und in Herculaneum etwa 500 Menschen ums Leben gekommen seien. Die meisten der Opfer in Pompeii seien an den giftigen Schwe-

---

* 79 n. Chr.
** Am 5. Februar 62 n. Chr.
*** heute Neapel

feldämpfen erstickt, die sich vom Vulkan herniedergesenkt und wie ein Leichentuch über die Stadt gelegt hätten. Es sei auch zu gewaltigen Erdbeben gekommen, und der Boden des Meeres habe sich gehoben. Die Schiffe, die im Hafen ankerten, lägen auf dem Trockenen. Die ganze Stadt sei von einer dreißig Fuß hohen Schicht aus Bims und Asche geradezu begraben worden.

Titus handelte sofort. Er bildete eine Kommission, an deren Spitze er zwei ehemalige Consuln – sie wurden durch Los bestimmt – als *curatores restituendae Campaniae** setzte und stattete sie mit großen Vollmachten aus. Sie hatten sämtliche Hilfsaktionen zu koordinieren.

Den geschädigten Gemeinden half er aus eigenen Mitteln, ohne den Staatsetat in Anspruch zu nehmen.

Noch während er mit der Bewältigung dieser Aufgaben befaßt war, brachen schon die nächsten Katastrophen herein – diesmal über die Hauptstadt selbst: Aus ungeklärter Ursache brach in Rom ein Feuer aus. Ein großer Teil der Stadt wurde durch eine Feuersbrunst, die drei Tage und drei Nächte lang wütete, zerstört. Viele Bauten auf dem südlichen Marsfeld und dem Capitol gingen in Flammen auf, darunter die Thermen und das Pantheon des Agrippa, Teile des Pompeiustheaters und der Tempel des Iupiter mit seinen Nebentempeln. Das Amphitheater blieb verschont.

Der Wind, der in diesen Tagen aus dem Süden herüberwehte, brachte Vulkanasche mit, die sich als feiner grauer Staub auf Dächern, Fensterbänken und der zum Trocknen aufgehängten Wäsche niederließ. Als zur

---

* D.h. ›Kuratoren zum Wiederaufbau Campaniens‹, der Landschaft um den Vesuv

gleichen Zeit Hunderte, schließlich Tausende von Menschen plötzlich von einer fieberhaften Krankheit befallen wurden, die sie in kurzer Zeit dahinraffte, ging sehr bald überall die Rede, diese Asche sei der Verursacher der *pestilentia**.

Wieder war Titus rastlos tätig. Bei all diesen Heimsuchungen bewies er nicht nur die Fürsorge eines Herrschers, sondern geradezu das Mitgefühl eines Vaters, indem er durch kaiserliche Erlasse und Verlautbarungen allen Betroffenen Trost zusprach und, soweit es in seinen Kräften stand, Hilfe brachte.

Als schließlich die durch die Feuersbrunst verursachten baulichen Schäden in der Hauptstadt zu Protokoll genommen, die notwendigen Gelder bereitgestellt und die Maßnahmen zum Wiederaufbau der betroffenen Gebäude in Angriff genommen waren, bestellte der Kaiser Rabirius und Tarquinius zu sich und eröffnete ihnen: »Ich werde in den Süden gehen.«

»Nach Pompeii, Herr?« fragte Tarquinius und studierte die angespannten Züge des Princeps.

»*Ita'st*. Nach Pompeii, ja! – Falls es diese Stadt noch gibt...«

›Er sieht übernächtigt und überarbeitet aus‹, dachte Tarquinius. Er kannte das sensible Gesicht des jungen Kaisers nun sehr gut und wußte, daß er das Letzte von sich forderte, um den betroffenen Menschen zu helfen.

Titus fuhr fort: »Und ich spiele mit dem Gedanken, dich oder Rabirius mitzunehmen.«

---

* Mit dem Begriff »Pest« bezeichnete man in der Antike, wie auch später im Mittelalter, alle möglichen seuchenartig auftretenden Krankheiten. Wir wissen nicht, um welche es sich hier handelte

»Warum das, Herr?« fragte Rabirius. »Die Arbeiten am Amphitheater bedürfen gerade jetzt, vor seiner Vollendung, der strengsten Aufsicht! Wir können uns nun keine Verzögerung mehr leisten! Du weißt, wieviel dabei von Tarquinius und mir abhängt! Du setzt die Früchte jahrelanger Arbeit aufs Spiel!« Er hatte mit der ihm eigenen Kühle und Direktheit gesprochen.

Aber der Kaiser wies auf zahlreiche Rollen, die auf seinem Arbeitstisch lagen. »Das sind Bitten! Verzweifelte Bitten um Hilfe! Ich denke, nur Fachleute wie ihr beiden seid in der Lage, abschätzen zu können, ob es sich lohnt und technisch möglich ist, die beiden Städte auszugraben.«

»Herr!« Rabirius warf Titus einen kritischen Blick zu, ging ein paar Schritte auf und ab, blieb schließlich stehen und erklärte nüchtern: »Ich glaube nicht, daß man Pompeii und Herculaneum wieder auferstehen lassen kann.«

Doch Titus fragte: »So? – Wie willst du das wissen? Du warst doch nicht dort!« Eine Unmutsfalte zeigte sich auf seiner Stirn.

»Das ist richtig, Herr. Aber ich habe einmal einen Ausbruch des Aetna auf Sicilia erlebt. Erstarrte Lava ist härter als Beton! Es gibt kein Mittel, dieses Material aufzulösen. Und die Asche? Nach allem, was mir an Informationen vorliegt, übersteigt die Höhe der Ascheschicht all unsere technischen Möglichkeiten, eine Stadt von der Größe Pompeiis auszugraben.«

Titus sah ihn lange an. Dann erklärte er mit einer Stimme, die keinen Widerspruch duldete: »Das mag alles richtig sein. Wir werden dennoch hingehen und es versuchen! Und du wirst mich begleiten!«

Er wandte sich an Tarquinius, und dieser ahnte, was nun kam: »Tarquinius!«

»Herr!«

»Während der Abwesenheit von Rabirius wirst du die oberste Leitung – sozusagen als Chefarchitekt – für die endgültige Fertigstellung des Amphitheaters übernehmen. Ich weiß, daß du dazu in der Lage bist. Außerordentliche Ereignisse erfordern außergewöhnliche Maßnahmen!«

Tarquinius mußte einmal tief durchatmen, ehe er antworten konnte: »Ich danke dir für das Vertrauen, Herr!«

»Gut, gut...« winkte Titus ab. »Der *praefectus Urbi** und der *curator operum publicorum* sind informiert und gehalten, dich in jeder Beziehung zu unterstützen. Da es durchaus sein kann, daß ich für längere Zeit abwesend bin, ist der Staatssekretär für die Finanzen** angewiesen, alle Rechnungen, die du ihm vorlegst, zu zahlen. Der Bau muß, wie geplant, bis zum nächsten Frühjahr fertig sein.«

»Heißt das...« Tarquinius wunderte sich über seinen Mut, diese Frage zu stellen. »Heißt das etwa, Herr, daß du bis zum nächsten Frühjahr im Süden bleibst?«

»Das ist durchaus möglich, ja.«

Tarquinius nickte langsam und sagte: »Ich verstehe...«

Am nächsten Morgen brach der Kaiser schon bei Sonnenaufgang auf.

---

* Der Stadtpräfekt übte während der Abwesenheit des Kaisers in der Hauptstadt die oberste Gewalt aus
** Das war der *procurator a rationibus*

Alles geht seinen Gang

Einen Monat lang trug Tarquinius nun schon ganz allein die Verantwortung für den Fortgang der Arbeiten am Amphitheater. Schon bei Sonnenaufgang war er als erster auf der Baustelle, und er verließ sie abends als letzter.

Auch die Arbeiten an der Mechanik der Seilzüge für das Sonnensegel kamen gut voran. Caelius hatte das System am Rande des Marsfelds im Maßstab 1:1 errichten lassen. Es hatte exakt den Umriß des Amphitheaters. Erfahrene Schiffszimmerleute, Seeleute und Seiler standen Caelius zur Seite, und alle Beteiligten setzten ihren Ehrgeiz darein, das bestmögliche System zu schaffen.

Eines Tages aber kam Caelius frühmorgens aufgeregt zu Tarquinius und meldete: »Es hat sich jemand an der Anlage zu schaffen gemacht!«

»Was soll das heißen?« fragte Tarquinius.

»Einige der senkrechten Balken, die die Seilzüge tragen und spannen, sind nach innen geknickt!«

»Dann waren sie wohl zu schwach dimensioniert!« Tarquinius hatte keine große Lust, sich jetzt auch noch mit diesen Dingen zu beschäftigen.

»Wofür hältst du mich?!« rief der Freund aufgebracht. »Wir haben mit Winden immer wieder Versuche gemacht und die Stärke der Balken so ausgelegt, daß sie ein Vielfaches der geforderten Spannung aushalten. Nein, nein, ich hab' mir die Knickstellen genau angesehen: Da sind deutlich Spuren von Axthieben zu erkennen. Sie wurden zwar mit Beize und Leinöl verdeckt, aber sie sind deutlich zu erkennen. Da war jemand heimlich am Werk!«

Tarquinius sah ihn zweifelnd an: »Das gibt's doch nicht!«

»Dann schau es dir doch selbst an!«

»Ich glaub's dir ja. Aber... wer sollte das machen? Und warum?«

»Ich habe da so einen Verdacht...«

»Sprich!«

»Sabidius!«

»Sabidius? Aber der ist doch längst nicht mehr am Bau beteiligt!«

»Eben deshalb! – So begreif doch endlich: Du bist schuld an seinem Rausschmiß! Er will dir eins auswischen, weil du damals ganz offen über seine Fehler gesprochen hast.«

Tarquinius dachte nach und nickte langsam. Er hatte den Vorfall fast vergessen. »Und was verspricht er sich davon?« fragte er leise.

»Schwierigkeiten! Du sollst Schwierigkeiten bekommen! Du sollst den Termin nicht einhalten können.«

»*Incredibile* – unglaublich! Wenn das stimmt, was du sagst, muß die Anlage Tag und Nacht bewacht werden!«

»Allerdings. Und von wem?«

»Von den *cohortes urbanae*!*«

»Dann mußt du mit dem Stadtpräfekten reden.«

»Darauf kannst du dich verlassen...«

Der *praefectus Urbi*, der Stadtpräfekt, war während der Abwesenheit des Kaisers dessen Stellvertreter. Es war

---

* D.h. von der Stadtwache

nicht schwer, ihn von der Notwendigkeit einer Wache zu überzeugen. Schon am Abend dieses Tages bezogen bewaffnete Einheiten rings um das Versuchsgelände auf dem Marsfeld ihre Posten, und es wurde kein weiterer Vorfall gemeldet. Hatte Sabidius aufgegeben? Tarquinius hatte zu viel zu tun, um der Sache weiter nachzugehen.

Dann kam überraschend Rabirius zurück und erklärte, er habe mit seiner Prophezeihung recht gehabt: »Es ist unmöglich, die beiden Städte auszugraben – von den im Lande verstreuten Siedlungen und Landhäusern ganz zu schweigen.«

»Und der Kaiser?« fragte Tarquinius.

»Nun, Titus wird wohl bis in den Januar oder Februar des nächsten Jahres im Süden bleiben.«

»So lange!? Warum?« – Das war über ein halbes Jahr!

»Warum?« Rabirius starrte ihn an. »Du kannst dir nicht vorstellen, was da unten los ist, wenn du es nicht mit eigenen Augen gesehen hast! Vierzig- bis fünfzigtausend Menschen sind obdachlos! Titus läßt Zeltstädte errichten und aus dem ganzen Lande Lebensmittel, Kleidung, Decken, Schuhwerk heranschaffen. Die Menschen müssen vor dem Winter eine Bleibe haben! Und sie stehen buchstäblich vor dem Nichts! Sogar ehemals wohlhabende Familien wurden von einem zum andern Augenblick zu Bettlern.«

Der Kaiser blieb tatsächlich bis in den Februar in Campanien. Die Zusammenarbeit zwischen den verantwortlichen Männern in Rom – dem *curator operum publicorum,* dem *praefectus Urbi,* dem *procurator a rationibus,* dem Chefarchitekten und dem obersten

Bauleiter – klappte vorzüglich. Bei schwierigen Fragen, die unbedingt die Entscheidung des Kaisers erforderten, wurden Kuriere hin und her geschickt.

So vergingen Tage, Wochen und Monate, prall gefüllt mit Arbeit, mit technischen Problemen, die eine schnelle Klärung forderten, auch mit Auseinandersetzungen und sachlichem Streit. Bei all dem stand Tarquinius im Mittelpunkt der Ereignisse. Obwohl in dieser Zeit das Letzte von ihm gefordert wurde, war er glücklich wie nie zuvor in seinem Leben.

Antonia wußte sehr wohl, daß ihr Mann Außergewöhnliches leistete, und sie bewunderte ihn dafür. Im Alltag der Familie zeigte sich das darin, daß sie am Abend mit größter Strenge darauf achtete, daß Ruhe in der Wohnung herrschte. Am meisten hatten darunter die Zwillinge zu leiden. Von Fingerpfeifen war nun keine Rede mehr, sondern sie saßen über der Lösung der Aufgaben, die ihnen ihr Lehrer Paconius Felix für den nächsten Tag aufgetragen hatte.

Lucius wurde von seinem Vater immer stärker in das tägliche Geschäft eingebunden, und er genoß die neue Verantwortung sichtlich.

Während Tarquinia häufig mit ihrer Freundin unterwegs war, blieb unklar, wo und wie Antonia ihre Zeit verbrachte. Ihrer Mutter gefielen diese Heimlichkeiten nicht, doch vermochte sie nicht, in ihre Tochter zu dringen.

Längst war auch eine Gruppe von Maurern, Steinmetzen und Zimmerleuten auf dem Grundstück des Esquilinus tätig geworden. Unter der Leitung von Lucius hatte man als erstes das verrottete Dach – Ziegel, Dachlatten und Sparren – abgenommen, anschließend war das alte Haus bis auf die nackten Mauern skelettiert und der gesamte Putz innen und außen von den Wänden geschlagen worden, so daß Antonia schon befürchtete, vom alten Eindruck werde nichts bleiben.

Doch da konnte Tarquinius sie beruhigen: »Wenn die Jungs sich weiter so dranhalten, können wir unser Haus zusammen mit dem Amphitheater einweihen.« Und dann wies er auf Lucius, der neben ihm stand: »Das ist auch sein Verdienst.«

»Ach, schön!« rief Antonia und klatschte in die Hände, während Lucius strahlte. Seit er sozusagen die Bauleitung des neuen Hauses übernommen hatte, zahlte ihm der Vater ein regelrechtes monatliches Gehalt. Freilich war es bescheiden. Und mit diesem Geld mußte er all seine persönlichen Auslagen bestreiten.

»Müssen wir dann«, wollte Marcus wissen, »jeden Tag den weiten Weg vom Esquilinus nach hier machen?«

»Allerdings!« sagte der Vater. »Was heißt da weiter Weg? Stellt euch bloß nicht so an. Die meisten Schüler müssen bis zum Forum laufen. Soll etwa der gute Paconius täglich den Berg hochklettern?!«

Marcus nuschelte ein kaum verständliches »Na, dann eben nicht…«

Tarquinius zog die Stirn in Falten: »Ist was?«

Und Marcus, ganz leise: »Nein, es ist nichts.«

Beleidigt entfernte er sich mit seinem Bruder nach draußen, und plötzlich ließ ein scharfer, aggressiver Pfiff Antonia zusammenfahren.

»Maaar-cus!« schrie sie. Und zu Tarquinius: »Also, das geht dann doch zu weit! Willst du nicht mal ein Machtwort sprechen?«

Doch Tarquinius schmunzelte: »Laß nur, das legt sich.«

Damit war der Fall für ihn erledigt.

Die Arbeiten am Amphitheater schritten unterdessen ohne Störungen und Unfälle zügig voran. Rabirius und Tarquinius konnten dem Kaiser mitteilen, der Einweihungstermin – Mitte Mai des folgenden Jahres* – könne, wenn nichts Unvorhergesehens mehr geschehe, eingehalten werden. Das gleiche gelte für den *Ludus Magnus*.

Mitte Februar war Titus endlich wieder in Rom. Schon wenige Tage nach seiner Ankunft stattete er als erstes dem Amphitheater einen Besuch ab. Er war sehr zufrieden mit dem, was er sah: Der obere Mauerkranz stand kurz vor der Vollendung. Die Bildhauer waren mit dem Aufstellen der fertigen Statuen für die Nischen beschäftigt. Auch die »Unterwelt« der Arena mit den komplizierten mechanischen Hebewerken war so gut wie fertig, und Titus ließ sich spaßeshalber selbst mit einem der Fahrstühle nach oben fahren.

Sehr beeindruckt war er von der imperialen Gestaltung der Kaiserloge, die ganz in blendend weißem Marmor aus Luni gestaltet war.

»Wann werdet ihr das Sonnensegel anbringen?«

»Ich denke, in vier Wochen, Imperator«, sagte Rabirius.

»Sehr gut. Gab es bei den Versuchen Probleme?«

»*Certo,* einige, aber sie wurden bewältigt.«

»Fein. – Also können wir davon ausgehen, das Theater im Mai einweihen zu können?«

»Durchaus, Herr, wenn nichts dazwischen kommt.«

»Was sollte das sein?«

Nur Tarquinius wußte, worauf Rabirius anspielte, als er

* 80 n.Chr.

antwortete: »Gewiß kein Vulkanausbruch..., aber man kann ja nie wissen...«

»*Bene*. Ich bin sehr beeindruckt von eurer Arbeit. – Tarquinius!«

»Herr!«

»Wie weit bist du mit deinem Haus auf dem Esquilinus?«

Tarquinius schmunzelte, ehe er antwortete: »Herr, wenn alles gut geht, werde ich es am selben Tag meiner Familie übergeben können wie du dieses Theater dem Volk von Rom.«

Der Kaiser lachte. »Na, das muß dann aber gefeiert werden! – Rabirius, ich möchte mir jetzt noch den *Ludus* ansehen...«

Drohungen

Es war Anfang April, morgens gegen die dritte Stunde*, als ein junger Mann sich der Gabelung des Argiletums in den *Vicus Patricius* und den *Clivus Suburanus* näherte. Er kam von unten, von der Innenstadt her. Geschickt wich er den Passanten, Lastenträgern, Eseltreibern und Bettlern aus, die um diese Zeit die Straße füllten. Seine Tunica war einfach, derb und an einigen Stellen geflickt, sein Haar kurz geschoren.

* 9 Uhr

Zielsicher steuerte er auf den Eingang des »Siebengestirns« zu, trat in den Schatten der Kolonnade und hinter eine Säule. Doch schenkte er der Herberge keine Beachtung. Während die Menschen an ihm vorbeieilten, warf er einen Blick auf das gegenüberliegende Haus. Besonders das erste Stockwerk schien ihn zu interessieren. Immer wieder kehrte sein Blick dorthin zurück. Er verfolgte, wie hin und wieder an den geöffneten Fenstern eine weibliche Person erschien und sich wieder zurückzog. Auch die Fenster der oberen Stockwerke standen offen, um die frische Frühlingsluft des Morgens in die Räume zu lassen, doch sah man dort niemand. Nur aus einem der Fenster auf der linken Seite des dritten Stocks hörte man hin und wieder eine strenge männliche Stimme: »Marcus! Reiß dich zusammen! Wo kommen wir denn hin, nicht wahr, wenn...« Der Rest war nicht zu verstehen. Wohl dies: »Gaius, bohr nicht in der Nase, wenn du schreibst!«

Doch der Beobachter reagierte mit keinem Lächeln auf diese strengen Ermahnungen, obwohl er begriff, daß dort oben unterrichtet wurde. Sein Blick wanderte nach unten, zum Erdgeschoß, und er verfolgte beiläufig, wie der Besitzer des Schuhladens einem Kunden die Vorzüge von gelben Sandalen anpries. Links davon spielte ein Junge in einem Sandhaufen, und der schien den Fremden besonders zu interessieren, denn er kniff die Augen zusammen und beobachtete ihn genau. Dann hatte er einen Entschluß gefaßt.

Doch er wartete, bis der Kunde die Sandalen bezahlt hatte, sich entfernte und der Besitzer des Ladens zurück in seine Werkstatt ging. Dann trat er aus der Kolonnade, überquerte die Straße, ging auf den spielenden Jungen zu und sprach ihn an: »Willst du dir einen Denar verdienen?«

Der Junge sah überrascht hoch und betrachtete den Mann, den er nicht kannte.

»Meinst du mich?«

»Ich meine dich. Na, wie ist's?«

»Einen Denar? Wofür?«

»Du bekommst ihn, wenn du diesen Brief« – er hielt ihm eine kleine Rolle hin – »an der Wohnungstür von Tarquinius Corvus abgibst!«

»Von Tarquinius ...?«

»*Ita'st*. Er wohnt doch im Nachbarhaus – oder?«

»*Certo*.«

»Na, wie ist's?« wiederholte er seine Frage und lockte mit der Münze. Der Junge stand auf, um den Fremden genauer zu mustern. Der lächelte freundlich und fuhr fort: »Wenn du den Brief abgegeben hast, kriegst du noch einen! Aber du mußt ihn an der Wohnungstür abgeben! Hast du verstanden! An der Wohnungstür!«

Der Junge leckte sich über die Lippen: »Gib her!«

Der Fremde schaute zu den Fenstern des ersten Stockwerks in die Höhe und stellte fest, daß dort niemand zu sehen war; dann gab er dem Jungen die Rolle und sagte: »Beeil dich!«

Kaum war der Junge im Eingang verschwunden, eilte der Mann mit großen Schritten in die Richtung, aus der er gekommen war, davon, begann nach etwa zwanzig Schritt zu laufen und bog an der nächsten Kreuzung in eine Seitenstraße ab.

Der Junge kam zurück auf die Straße und schaute sich verdutzt um: Der Fremde war verschwunden. Na, wenigstens hatte er einen Denar bekommen. Das war für ihn viel Geld. Er betrachtete die Münze und überlegte, was er sich alles dafür kaufen konnte.

In diesem Augenblick beugte sich oben Antonia aus einem der Fenster im ersten Stock, sah den Jungen beim Sandhaufen stehen und rief: »Publius!«

Publius blickte hoch.

»Komm doch bitte noch mal rauf!«

Er gehorchte auf der Stelle und war im Nu an der Wohnungstür.

»Komm rein!«

Antonia nahm ihn mit ins Tablinum, wo sie ungestört mit ihm reden konnte, ohne belauscht zu werden. Publius fiel auf, daß die Herrin einen roten Kopf hatte; als er den Brief abgab, hatte sie das noch nicht. Sie schien sehr aufgeregt zu sein, denn ihr Atem ging schneller als eben, und sogar ihre Hände zitterten.

Antonia setzte sich, und der Junge stand direkt vor ihr.

»Wer hat dir diese Rolle gegeben?«

»Ein fremder Mann.«

»Aha. Nannte er seinen Namen?«

»Nein.«

»Wie sah er aus?«

So gut er es konnte, beschrieb Publius sein Äußeres, und Antonia folgerte: »Könnte es ein Sklave gewesen sein?«

»*Esto* – Mag sein.«

»Kennst du ihn?«

»Nein, er ist nicht aus dem Viertel. Ich habe ihn hier noch nie gesehen.«

»Hat jemand aus der Nachbarschaft gesehen, wie er dir den Brief gegeben hat?«

Publius schüttelte den Kopf.

»Du bist ein guter Junge, Publius. Hier...« Sie gab ihm einen Denar, einen ganz neuen, frisch geprägten, und er betrachtete das Bild des Kaisers Titus, der mit einem Lorbeerkranz im Haar abgebildet war. »Wenn du den fremden Mann noch einmal in der Straße siehst, wirst du es mir sofort sagen! – Versprichst du's mir?«

»Ich verspreche es.«

»Gut, dann kriegst du noch einen Denar.«

»*Gratias ago!* – Danke!«

»So, und nun geh wieder spielen...«

Antonia begleitete ihn zur Wohnungstür, zwang sich zu einem freundlichen Lächeln und strich ihm über den Kopf: »Und nicht vergessen – sogleich Bescheid sagen!«

Publius nickte ernst und polterte die Treppe nach unten.

Antonia schloß die Wohnungstür und lehnte sich mit dem Kopf dagegen. Sie holte mehrmals tief Luft, reckte sich dann und ging leicht schwankend zurück ins Tablinum. Sorgfältig schloß sie die Tür und setzte sich. Ihre Hände legte sie über Kreuz in ihren Schoß. Immer noch atmete sie schwer. So saß sie sehr lange, den Blick auf die Rolle gerichtet, die da vor ihr auf dem Tisch lag. Erst als sie merkte, daß ihr zwei dicke Tränen über die Wangen rannen, strich sie mit der Hand darüber und trocknete die Finger am Gewand ab. Dann griff sie nach der Rolle, öffnete sie und las den Text noch einmal:

> »*Die Tochter des Obersten Kaiserlichen Bauleiters des Amphitheaters treibt es seit einem Jahr mit einem Gladiator! Pfui! Sein Name ist mir bekannt. Bald wird ganz Rom über sie spotten. – Ein Freund, der es gut meint.*«

Ganz Rom! Welch eine Schande für den Obersten kaiserlichen Bauleiter! *Per deos!* Wenn der Kaiser selbst von diesem Vorfall erfuhr! Und diese Möglichkeit wurde ja unausgesprochen in dem Brief angedroht! Nicht auszudenken, welche Folgen das hatte!

Ihre erste Reaktion war: ›Davon darf Tarquinius nichts erfahren! Ich muß jede Aufregung von ihm fernhalten! Oh, ihr Götter! Es muß auf jeden Fall vermieden werden, daß davon etwas an die Öffentlichkeit ... und zum Kaiser gelangt!‹

Allmählich kehrte Ruhe in ihr ein, und sie begann scharf nachzudenken: *Die Tochter...* – Welche Tochter? Doch wohl nicht Tarquinia! Tarquinia war erst sechzehn! Gewiß, sie war im heiratsfähigen Alter... aber doch eigentlich noch ein Kind!... Also Antonia... Aber Antonia war doch immer die stille, die folgsame... eine Tochter, wie man sie sich nur wünschen konnte... Wenn, dann würde sie es eher Tarquinia zutrauen! Aber Tarquinia war noch ein Kind!

Ihre Gedanken drehten sich im Kreise. Sie versuchte es anders: ›Da steht *'seit einem Jahr...'* – Dann wäre Tarquinia damals doch erst fünfzehn gewesen!... Aber das ist ganz und gar unvorstellbar! Im übrigen hätte ich etwas davon merken müssen... Tarquinia scheidet also mit Sicherheit – ja mit Sicherheit aus... Bleibt also Antonia... Sie ist jetzt neunzehn... war vor einem Jahr also achtzehn...‹ Und sie war doch häufiger unterwegs, ohne daß einer gewußt hätte, wohin!

Und laut stöhnte sie auf: »Oh, ihr Götter!«

Doch sie zwang sich weiterzudenken: Tarquinius und auch niemand sonst durfte von dieser infamen Mitteilung etwas erfahren! In vier Wochen sollte das Amphitheater eingeweiht werden. Alles hing jetzt vom ruhigen, störungsfreien Fortgang der Arbeiten ab. Sie mußte diesen anonymen Brief und seinen Inhalt vor Tarquinius verbergen. Aber sie mußte mit Antonia reden!

Sie fuhr zusammen: Die Wohnungstür wurde geöffnet. Antonia kam zurück. Sie stand auf und ging in den Flur: »Antonia!«

»Mama!«

»Ich muß mit dir sprechen!«

»Gleich?«

»Ja.«

»Wo?«

»Im Tablinum!«

»*Bene* – gut. Ich bringe nur eben das Gemüse in die Küche.«

Wenige Augenblicke später erschien sie im Türrahmen, und ihre Mutter sagte: »Setz dich!«

Schon am Ton erkannte Antonia, daß Unheil drohte. Sie setzte eine möglichst unschuldige Miene auf.

Ihre Mutter nahm ebenfalls Platz, besann sich einen Augenblick und fixierte ihre älteste Tochter scharf. Dann begann sie ohne Umschweife: »Du hast also einen Freund...«

Blitzschnell überlegte Antonia, daß es wohl das Beste sei, mit entwaffnender Offenheit zu antworten. Was wußte die Mutter? Möglichst gelassen sagte sie: »Ja, ich habe einen Freund.«

Und die Mutter: »Hm... Ich will einmal darüber hinwegsehen, daß meine Tochter nichts dabei findet, in aller Heimlichkeit einen Freund zu haben, aber es kommt doch wohl darauf an, wer das ist!«

»Wie meinst du das?«

»Wer ist es?«

»Er ist aus guter Familie. Sein Vater besaß eine Flotte von Hochseeschiffen.«

Sie hoffte, ihre Mutter damit beeindrucken zu können, doch das Gegenteil war der Fall. Ihr Gesicht bekam einen so kalten, abweisenden Zug, wie Antonia ihn noch nie an ihrer Mutter gesehen hatte. Geradezu höhnisch wiederholte sie: »Ein Sohn aus guter Familie ...?« Sie griff nach der Rolle und reichte sie ihrer Tochter: »Lies das! Lesen kannst du ja schließlich! Und was du inzwischen *noch* gelernt hast, das kommt jetzt langsam ans Licht!«

Antonia entrollte das Schreiben und begann zu lesen. Schon nach den ersten Worten schoß ihr flammende Röte ins Gesicht, und es wiederholten sich die gleichen Reaktionen wie zuvor bei der Mutter: Ihre Hände zitterten, das Herz schlug ihr bis zum Halse, und sie mußte mehrmals tief Luft holen. Sie gab alles verloren.

»Meine Tochter ›treibt es‹ also mit ... mit dem Abschaum der Menschheit! Mit einem Gladiator!« Die Mutter stand auf und ging erregt im Zimmer auf und ab, wobei sie ihre Hände knetete, während Antonia sie wie ein weidwundes Tier mit den Augen verfolgte. Da sie nichts mehr zu verlieren hatte, rief sie: »Das ist eine gemeine Verleumdung! Er ist ein Sohn aus bestem Hause! Sein Vater...«

»Schweig!«

Die Mutter blieb vor ihr stehen, und Antonia erhob sich. Während sie sich mit den Blicken maßen, wußten sie beide, daß die andere um nichts in der Welt nachgeben würde.

»Wir kennen das ja...«, fuhr die Mutter in einem Ton fort, der aufreizend sachlich, ja scheinbar unbeteiligt klang. »Wir kennen das durchaus...«, wiederholte sie.

»All dieses Gesindel der Schauspieler, Pantomimen, Rennfahrer und Gladiatoren, das den Mädchen dieser Stadt die Köpfe verdreht! Und wenn sie genug von einer haben und sich langweilen, lassen sie sie fallen wie einen faulen Apfel.«

»Mama! Er ist nicht so einer!«

»Alle sind so! Warum macht er das denn, he? Schlägt in der Arena andere Menschen tot! Wenn er aus gutem Hause wäre, ginge er einer anständigen Arbeit nach!«

»Aber... es ist doch nur, weil... die Schulden!«

»Ach!« Sie hob die rechte Augenbraue. »Auch noch Schulden!« Sie beugte sich vor: »Sag mal, bist du verrückt geworden?! Bist du dir überhaupt im klaren darüber, worauf du dich da eingelassen hast?! Du bist eine erwachsene Frau, die demnächst heiraten soll! Aber davon kann ja nun keine Rede mehr sein, denn ich vermute...«

»Was?« rief die Tochter. »Was vermutest du? Nichts, aber auch gar nichts hast du zu vermuten!«

Da war es der Mutter zuviel. Sie holte aus und gab der Tochter eine schallende Ohrfeige auf die linke Wange, die sich auf der Stelle feuerrot färbte. Doch trotzig blieb die Getroffene stehen und konterte: »Schlag mich nur! Ja, schlag mich! Ich werde trotzdem nicht von ihm lassen, nie im Leben! Ich liebe ihn! Und er liebt mich!«

Antonia sah ihre Tochter mit großen, forschenden Augen an. Was sie sah, ließ sie erschrecken: Hier war eine Leidenschaft im Spiel, gegen die sie nicht ankam. Und sie wußte, diese Tochter hatte den starken, unbändigen Willen ihrer Eltern geerbt.

Sie ging zum Fenster, blickte auf die Straße, wandte

sich um und stellte schließlich die Frage, die für sie von größter Bedeutung war: »Hat er dich angerührt?«

Leise sagte Antonia: »Aber Mama! Ich bin doch deine Tochter!«

»Das ist keine klare Antwort. Also ...?«

»Er hat mich nicht angerührt. Er ist ein Mann von Ehre!«

»Schwöre es! Schwöre es bei der heiligen Iuno Lucina, der Beschützerin der Frauen und der Ehe!«

Antonia hob die Schwurfinger: »Ich schwöre es bei der heiligen Iuno Lucina.«

›Na, wenigstens das!‹ dachte die Mutter und wurde sich im gleichen Augenblick bewußt, daß auch sie selbst niemals in einem ähnlichen Fall ihrer Neigung nachgegeben hätte. Ein Mädchen wurde von den Eltern an einen Mann, den man ihr ausgesucht hatte, verheiratet. So war es immer gewesen. Niemals wäre sie auf den Gedanken gekommen, die Entscheidung ihres Vaters in Frage zu stellen. Hatten sich die Zeiten so sehr geändert? Galten heutzutage Ehre und Anstand weniger als in ihrer Jugend?

Es mußten Maßnahmen ergriffen werden: »Du hast ab sofort Hausarrest.«

Antonia schwieg; damit hatte sie gerechnet.

»Das, was wir hier miteinander besprochen haben, bleibt unter uns. Niemand in der Familie darf davon Kenntnis haben. Auch der Vater nicht – er erst recht nicht! Du weißt, daß er in diesen Tagen bis an die Grenzen seiner Kräfte gefordert ist.«

Die Tochter nickte.

»Du wirst diesen Menschen bis auf weiteres weder treffen noch sehen!«

Antonia nickte auch dazu. Zugleich aber spielte sie

alle Möglichkeiten durch, wie sie dieses Verbot umgehen konnte. Hausarrest – das bedeutete nicht, daß sie nicht zu Tillia Capriola gehen konnte. Im Gegenteil, ihre Mutter würde dies gerade jetzt gern sehen! – Tillia! Tillia war die Rettung!

»Im übrigen«, fuhr die Mutter fort, »ist damit zu rechnen, daß der infame Schreiber dieser Zeilen damit eine Absicht verfolgt. Das sieht nach Erpressung aus!« Sie fixierte Antonia: »Es geht um die Ehre der ganzen Familie! Vergiß das nicht! Nicht auszudenken, wenn der Kaiser davon Kenntnis bekäme... Aber gerade damit scheint der Schreiber ja unausgesprochen zu drohen.« Sie überlegte und sagte schließlich: »Du solltest öfter zu Tillia Capriola gehen! Das ist eine Frau von Format und Charakter!«

Wäre die Situation nicht so ernst gewesen, hätte Antonia laut aufgelacht. Ihre Mutter schloß mit der Aufforderung: »Geh gleich heute mal zu ihr. Sie wird sich freuen...«

Antonia nickte wiederum, dachte aber: ›Wenn du wüßtest!‹

Tillia Capriola behält die Ruhe

Antonia wußte, daß sie von nun an jederzeit Rechenschaft darüber abzulegen hatte, wenn sie die Wohnung verließ. Sie hatte das Ziel und den Weg anzugeben und sich genau an den Termin zu halten, wann sie wieder zurück zu sein hatte. Dabei würde es sich lediglich um kurze Entfernungen handeln, etwa einen Gang zum Gemüsemarkt, zum Bäcker, zum Töpfer. Außerdem rechnete sie damit, daß man ihr Tarquinia als Begleitung mit auf den Weg geben würde, denn da Tarquinia nichts von der Geschichte wußte, würde sie der Mutter unbefangen Auskunft darüber geben, ob und von wem ihre Schwester in der Stadt angesprochen würde.

Antonia spielte kurz mit dem Gedanken, ihre Schwester einzuweihen, nahm aber schnell davon Abstand.

Der einzige in der Familie, auf den sie vielleicht zählen konnte, war ihr Bruder Lucius. Es war ihr nicht entgangen, daß er sie des öfteren mit einem fragenden, forschenden Blick anschaute, wenn sie sich beim gemeinsamen Abendessen gegenübersaßen. Sollte sie sich ihm anvertrauen? – Aber wie könnte er ihr helfen? Lucius war, wie der Vater, ganz mit seinen Aufgaben befaßt und von morgens bis abends unterwegs. Außer brüderlicher Anteilnahme konnte sie von ihm nichts erwarten.

Vor den Zwillingen mußte sie sich besonders in acht nehmen. In ihrer kindlichen Unbefangenheit plapperten sie alles aus, was sie sahen und hörten. Nur zu gut hatte sie die Szene am Abendtisch vor einem Jahr in Erinnerung.

Die heimlichen Treffen bei Tillia Capriola hatten Antonia und Verus bereits seit langem eingestellt, nachdem Verus einmal von Primosus im Treppenhaus gesehen und angesprochen worden war. Verus hatte sich geistesgegenwärtig damit herausgeredet, er habe bei Tillia Capriola im Auftrage eines Töpfers etwas abzuliefern, was Tillia, die schon an der Tür wartete, ebenso schnell und lächelnd bestätigt hatte. Seit damals trafen sie sich nur noch an zuvor verabredeten Plätzen in der Stadt oder außerhalb der Tore. Am sichersten waren sie immer in den Gärten des Caesar auf der anderen Tiberseite. Aber bis dahin war es ein weiter Weg.

Sie mußte mit Tillia reden! Heute noch! Denn für morgen hatte sie mit Verus in den Gärten ein Treffen verabredet. Also legte sie die Stickerei, an der sie gerade arbeitete, beiseite und ging in die Küche, wo ihre Mutter zusammen mit Thais das rote Geschirr begutachtete. Sie wollte anscheinend für das Haus auf dem Esquilinus neues, schöneres und kostbareres kaufen.

»Ist was?« fragte die Mutter, und sie sagte es in Anwesenheit von Thais freundlich.

»Ich gehe für eine halbe Stunde zu Tillia, – wenn es dir recht ist.«

Der gekünstelte Nachsatz – Antonia pflegte ansonsten, ohne derlei Floskeln vorauszuschicken, einfach zu gehen – veranlaßte die Mutter, ihr mit einem strengen Blick zu verstehen zu geben, solche Anspielungen in Gegenwart von Thais zu unterlassen. Doch freundlich sagte sie: »Gut, tu das. Sie wird sich freuen.«

Kaum war Antonia aus dem Zimmer, verließ auch ihre Mutter den Raum, ging zur Wohnungstür, öffnete sie leise und lauschte, ob Antonia auch bei Tillia den Türklopfer betätigte. Das geschah, und sie wurde eingelassen.

»Ist was?« fragte nun Thais, als die Herrin zurückkam.

»Nein-nein, ich habe Antonia noch einen Gruß an Tillia mitgegeben ...«

Tillia betrachtete das Gesicht von Antonia und erkannte mit einem Blick, daß etwas vorgefallen sein mußte.

»Kind, wie siehst du denn aus?! Hast du geweint?«

»Es ist alles aus!« stieß Antonia hervor und blickte Tillia mit traurigem Gesicht an. Weinen konnte sie nicht mehr.

Tillia, die schon seit einiger Zeit befürchtet hatte, daß das Liebesverhältnis auf Dauer nicht zu verheimlichen war, behielt wie immer die Ruhe und sagte: »Berichte!«

Antonia tat es, und da sie sich nicht mit unwesentlichen Details aufhielt, war das schnell geschehen.

Tillia hatte aufmerksam zugehört. Nun nickte sie und erklärte: »Der springende Punkt bei der Sache ist dieser anonyme Brief!«

Antonia schwieg, während Tillia fortfuhr: »Es müßte herauszufinden sein, wer ihn geschrieben hat...« Sie überlegte: »Kannst du dich an den Inhalt erinnern? Ich meine, wörtlich? Es kommt nämlich bei solchen Sachen auf jedes Wort an!«

»Und ob!« rief Antonia. »Den Text werde ich mein Leben lang nicht vergessen!«

»Also...?«

Und Antonia: »Es hieß: ›Die Tochter des... des Obersten Kaiserlichen Bauleiters des Amphitheaters... hat seit einem Jahr...‹ – Nein, es hieß anders: ›... treibt es seit einem Jahr mit einem Gladiator! Pfui! Sein Name ist mir bekannt. Bald wird ganz Rom über sie spotten. – Ein Freund, der es gut meint.‹«

»Hm...« machte Tillia und dachte nach. »Wir müssen das aufschreiben! Hier hast du Wachstafel und Stilus! Schreib!«

Das war schnell geschehen. Antonia reichte Tillia die

Tafel: »Ich wußte gar nicht, daß du lesen und schreiben kannst, Tillia!«

»Oh«, schmunzelte sie. »Ich habe noch einiges zu bieten, was die andern nicht wissen – geschweige denn mir zutrauen...«

Sie überflog den Text, nickte mehrmals und sagte schließlich: »Der Schreiber dieses Textes ist jemand, der nicht eigentlich dir, sondern deinem Vater schaden will, denn...«

»Wie bitte?«

»... er benutzt dich nur als Mittel zum Zweck! Allem Anschein nach hat er mit deinem Vater noch eine alte Rechnung zu begleichen.«

»Mit meinem Vater?«

»*Certo, certo!* – Da ist ausdrücklich der Hinweis auf den ›Obersten Kaiserlichen Bauleiter‹! Er hätte ja einfach schreiben können: ›Mein lieber Tarquinius Corvus, ich weiß, daß deine von dir geliebte Tochter Antonia... *et cetera... et cetera...*‹ – Aber nein! Er wendet sich ausdrücklich an den Bauleiter des Kaisers!«

»Und... und was hat das zu bedeuten?«

»Kind, ich muß nachdenken...« Sie las den Text mehrmals durch, zwinkerte dabei mit den Augen, neigte den Kopf und erklärte geradezu zornig: »Das werde ich herauszufinden wissen!«

»Und wie willst du das machen?«

»Oh, ich habe da – wie sagt man – gewisse Beziehungen...« Sie lächelte Antonia geheimnisvoll zu. »Laß mich nur machen! – Weiß dein Vater davon?«

»Nein, natürlich nicht...« Und sie berichtete, was ihre Mutter ihr ans Herz gelegt hatte.

»Das ist verständlich. So hätte ich deine Mutter auch eingeschätzt. Aber nun zu dir!«

Tillia dachte konzentriert nach, nickte sich selbst ein paarmal zu, und dann hieß es: »Also, wie die Dinge ab heute stehen, kannst du Verus in den nächsten Tagen, vielleicht sogar Wochen, nicht treffen.«

Antonia seufzte tief, nickte aber, und Tillia fuhr fort: »Aber natürlich kannst du ihm schreiben, und er kann dir schreiben.«

»Ja, aber ...?«

»Langsam, Kindchen, langsam! Laß Tillia nur machen! Ich schöpfe in diesen Dingen aus einem reichen Schatz an Erfahrungen, wie du dir denken kannst. – Also: Ich werde Mittel und Wege finden, wie deine und seine Briefe den jeweiligen Empfänger erreichen ...«

»Aber ...« Antonia war sprachlos vor Staunen. »Ich meine, wer soll denn ... in den *Ludus* ...? Du kannst doch nicht selbst ...?«

»Oh, das habe ich auch nicht nötig.« Sie kicherte. »Sagtest du nicht, Verus kämpfe als Thraker?«

»*Ita'st.*«

»Das ist sehr gut ...«

»Warum?«

»Warum? Weil ich den *lanista* gut kenne, der früher, als er noch aktiv war, die Thraker ausgebildet hat. Er ist zwar längst im Ruhestand, aber er läßt sich immer mal wieder im *Ludus* sehen, um den Jungs auf die Finger zu gucken. Er war übrigens ein guter Freund von Crescens.«

»Ich verstehe.«

»Na endlich! Es wird ihm ein Leichtes sein, deinem Verus ein Briefchen zuzustecken. Also setz dich hin und teile ihm schriftlich mit, daß du morgen nicht kommen kannst. Es sei etwas dazwischen gekommen.

Keine Einzelheiten! Keine Namen! Es gehe dir gut. Er könne die Antwort dem *lanista* aushändigen. Der werde sie weiterleiten. – Nun starr' mich nicht so an! Es ist keine Zeit zu verlieren, denn deine Mutter wartet auf deine pünktliche Rückkehr! Da sind Papyrus, Rohrfeder und Tinte. Nun schreib' schon!!«

Als Tarquinius von der Baustelle nach Hause kam, fand er eine schweigsame Frau und eine sehr ernste Tochter vor. Offenbar hatten die beiden miteinander gestritten. Doch als er wissen wollte, was vorgefallen sei, erhielt er von keiner eine Antwort. Irgend etwas stimmte nicht, doch Tarquinius war zu müde, um der Sache auf den Grund zu gehen. Nur Lucius musterte seine Schwester aufmerksam und nahm sich vor, mit ihr zu reden.

Tillia klärt auf

Kaum hatte Antonia die Wohnung verlassen, wurde Tillia Capriola aktiv. Wie immer, wenn sie sich intensiv mit einem Problem beschäftigte, begann sie ihre Gedanken im Selbstgespräch zu formulieren: »Ein Lump! Hinter der Sache steckt ein Lump! Das arme Mädchen ist ihm nur Mittel zum Zweck. In Wirklichkeit geht das gegen Tarquinius, nur gegen Tarquinius. Es muß also jemand sein, der mit Tarquinius gut bekannt ist. Und das Mädchen muß dafür büßen! Was für ein Lump!«

Sie ging zum Fenster und sah auf die Straße. Die Menschen gingen ihren Geschäften nach. Drüben, unter der Arkade des »Siebengestirns«, spielte Publius mit einem andern Jungen. Sie machten das Hüpfspiel, wobei es darum ging, hüpfend einen flachen Stein in das nächste mit Kreide gezeichnete Rechteck zu bewegen. Publius machte es sehr geschickt, und er würde wohl gewinnen.

Kurz entschlossen verließ Tillia ihre Wohnung. Im Treppenhaus begegnete sie dem Girlandenmaler Fabullus, der sich müde Stufe für Stufe heraufschleppte. Er grüßte sie kurz, und sie nickte ihm freundlich zu. ›Wahrscheinlich muß er sich jetzt selbst was zu essen machen!‹ dachte sie. ›Armer Kerl... Seine Matidia ist ja wieder mal in der Stadt! Diese elende Schlampe!‹

Draußen ging sie ohne zu zögern auf die beiden Jungen zu und unterbrach ihr Spiel: »Publius!«

Der Junge hielt inne und schaute zu ihr hoch. »*Quid est* – Was ist?« fragte er ungehalten.

»Du kannst dir einen Denar verdienen...«

›Schon wieder?‹ dachte er erstaunt und sah in das freundlich lächelnde Gesicht Tillias. Interessiert fragte er: »Und was soll ich machen?«

»Das sage ich dir, wenn du mit nach oben kommst.«

»Kann ich auch mitkommen?« fragte der andere.

»Nein«, hieß es kategorisch. »Aber Publius ist gleich wieder unten.«

Er folgte ihr in die Wohnung.

Als erstes gab sie ihm ein Stück Honigkuchen, und Publius ließ es sich schmecken. Dann wies sie auf einen dreibeinigen Hocker und erklärte: »Ein Bein ist locker. Würdest du den für mich zum Tischler bringen? Du weißt ja, ich habe oft Schmerzen in den Beinen.«

»Mach ich«, sagte Publius. Der alte Tischler hatte seine Werkstatt ganz in der Nähe. Publius wollte schon nach dem Hocker greifen, als Tillia sagte: »Warte! Du kriegst ja noch das Geld ...«

Sie hielt die Münzen in der Hand, zögerte aber: »Ach, da fällt mir ein ... Da war doch heute ein Mann hier, der dir einen Brief gegeben hat ...«

Publius nickte energisch. »Ich hab' ihn bei Antonia abgegeben.«

»Ich weiß«, sagte Tillia. »War das ein Sklave?« Sie legte den Denar auf den Tisch, und Publius ahnte, daß er vielleicht einen zweiten bekommen würde, wenn er nun alle Fragen Tillias genau beantworten würde.

»*Esto* – Vielleicht«, sagte er. »Jedenfalls sah er so aus.«

Tillia ließ sich das Äußere des Mannes genau beschreiben und fragte dann nach: »Ist dir irgend etwas an ihm aufgefallen?« Sie legte einen zweiten Denar neben den ersten.

Publius fixierte ihn, dachte nach und sagte schließlich: »Er ... er hatte rote Haare.«

»Aha. Sonst noch was Besonderes?«

»Er war riesengroß. Und er hatte eine Narbe über dem Auge. Über dem rechten.«

»Aha. Und wie sprach er? Sprach er fließend Latein?«

Wieder dachte Publius angestrengt nach: »*Ita'st,* aber ...«

»Aber?«

»Es klang irgendwie komisch.«

»Wie meinst du das?«

Aus dem, was der Junge dann mit einfachen Worten umständlich berichtete, konnte man schließen, daß es sich um einen Gallier oder Germanen handelte. Dazu paßte auch das rote Haar und die auffallende Größe.

»Ich danke dir.« Sie gab ihm die beiden Denare, und Publius griff sich den Hocker. »Wenn du ihn in ein paar Tagen wieder abholst, bekommst du noch einen Denar.«

»Danke!«

Er verließ die Wohnung.

Tillia wartete einige Augenblicke, verfolgte vom Fenster aus, wie sich Publius mit dem Hocker auf den Weg zum Tischler machte, legte sich ein Tuch um und verließ selbst die Wohnung.

Zielsicher überquerte sie die Straße und betrat die Gaststube des »Siebengestirns«, wo sie von Placida wedelnd begrüßt wurde. Sofort fragte Cyrus, der hinter der Theke stand, nach ihrem Begehr, und sie bestellte sich für den Abend ein kleines Essen mit einem süßen Nachtisch. Cyrus notierte alles auf einer Wachstafel und versprach, alles pünktlich bringen zu lassen.

»Hast du noch einen Wunsch, Herrin?«

»*Ita'st, Cyre...*« Sie blickte sich im halbgefüllten Raum um. »Kann ich dich einmal sprechen? Ich meine, unter vier Augen?«

»Aber gern, Herrin.« Er verbeugte sich.

Sie gingen in einen Nebenraum, und Cyrus schloß die Doppeltür.

»Ich brauche eine Auskunft über einen jungen Mann, der...« Und dann beschrieb sie ihm den Sklaven nach den Angaben, die Publius ihr gemacht hatte. »Ich muß wissen«, schloß sie, »wer sein Herr ist. Er hat etwas abgegeben, ohne zu hinterlassen, in wessen Auftrag er gekommen ist. Du verstehst?«

»Ich verstehe...« Er verstand gar nichts, aber die Gäste des Hauses traten oft mit den sonderbarsten Anliegen an ihn heran.

»Hör dich doch bitte einmal um! Es soll nicht dein Schaden sein.« Sie steckte ihm einige Silbermünzen zu, die er mit einer erneuten Verbeugung an sich nahm. »Wenn du was in Erfahrung bringst, laß es mich wissen!«

»Selbstverständlich!«

Cyrus begleitete sie bis zur Tür.

Tillia eilte davon, in Richtung des Tempels der Iuno Lucina. Hier lungerten den ganzen Tag über Bettler herum, die die Besucherinnen des Heiligtums um ein Almosen baten, was sie nur selten bekamen. Ohne Scheu näherte sie sich einer älteren zerlumpten Gestalt und sprach sie an: »*Salve, Albine!* Wie geht's denn so?«

»Ach, Herrin«, entgegnete Albinus mit zittriger Stimme, »die Zeiten sind hart, die Menschen schlecht, die Götter ungerecht...« Sogar während er mit Tillia sprach, hielt er vorbeikommenden Passanten die offene Bettelhand hin.

»Na, na, na!« tadelte Tillia und betrachtete ihn lächelnd. »So schlecht geht es dir aber nicht! Hast wieder Fett angesetzt!«

»Fett?« Er hüstelte. »Das ist Wasser! Wasser ist das!«

Er hätte wohl noch lange über seinen Zustand geklagt, wenn Tillia nicht hartnäckig zum Thema gekommen wäre: »Hier, das sind zehn Denare als Anzahlung...«

»Als Anzahlung? Wofür?« stammelte der Alte überrascht und ließ die Münzen in seinem Brustbeutel verschwinden.

Tillia erklärte es ihm und sagte am Schluß: »Wenn du was hörst, laß es mich wissen!«

»Für dich tu ich zwar nicht alles – aber viel!«

»Ich komme morgen wieder vorbei.«

»*Bene.* Ich freue mich. Die Götter sollen dich beschützen und dir ein langes Leben schenken!«

»... damit du mich noch lange anzapfen kannst, nicht wahr!« Beide grinsten sich an. »Frag auch deine Freunde! Ich muß das wissen!«

Albinus kam nahe heran: »Worum geht es denn eigentlich?«

»Um ein unschuldiges Mädchen.«

»Ist sie auf die schiefe Bahn geraten?«

»So ähnlich, ja. Und ein Lump will den Vater erpressen. Dieser Sklave ist sein Bote.«

Und Albinus: »Kannst auf mich zählen. Habe ein Herz für unschuldige Mädchen.«

»Das kannst du nun unter Beweis stellen. Wenn du mir den Namen nennst, gibt's noch mal zehn Denare.«

Schon zwei Tage später nannten ihr ihre Spitzel einen Namen: Sabidius.

Wieder in ihrer Wohnung angekommen, begab sie sich sogleich zu der Truhe, in der sie ihre Dokumente aufbewahrte, öffnete sie und kramte so lange, bis sie die Unterlagen, die sie suchte, gefunden hatte. Dabei murmelte sie: »Das trifft sich gut! ... Wie man sich doch in den Menschen täuschen kann ... Sabidius also ... Na, warte! Dir werd' ich's zeigen! Lump!«

Sie wußte, daß er auf dem Aventin wohnte. Unverzüglich suchte sie ihn auf und kam ohne Umschweife zur Sache: »Ich liebe es nicht, wenn eine meiner Freundinnen ohne eigenes Verschulden in Schwierigkeiten kommt...«

»Schwierigkeiten? Welche Schwierigkeiten? Was für eine Freundin?«

»Sagt dir der Name Antonia etwas?«

Sie sah, wie Sabidius zusammenzuckte; aber er erklärte scheinheilig: »Antonia? Es gibt viele Frauen mit diesem schönen Namen...«

»Aber nur eine, die die Tochter des Kaiserlichen Bauleiters Lucius Tarquinius Corvus ist!« Und sie zitierte: »*...ein Freund, der es gut meint...*«

Und ohne ihm eine weitere Gelegenheit zu geben, sich herauszuwinden, fuhr sie ihn an: »Ich habe keine Lust, mit dir zu diskutieren. Ich möchte dir nur dies mitteilen...« Sie wurde ganz leise, doch was sie sagte, hatte das Gewicht eines Richterspruchs: »Solltest du es wagen, weiterhin Druck auf Tarquinius und seine Tochter auszuüben, werde ich meinen Anteil an deinem Geschäft zurückziehen. Was das unter den gegebenen Umständen für dich bedeutet, brauche ich dir nicht zu erklären. Ich glaube, wir haben uns verstanden.«

Ohne einen Gruß verließ sie seine Wohnung. Und sie fühlte sich gut.

Das letzte *consilium*

Mitte April waren endlich alle wesentlichen Arbeiten am Bau abgeschlossen. Der Kaiser rief die zuständigen *procuratores* – die Spitzenbeamten der kaiserlichen Kanzlei –, den Chefarchitekten, den Obersten Bauleiter, die ihm unterstellten Abschnittsleiter und Caelius zu einer abschließenden Konferenz zusammen. Die Sitzung fand im Palast statt. Beginn: eine Stunde nach Sonnenaufgang. Man saß um einen riesigen rechteckigen Tisch. Der Kaiser hatte am Kopfende Platz genommen. Sein Stuhl hatte eine höhere Lehne als die der übrigen Teilnehmer. Rechts von ihm saß der *procurator a rationibus*, links der *curator operum publicorum* Flavius Sabinus. Sein Auge zuckte in einem fort, auch hob er aus nicht ersichtlichem Anlaß immer wieder die rechte Schulter. Neben ihm saß ein Mann, den man bisher nicht in dieser Runde gesehen hatte.

Tarquinius und Rabirius hatten ihre Plätze an der Längsseite rechts – vom Kaiser aus gesehen, und das war eine Auszeichnung! – in unmittelbarer Nähe des Imperators; neben ihnen Caelius. Ihnen gegenüber die Abschnittsleiter und die Mechaniker der Seilzüge, ferner je ein Vertreter der Transportunternehmer und der Bildhauer. Dem Kaiser gegenüber, am anderen Kopfende, ein hoher Offizier der Kriegsmarine.

Alle Anwesenden, auch der Kaiser, waren in der Toga erschienen.

Hinter den Stühlen einiger Teilnehmer standen deren Sekretäre an Stehpulten, jederzeit bereit, Anweisungen ihrer Chefs zu notieren.

»Sag mal...« – beugte sich Tarquinius flüsternd zu Rabirius – »wer ist das da neben Sabinus?«

Rabirius wollte antworten, doch in diesem Augenblick ergriff Titus das Wort: »Ich eröffne die – wie ich hoffe – letzte Sitzung des *consiliums**, und ich erwarte, daß wir hier und heute das Unternehmen zu einem guten Abschluß bringen.«

Er schaute freundlich in die Runde und registrierte, wie einige beifällig nickten.

»Ich habe zwei Männer hinzugezogen, die bisher nicht an unseren Besprechungen teilgenommen haben, deren Anwesenheit aber für die bevorstehende Einweihung des Amphitheaters von einiger Bedeutung ist. Papirius Carbo« – er wies auf den Marineoffizier – »wird das Kommando über die Seesoldaten haben, die die Seilzüge des Sonnensegels betätigen werden.«

Papirius machte im Sitzen eine Verbeugung.

»Dann möchte ich euch den Römischen Ritter Lucius Laberius Maximus vorstellen...« Es war der Mann neben Sabinus, nach dem Tarquinius sich erkundigt hatte. »Ich habe ihn ja kürzlich zum *praefectus annonae*** ernannt. Zusätzlich ist er für die Dauer der Spiele im Amphitheater als *procurator ludorum* für deren ordentlichen Ablauf zuständig. Und als solcher hat er, soweit es um organisatorische Fragen geht, Weisungsbefugnis.«

Laberius, der wie ein alter Haudegen aussah, verzog keine Miene, sondern nickte nur einmal kurz. ›Das kann ja heiter werden‹, dachte Tarquinius und warf

---

* Ein *consilium* ist eine beratende Versammlung
** Der *praefectus annonae* war für die Getreideversorgung Roms zuständig. Laberius war 71 procurator von Iudaea

Rabirius aus den Augenwinkeln einen Blick zu, den dieser erwiderte: Sie dachten das gleiche.

»*Ad rem* – zur Sache! Bitte, Sabinus, würdest du die Gesprächsleitung übernehmen!«

»Gerne, Imperator!« Er zuckte. »Punkt eins: Die Betätigung der Seilzüge ...«

So wurden im Verlauf der nächsten drei Stunden sämtliche Bauabschnitte und mechanischen Konstruktionen der Reihe nach durchgesprochen, und die zuständigen Fachleute hatten kurz darüber zu referieren. Hin und wieder stellte der Kaiser Zwischenfragen, und auch die Kollegen wollten hier und da genauere Informationen haben.

Zum Schluß ergriff Titus wieder das Wort: »Die Arbeit ist getan, das Werk vollbracht. Wie ihr mir versichert habt, ist nichts mehr zu tun, was die Funktionsfähigkeit des Theaters betrifft. Darum ordne ich an: Der Bauzaun soll abgerissen werden! Die Bürger dieser Stadt und Italiens, die Bewohner der Provinzen, die Fremden aus fernen Reichen, die bei uns zu Gast sind – sie alle können, dürfen, ja sollen sich das Werk anschauen, um sich einen Eindruck des Ganzen zu verschaffen! – Tarquinius!«

»Herr!«

»Wie lange braucht ihr für die Beseitigung des Zauns, der Gerüste und Kräne, des Bauschutts und der Materialien, die nun nicht mehr gebraucht werden?«

Tarquinius dachte kurz nach und erklärte: »Acht bis zehn Tage.«

»Sehr gut! Dann kann das Theater an den Iden des Mai* eingeweiht werden!«

---

* 15. Mai

Ganz Rom verfolgte gespannt, wie die Verschalungen und Gerüste vom Theater entfernt wurden, wie nach und nach das steinerne Wunderwerk Gestalt annahm und in seiner ganzen monumentalen Schönheit und Erhabenheit zum Vorschein kam. Die Begeisterung der Bürger ging bisweilen so weit, daß sie, wenn ein weiterer Abschnitt freigelegt war, spontan Beifall klatschten.

Und man hörte immer wieder diesen und jenen sagen: »Wenn das der alte Kaiser noch erlebt hätte!« Wußten sie doch alle, daß sie diesen herrlichen Bau, der auf dem Erdkreis nicht seinesgleichen hatte, Vespasianus zu verdanken hatten.

So murrten denn auch einige, die des Lesens kundig waren, als sie die Inschrift lasen, die an einem der Eingänge im Innern der Halle angebracht worden war:

IMP·T·CAES·VESPASIANVS·AVG
AMPHITHEATRVM·NOVVM
EX·MANVBIS·FIERI·IVSSIT

»Was steht denn da?« wollte ein zittriger alter Mann wissen, der nicht lesen konnte und außerdem schwerhörig war. Und der des Lesens kundige junge Mann neben ihm – er war Buchhändler – las ihm den Text vor: »Da steht: DER IMPERATOR TITUS CAESAR VESPASIANUS AUGUSTUS ORDNETE AN, DIESES NEUE AMPHITHEATER AUS DER KRIEGSBEUTE ZU ERRICHTEN.«

»Wer?« fragte der Alte und hielt die Hand hinters Ohr.

»Der Imperator!«

»Welcher?«

»Titus!«

»Titus?« Ein anderer Bürger war dazugetreten, studierte die Inschrift, schüttelte den Kopf und sagte: »Wieso Titus? Vespasianus hat doch den Grundstein dieses Baus gelegt!«

»Das meine ich auch!« sagte der Buchhändler und nickte energisch.

Ein vierter kam dazu und mischte sich ein: »Aber es war doch Titus, der den Krieg in Iudaea gewonnen hat! Dann darf er auch seinen Namen anbringen. Das Amphitheater ist ja aus der Kriegsbeute des Titus errichtet worden!«

Und ein fünfter: »Na, was soll's! In dem Namen sind ja sowieso beide drin. Der Alte hieß doch auch Titus mit Vornamen!«

Da meldete sich der Schwerhörige noch einmal zu Wort: »Schön und gut: *fieri iussit* – Er befahl es zu errichten... Aber die Idee stammt vom Alten!... vom Alten! Und nicht von Titus!«

Letzte Vorbereitungen

Als bekannt wurde, daß der Termin vom Kaiser auf den 15. Mai festgesetzt worden war, fieberte die ganze Stadt geradezu der Eröffnung des Ampitheaters und dem Beginn der Spiele entgegen. Es sickerte durch, daß das Ereignis hundert Tage lang gefeiert werden sollte. Hundert Tage! Das hatte es noch nie gegeben! Das Programm – so wußten Übereifrige zu berichten – sei einzigartig: Am ersten Tag Gladiatorenkämpfe der besten Fechter des *Ludus Magnus!* Dann Tierhetzen, wie man sie noch nie gesehen hatte! Tausende von Tieren aus Africa und Asia seien herangeschafft worden! Und eine regelrechte Seeschlacht werde es geben, bei der die Arena des Amphitheaters unter Wasser gesetzt werde.

Antonia nahm all diese Nachrichten mit gemischten Gefühlen auf. Sie interessierte nur dies: Mußte Verus bei den Eröffnungskämpfen in die Arena?

Sie konnte nicht wissen, daß der Kaiser sich längst entschieden hatte.

Verus hatte im Laufe des letzten Jahres fünf Kämpfe durchgestanden und alle seine Gegner überwunden. Nur in einem Fall hatte das Publikum gefordert, daß der Sieger, also Verus, den Unterlegenen töten sollte. Doch der Spielgeber – ein junger Senator, der gerade Quaestor geworden war – hatte dies abgelehnt. Er hatte viel Geld in die Ausbildung seiner Leute gesteckt und sich dabei hoch verschuldet. Natürlich murrte das Publikum darüber, doch der Quaestor blieb bei seiner Entscheidung.

Als Antonia davon erfuhr, fiel ihr ein Stein vom Herzen. Bisher war Verus nicht in die Lage geraten, den unterlegenen Gegner töten zu müssen, weil der *lanista maximus* ihm stets gleichrangige Kämpfer entgegengestellt hatte, die glänzend fochten. Sein Freund Priscus war – auf ausdrücklichen Befehl von Titus – ausgenommen.

Die Kontakte zwischen Antonia und Verus waren in diesen letzten Apriltagen auf kurze Briefe beschränkt. Es war Tillia Capriola tatsächlich gelungen, Sokrates, den alten Freund von Crescens, zu überreden, den Liebesboten zu machen. Das war nicht einmal schwierig gewesen.

»Ha!« hatte Sokrates ausgerufen. »Wenn du wüßtest, welche Damen der besten Gesellschaft im Ludus ein und aus gehen!«

»Ich weiß es«, sagte Tillia. »Und ich kenne diese Flittchen. Aber hier handelt es sich um etwas anderes...« Und dann hatte sie ihm die Geschichte von Verus und Antonia erzählt.

»Das ist allerdings schlimm!« hatte der alte Kämpe gebrummt. »Werde mich um die beiden kümmern. Hatte selbst mal so ein Verhältnis. Ist verdammt lange her...« Er rieb sich sein Stoppelkinn, daß es knisterte. »Wurde dann auch nichts auf Dauer. Ihr Alter war dagegen. Ein Bäcker. In den Hades mit ihm! – Aber da ist er ja schon...« Dann sah er Tillia sehr ernst an: »Wir müssen zusammenhalten, altes Mädchen! Du hast das schon richtig gemacht!«

Er ließ offen, ob er damit ihr zurückliegendes Verhältnis zu Crescens oder ihren Einsatz für Antonia meinte. Als sie ihm Geld zustecken wollte, wehrte Sokrates beleidigt ab: »Wofür hältst du mich?! Ist mir eine Ehre! Gib lieber dem armen Kind was, wenn ihr Alter sie rausschmeißt. Darauf wird's ja wohl hinauslaufen. Kenne das. Faseln immer von bürgerlicher Ehre, diese Leute. Spucken auf unsereinen. Aber ihren Spaß woll'n sie haben! Die Welt ist ungerecht, Tillia!«

»Wem sagst du das!«

Er hieß eigentlich nicht Sokrates, sondern hatte einen orientalischen Namen, der allerdings für einen Römer unaussprechlich war. Sokrates hatten seine Kameraden ihn genannt, weil er mit absoluter Todesverachtung in einen Kampf ging, darin dem großen griechischen Philosophen ähnlich, der, ohne mit der Wimper zu zucken, den Giftbecher trank, nachdem man ihn in Athen zum Tode verurteilt hatte. Doch auch sonst besaß er eine Ruhe des Gemüts, die sich durch nichts erschüttern ließ. Hatte er doch einige hundertmal dem Tod gegenübergestanden.

Von einem Teil ihres ersparten Geldes, das sie in einer kleinen Geldkiste in ihrem Zimmer aufbewahrte, erstand Antonia – natürlich über Tillia – bei Nymphidius ein Amulett aus Silber: Auf der Vorderseite des denargroßen Plättchens war Venus, auf der Rückseite Hercules abgebildet; man konnte es mit einem feinen Silberkettchen am Hals tragen. Und Verus verstand die Botschaft: Venus und Hercules waren die Gottheiten, die besonders die Liebenden und die Kämpfer beschützten!

Zwei Tage vor der Eröffnung der Spiele im *Amphitheatrum Novum* erschien der Kaiser im *Ludus Magnus* und setzte sich mit Perdikkas, dem *lanista maximus,* zusammen, um das Programm der ersten drei Tage durchzugehen.

Perdikkas referierte kurz: »Am ersten Tag – nach der Verteilung der Geschenke des Kaisers an das Publikum – Einzelkämpfe!«

Titus nickte.

»Am zweiten Tag Gruppenkämpfe.«

»Einverstanden. Weiter!«

»Am dritten Tag Tierkämpfe!«

Titus ließ sich genau erklären, welche Tiere vorgesehen waren, und war einverstanden. Dann kam er auf den Eröffnungstag zurück: »Du weißt, wen ich bei den Eröffnungskämpfen sehen will?«

»Gewiß, Herr! Das hatten wir ja schon seit langem so vorgesehen.«

»*Bene*. Wie ist die Verfassung der beiden?«

»Ausgezeichnet, Herr.«

»Sind sie gesund? Ich meine, absolut gesund?«

»Absolut, Herr!«

»Wissen sie schon davon, daß sie gegeneinander...?«

»Nein, natürlich nicht.«

»Das ist gut. Du wirst es ihnen auch erst morgen mitteilen.«

»Jawohl!«

»Und morgen früh schickst du deine Ausrufer durch alle Viertel der Stadt, damit sie bekanntgeben, wer bei den Eröffnungskämpfen gegen wen antritt!«

»Ich werde es!«

»Du weißt, wie gespannt ganz Rom auf die Paarungen ist.«

»Ich weiß es, Herr!«

»*Bene*... Was hältst du davon, wenn wir den Kampf unserer beiden an die dritte Stelle setzen?«

»Das ist gut, Herr. Drei ist eine gute Zahl.«

»Also dann ... Noch Fragen?«

»Keine Fragen, Herr!«

Titus betrachtete nachdenklich seinen Siegelring: »Sag mal...« Er schaute Perdikkas an. »Sind die beiden immer noch befreundet?«

»Sie sind es, Herr! Sie sind wie Zwillinge!«

»Hm. – Also dann, schick morgen früh die Ausrufer durch die Stadt! Wenn du noch Leute brauchst, fordere sie beim *procurator ludorum* an!«

»Jawohl!«

Wo ist Antonia?

Am Morgen des 14. Mai, gegen die dritte Stunde*, machte Antonia sich fertig, um zusammen mit Thais und den Sklavinnen für den morgigen Festtag Käse, Fleisch, Wurst und Gemüse einzukaufen. Ihre Mutter hatte angeordnet, daß Antonia mit Thais zusammen die Vorbereitungen für das Festessen im neuen Haus zu überwachen hatte. Wie Tarquinius es gehofft hatte, waren die Renovierungsarbeiten tatsächlich pünktlich zum Tage der Eröffnung des Theaters abgeschlossen. Für Antonia bedeutete dies, daß sie die Eröffnungsspiele nicht sehen würde. Wollte die Mutter sie so strafen? Oder fürchtete sie den Skandal in letzter Sekunde? Antonia wußte es nicht.

Sie war gerade damit beschäftigt, den Gürtel in Hüfthöhe um die *palla*** zu legen, als durch das offene Fenster seltsam dumpfe Geräusche ins Zimmer drangen, die immer lauter wurden. Erst allmählich erkannte sie, daß es sich um Trommeln handelte.

Plötzlich verstummten die Trommeln, und ein Ausrufer begann: »Im Namen des Kaisers!... Bürger von Rom!... Das neue Amphitheater wird morgen eröffnet... Nach der feierlichen Einweihung zur zweiten Stunde beginnt das Programm der Spiele zur dritten Stunde... Es warten viele Überraschungen auf euch!... Höhepunkt des ersten Tages werden Kämpfe der besten Gladiatoren des *Ludus Magnus* sein!...«

---

* Also nach 9 Uhr
** Die *palla* ist das Obergewand der römischen Frauen

Antonia trat in den Schatten des Fensterladens und hielt einen Augenblick den Atem an. Der Ausrufer fuhr fort: »Erstes Paar: Bucar gegen Bibrox! ... Zweites Paar: Byblos gegen Acco! ... Drittes Paar: Verus gegen Priscus! ... Am Nachmittag ...«

Das Weitere nahm sie nicht mehr auf. Sie mußte zu Verus! Sie mußte ihn sprechen!

»Vergeßt nicht, eure *tessera** mitzubringen! Ohne *tessera* wird niemand eingelassen. Der Eintritt ist frei!« rief der Bote.

Sie erschrak: Sie hatte keine *tessera*! Der Vater hatte alle Marken der Mutter gegeben. Aber sie mußte ins Theater! Also mußte sie einen anderen Weg finden, um hineinzukommen.

Thais klopfte an die Tür und fragte: »Bist du fertig?«

»Ich komme!« gab sie in gespielter Fröhlichkeit zur Antwort, zupfte an den Falten der *palla* und verließ das Zimmer.

»Zu schade, daß wir die Eröffnungsspiele nicht sehen werden«, sagte Thais.

Antonia lächelte und schwieg.

Schon eine halbe Stunde vor Sonnenaufgang wurde am nächsten Morgen im Erdgeschoß des Hauses, das dem »Siebengestirn« gegenüberlag, die Haustür geöffnet, eine junge Frau beugte sich vor, schaute prüfend nach links und rechts und schlüpfte nach draußen. Im Osten begann sich der Himmel zu röten. Doch war niemand unterwegs, denn der Tag war zum Feiertag erklärt worden, Läden und Werkstätten blieben heute geschlossen.

---

* Gemeint ist die metallene Eintrittsmarke, auf welcher der Abschnitt der Tribüne und die Sitzreihe eingestanzt waren

Antonia hatte einen Zug im Gesicht, der jeden, der sie kannte, hätte erschrecken lassen: So schaute jemand, der zu allem entschlossen war.

Sie hielt sich im Schatten der Arkaden und eilte mit flinken Schritten nach links davon. Es war der gleiche Weg, den ihr Vater an jedem Morgen genommen hatte, wenn er zur Baustelle des Amphitheaters ging. Doch heute würde er erst zur zweiten Stunde dort eintreffen, würde in der Nähe des Kaisers Platz nehmen und der feierlichen Eröffnungszeremonie beiwohnen. Sie wußte, wie sehr er sich darauf freute und wie stolz er darauf war, an der Seite des Kaisers sitzen zu dürfen.

Eine Stunde später würden sich die übrigen Familienmitglieder einfinden. Die Frauen hatten ihre Plätze auf dem obersten Rang, gleich unterhalb des Sonnensegels, die Männer auf der dritten und zweiten Tribüne von unten. Auf der ersten saßen die Senatoren und Ritter. So hatte es der Kaiser in Absprache mit dem *procurator ludorum* bestimmt.

Aber das alles interessierte sie jetzt nicht. Sie mußte versuchen, ihn, Verus, vor dem schrecklichen Kampf noch zu sehen – lebend zu sehen! – und mit ihm zu sprechen. Sie war sich im klaren darüber, daß es fast unmöglich sein würde, an diesem Morgen Zutritt zum *Ludus Magnus* zu bekommen, doch sie mußte es versuchen.

Und sie schien Glück zu haben: Das Portal stand zu dieser frühen Stunde schon offen. Hin und wieder verließ irgendein untergeordneter Beamter das Gebäude, andere gingen hinein. Antonia entschloß sich, einen Versuch zu wagen. Sie ging keck auf den Eingang zu – und wurde prompt von einem bewaffneten Posten angehalten: »Halt! Du kannst hier nicht durch!«

Verzweifelt suchte sie nach einem gewichtigen Grund, fand aber keinen anderen als den wirklichen: »Ich ... ich muß mit Verus sprechen! Mit Titus Sextius Verus!«

»Das geht nicht.«

»Warum nicht?«

»Weil es nicht geht!«

Sie erkannte, daß es sinnlos war, sich auf eine Diskussion einzulassen. Der Posten hatte offenbar klare Anweisungen. Einen Augenblick lang spielte sie mit dem Gedanken, sich als die Tochter des Obersten Kaiserlichen Bauleiters vorzustellen – doch unterließ sie es: nicht, weil sie Skrupel gehabt hätte, ihren Vater in diese Geschichte hineinzuziehen, sondern weil der Posten wohl auch dieser Begründung kein Gehör geschenkt hätte.

»Kannst du ihm denn wenigstens einen Gruß ausrichten?« fragte sie.

»Nein.«

»Warum nicht?«

»Das wollen sie alle. Dann müßte ich hundert Namen nennen!«

Resigniert nickte sie, denn sie wußte, daß Verus von vielen Frauen Roms angehimmelt wurde. Wortlos zog sie sich zurück.

Sie ging hinunter zum *Forum Boarium* und weiter zum *Circus Maximus*. Kein Mensch weit und breit. Und weiter zum Tiber. Auch hier ruhte heute die Arbeit. Die verankerten Schiffe bewegten sich leicht in den Wellen des Flusses hin und her.

»Na, Kindchen, was machst du denn um diese Zeit hier so mutterseelenallein?«

Sie schrak zusammen. Es war ein Bettler. Ein alter,

wie sie erleichtert feststellte. Sie ließ ihn ohne Antwort stehen und wanderte ziellos durch die Stadt, über das Forum, zum Marsfeld und wieder zurück. Noch zwei Stunden bis zum Beginn der Feierlichkeiten...

Etwa um die gleiche Zeit wunderte sich Antonia, die Mutter, daß ihre älteste Tochter nicht zum Frühstück erschien.

»Thais!«

»Herrin!«

»Schau nach, wo Antonia bleibt!«

Wenige Augenblicke später kam Thais zurück und erklärte: »Sie ist nicht in ihrem Zimmer.«

»Waaas?« Antonia stand auf und ging selbst hinüber. Das Bett schien eilig und nachlässig gemacht worden zu sein.

»Hast du«, fragte sie Thais, »hast du sie heute morgen schon gesehen?«

»Nein, Herrin.«

Antonia ging durch alle Räume. Und allmählich wurde ihr klar, daß ihre Tochter das Haus verlassen hatte. Um aber sicher zu gehen, ging sie nach oben, auf den Speicher, und untersuchte jeden Winkel, freilich umsonst.

Als sie wieder herunterkam, stand Tillia Capriola in der Tür und fragte freundlich: »Gehst du mit zur Eröffnung?«

»Wie? – Ja, natürlich.«

Tillia merkte auf der Stelle, daß etwas nicht in Ordnung war, denn Antonia hatte einen Zug im Gesicht, der große Angst ausdrückte.

»Kann ich ... kann ich dir helfen, Antonia?«

Antonia sah sie sehr traurig an: »Wer kann da schon helfen ...«

In diesem Augenblick rief Tarquinius von unten ungeduldig: »Es wird Zeit, Antonia!« Und da seine Frau nicht gleich antwortete, fügte er besorgt hinzu: »Ist etwas nicht in Ordnung?«

»Antonia ist verschwunden!« rief sie hinunter, und sie war den Tränen nahe.

Nun kam Lucius die Treppe heraufgestürmt und fragte fassungslos: »Sie ist nicht im Haus?«

»Nein.«

»Verzeiht!« mischte sich Tillia Capriola ein, und ihr Gesicht war sehr ernst: »Handelt es sich um eure Tochter Antonia?«

Die Mutter nickte. Nun kam auch Tarquinius dazu, und er schüttelte fassungslos den Kopf: »Was soll denn das? Wieso verschwindet sie einfach, ohne uns Bescheid zu sagen? Sie kann doch nicht alleine…!« Er wandte sich an ihre Nachbarin: »Tillia, ist sie bei dir?«

»Nein. Aber ich kann mir denken, wo sie ist…«

Alle starrten sie an, und sie fuhr fort: »Es gibt jetzt nur einen Ort, wo sie hingehört! – Bitte, kommt für einen Augenblick herein! Ich habe euch etwas zu erklären!«

»Du?« Es war Tarquinius, der das fragte.

»Aber ja!«

Auf Leben und Tod

Etwa um die gleiche Zeit ging Verus den Gang im ersten Obergeschoß des *Ludus Magnus* entlang und klopfte an die Tür von Priscus' Unterkunft.

»*Intra* – Herein*! Es ist offen!« rief Priscus.

»*Salve!*« Verus sah sich im Zimmer um, das – wie sein eigenes – spartanisch karg eingerichtet war: ein Bett, zwei Hocker, eine Truhe, ein Regal, ein Tisch an der Rückwand, die Wände weiß getüncht. Schwert, Schild, Helm, Koller, Beinschienen lagen bereit auf dem Bett.

Verus ging zu dem Wandtisch: »Oh! Eine Bronzestatuette des Hercules!«

Der nackte Heroe** stützte sich auf seine Keule.

»Seit wann hast du sie?«

»Seit ein paar Tagen. Gefällt sie dir?«

»Sehr!« Er betrachtete sie von allen Seiten. »Die war aber nicht billig – oder?«

»Ein Geschenk ... von einer Verehrerin.«

»Ah, verstehe ...« Vor einer Woche noch hätte er diese Mitteilung ironisch kommentiert, doch heute sah er den Freund ernst an: »Wie hast du geschlafen?«

»*Bene* – gut. Und du?«

»Es geht ...«

Priscus studierte aufmerksam das Gesicht von Verus, dann sagte er: »Ich habe das kommen sehen ...«

»Was?«

»Daß er uns heute in die Arena schickt!«

---

* Wörtlich: »Tritt ein!«
** Ein Heroe ist ein Halbgott

»Wer?«

»Titus!«

»Wie kommst du darauf?«

»Hast du vergessen, wie er uns vor einem Jahr zu einem Schaukampf gegeneinander antreten ließ?«

»Nein, natürlich nicht, aber...«

»Er hat eine Vorliebe für Thraker. Und du hast ihm besonders gefallen.«

»Bist du sicher?«

»Aber ja doch! Er vergißt nie etwas, wenn es ihn interessiert.«

Verus nickte langsam. Dann sagte er leise: »Ich bin gekommen, um mich von dir zu verabschieden...«

»Verabschieden?« Priscus spielte den Optimisten. »Wir sehen uns doch gleich in der Arena wieder!«

»Laß den Quatsch!«

Priscus wußte genau, was Verus meinte, und er baute sich vor ihm auf: »Du weißt, das ist unser Geschäft! Wie's heute ausgeht, wissen die Götter. Versprich mir, daß du nicht aus Freundschaft zu mir weniger tapfer kämpfst!« Er sah ihn mit einem durchdringenden Blick an. »Du wirst dich schlagen, als ob du deinem größten Feind gegenüberstehst! Und ich sage dir: Ich werde dir nichts schenken!«

»In Ordnung«, sagte Verus. Sie umarmten sich so fest, daß die Knochen knackten. »Wenn ich unterliege...«

»Das ist noch nicht ausgemacht!« rief Priscus.

»Wenn ich unterliege«, fuhr Verus unbeirrt fort und hielt dem Freund eine Rolle hin, »bitte ich dich, diesen Brief dem Sokrates auszuhändigen. Er weiß, wem er ihn zu übergeben hat.«

»Du kannst dich darauf verlassen.«

Antonia war vom *Ludus* zurück zum Amphitheater gegangen, hatte den Riesenbau an der Nordseite langsam umrundet und sich einem der Eingänge genähert. Sie war nicht die einzige, die schon zu so früher Stunde hoffte, eingelassen zu werden. Ganze Gruppen und Familien kamen von allen Seiten heran und verglichen die Nummern ihrer *tesserae* – der metallenen Eintrittskarten – mit den Zahlen, die über den Gewölben eingemeißelt waren. Unter jedem der Bögen stand ein Sklave, der als Platzanweiser fungierte, und klärte die Leute auf, wenn sie sich an der falschen Seite befanden oder den falschen Eingang benutzen wollten; doch hielt sich das Durcheinander in Grenzen, weil die Vorgaben durch die Nummern eindeutig waren.

Für Antonia zählte nur eins: Sie mußte ins Theater! Sie würde, auch ohne *tessera,* einen Weg finden.

Unauffällig mischte sie sich unter eine der Gruppen und hoffte, in der Herde mitlaufen zu können.

Doch als sie vorne ankam, sprach der Theaterdiener sie an: »Deine *tessera,* Herrin!«

Antonia setzte ein verführerisches Lächeln auf und sagte: »Oh, ich habe sie in der Eile ganz vergessen mitzunehmen ...«

»Tut mir leid, Herrin, dann kann ich dich nicht einlassen!«

Antonia aber erklärte: »Ich könnte sie holen, aber dann komme ich zu spät und verpasse den Anfang!« Und sie lächelte dem Burschen freundlich zu.

»Tut mir leid, Herrin«, wiederholte dieser. »Ohne die *tessera* kann ich dich nicht durchlassen!«

Antonia wollte schon ein entrüstetes Gesicht machen und sich beschweren, als sich von links ein Mann näherte, an dessen Kleidung und wichtigtuerischem

Gehabe sie erkannte, daß er offensichtlich der Vorgesetzte des Einweisers war. Er machte vor Antonia eine elegante Verbeugung und wandte sich in ziemlich strengem Ton an den Einweiser: »Das ist die Tochter von Lucius Tarquinius Corvus, dem Obersten Kaiserlichen Bauleiter! Sie braucht keine *tessera*. – Bitte, Herrin!« Er verbeugte sich noch einmal, machte eine einladende Handbewegung und ließ sie passieren.

Sie atmete auf. Geschafft! Von ihrem Vater wußte sie, daß die Frauen sich auf den obersten Rang, gleich unter dem Sonnensegel, zu begeben hatten. Also schloß sie sich einer Gruppe römischer Damen an, stieg die steilen Treppen aufwärts und stützte eine ältere Matrone, die ganz außer Atem kam.

»Oh, ihr Götter!« seufzte die Alte. »Daß ich daß noch erleben darf! Aber die Treppen sind steil! Steiler als ich dachte! Man hätte doch ...« – sie holte tief Luft – »... auch an die alten Frauen denken müssen! Ich danke dir, mein Kind! Du bist sehr freundlich! Danke!«

Endlich oben angekommen, starrte Antonia wie gebannt in die Arena, die tief unter ihr lag. Von hier oben hatte sie das gesamte Areal voll im Blick – und ihr Herz krampfte sich zusammen. Sie war sich sicher, daß sie den Tod von Verus nicht überleben wollte. Ihr Blick wanderte zur obersten äußeren Balustrade. Von dort oben waren es sicher neunzig Fuß* bis auf den Vorplatz. Mit den Augen suchte sie bereits einen Weg hinauf ...

»Was das alles wohl gekostet hat!« riß die Matrone sie aus ihren düsteren Vorsätzen. Antonia nickte gedankenlos.

---

* etwa 27 Meter

»Aber es ist schön!« fuhr die Alte fort. »Sehr schön! Besonders dieses... dieses... Wie heißt es noch...?« Sie wies nach oben.

»Sonnensegel!« sagte Antonia.

»*Ita'st* – das Sonnensegel! Was das alles gekostet hat!«

Antonia nickte erneut und nahm vollkommen unbeteiligt wahr, wie sich allmählich die Ränge mit Menschen füllten.

Als Tarquinius, seine Frau Antonia und Lucius zusammen mit Tillia aus deren Wohnung traten, hatten alle ernste Gesichter. Tarquinius sagte: »Ich muß... Die Zeit drängt! Ihr kommt nach!«

Die anderen nickten, während Tarquinius, gleich zwei Stufen auf einmal nehmend, die Treppe hinabeilte. Lucius und Azes folgten ihm auf dem Fuße.

Tillia ging mit Antonia nach unten in deren Wohnung. Antonia bat sie, im Tablinum zu warten, denn sie müsse sich noch umziehen.

»Thais!« rief sie.

»Herrin!«

»Hilf mir beim Umziehen! Es eilt!«

»Sofort, Herrin!«

»Tut mir leid, Thais... Aber nun mußt du alles allein für das Festessen im neuen Haus vorbereiten.«

Thais hielt die Hände vor den Mund und stammelte mit ängstlich aufgerissen Augen: »Ihr habt sie also nicht gefunden?«

»Nein«, sagte Tillia. »Aber wir werden sie finden, nicht wahr, Antonia!«

Eine Viertelstunde später verließen Antonia und Tillia das Haus und eilten davon in Richtung Innenstadt. Sie nahmen denselben Weg, den Tarquinius täglich ging, nur etwas langsamer, denn Tillia kam leicht außer Atem. Immer noch strömten die Menschen zu Hunderten zum Amphitheater, und sei es nur, um den Einzug des Kaisers mit seinem Gefolge zu sehen; denn an diesem Tag der Eröffnung hatten nur ausgewählte Personen Zutritt. Das Theater faßte zwar über fünfzigtausend Menschen, aber die Stadt hatte eine Million Einwohner. Man hatte Wochen damit verbracht, diese Menschenmengen einzuordnen und nach einem geradezu strategischen Plan auf verschiedene Tage aufzuteilen. Tillia war stolz, zu den Auserwählten zu gehören, die den ersten Tag erleben durften. Sie wußte, daß Tarquinius dabei ein Wort mitgeredet hatte.

Als sie auf dem großen Platz vor dem Amphitheater ankamen, sagte Antonia besorgt: »Und du bist sicher, Tillia, daß sie da drinnen ist?«

»Ja, meine Liebe. Wo sollte sie sonst sein? In den *Ludus* kommt sie nicht hinein. Sie kann nur hier sein.«

Natürlich hatten sie ihre *tesserae* dabei und wurden von den Theaterdienern höflich zu den entsprechenden Eingängen und Treppen gewiesen.

Nun wurde es für Tillia schwierig, die steilen Treppen zu nehmen. Sie mußte mehrmals anhalten und warten, bis ihr Puls sich beruhigt hatte.

»Sie haben wieder mal nicht an alte Frauen wie mich gedacht!« schimpfte sie. »Aber nun ist es zu spät, das zu ändern. Man sollte es trotzdem den Kaiser wissen lassen! Im *Circus Maximus* ist das viel besser!«

So dauerte es einige Zeit, bis sie die oberste Tribüne, die den Frauen zugewiesen war, erreichten.

»Wir sollten uns trennen und in verschiedenen Richtungen nach ihr suchen!« schlug Tillia vor. Antonia war einverstanden. »Wir treffen uns dann wieder hier...«

Antonia ging nach der einen, Tilla entfernte sich nach der anderen Seite. Mit Argusaugen suchten sie in der Menge der hier versammelten Frauen jeden Alters nach dem Gesicht von Antonia. Manchmal meinten sie, es erkannt zu haben, doch bei näherem Hinsehen war es eine Fremde. Im übrigen ging Tillia davon aus, daß das Mädchen sofort in der Menge untertauchen würde, sobald sie ihre Mutter erblickte. So hätte sie selbst reagiert.

Sie trafen sich am Ausgangspunkt, hoben resigniert die Hände und wollten gerade die Runde noch einmal machen, als Fanfaren erklangen. Das war das Signal: Die Spiele wurden eröffnet.

Es war nun unmöglich, sich noch einmal durch die Menschen zu drängen. Schon mehrmals waren sie mit ärgerlichen Kommentaren bedacht worden. Also nahmen sie auf ihren Sitzen Platz, um das Geschehen unten zu verfolgen. Stolz wiesen sie sich gegenseitig darauf hin, daß Tarquinius in unmittelbarer Nähe des Kaisers in der Loge seinen Platz hatte, neben ihm Rabirius und die Prokuratoren.

Lucius und Azes saßen sicherlich irgendwo oberhalb der Ritterränge. Es war unmöglich, die beiden im Gewirr der Köpfe und Gestalten auszumachen.

Die Gespräche, die zuvor das riesige Rund wie ein ununterbrochenes Summen erfüllt hatten, waren verstummt. Ein Tor öffnete sich, und die Gladiatoren betraten die Arena. Sie wurden mit Beifall empfangen.

Antonia beugte sich zu Tillia Capriola und fragte leise: »Wer von ihnen ist es?«

»Der Thraker! Der zweite von links!«

»Der mit dem kleinen runden Schild, dem Krummschwert und den Beinschienen?«

»Genau, das ist Verus.« Sie sagte das in einer Weise, als ob Verus zu ihrem engsten Freundeskreis zählte – was Antonia nicht entging.

Einzelheiten waren von hier oben nicht zu erkennen, weil die Entfernung zu groß war und die Fechter ihren Helm trugen. Doch fiel Antonia seine große, muskulöse Gestalt und stolze Körperhaltung auf.

»Und wer ist sein Gegner?« wollte sie nun wissen.

»Ich denke...« – Tillia kniff mit Kennermiene die Augen zusammen – »der neben ihm, ein Samnite!«

»Der mit dem Dreizack?«

»Nein-nein, das ist ein *retiarius*. Er kämpft mit Dreizack und Netz! Der Samnite steht auf der anderen Seite! Der mit dem großen Schild und dem geraden Schwert! Er hat nur eine Beinschiene.«

Die Gladiatoren hatten vor der Kaiserloge Aufstellung genommen und hoben grüßend die Rechte. Titus antwortete mit der gleichen Geste. Dann gab er dem neben ihm sitzenden Laberius Maximus, dem Prokurator des Theaters, ein Zeichen. Laberius erhob sich, verbeugte sich vor Titus, verließ dann seitlich die Kaiserloge und verschwand in einem der Zugänge zu den Tribünen. Wenige Augenblicke später betrat er durch eines der Tore die Arena, nun begleitet von einigen seiner Beamten.

Sie gingen auf die Gladiatoren zu. Von oben war nur zu erkennen, daß Laberius ihnen offenbar einen Befehl gab, denn die Fechter hoben ihre Schwerter und reichten sie den Beamten, die sie sehr genau auf ihre Schärfe hin überprüften. Auch Laberius selbst begutachtete einige sehr genau. Anscheinend war er zufrieden, denn man sah, wie er mehrmals nickte. Dann entfernte er sich mit seinen Leuten und kehrte auf die Empore des Kaisers zurück.

Die Gladiatoren grüßten noch einmal zum Kaiser und marschierten dann unter dem Beifall des Publikums wieder hinaus. Zur gleichen Zeit betrat von der gegenüberliegenden Seite eine andere Truppe die Arena: die Vorkämpfer, die mit stumpfen Waffen gegeneinander antraten und dabei allerhand Späße zum Besten geben würden. Mit diesen Scherzen sollten die Zuschauer in Stimmung gebracht werden. Sie stellten sich an wie Tölpel, schlugen mit der Breitseite ihrer Schwerter wie mit Stöcken auf den Gegner ein, stellten ihm ein Bein, boxten ihn, gaben ihm eine Ohrfeige oder liefen in kindischer Angst vor ihm weg. Die Zuschauer lachten. Hin und wieder aber zeigten diese Männer, was sie gelernt hatten und fochten einige Passagen sehr hart miteinander, so daß man ahnte, mit anderen Waffen hätte das Gefecht einen tödlichen Ausgang genommen. Doch dann verfielen sie unvermittelt wieder in ihre Clownerien, und das Publikum klatschte artig Beifall.

In der folgenden Pause erklärte der Ausrufer: »Der Kaiser wird nun hölzerne Kugeln unter das Publikum werfen. Jede Kugel enthält einen Gewinn! Wer eine davon erhascht, kann sich später draußen bei der Ausgabestelle seinen Preis abholen!«

Titus erhob sich. Seine festliche Toga leuchtete. Er wartete, bis Ruhe eingekehrt war, und warf mit kräftigem Schwung die hölzernen Bälle, die ihm ein Sklave reichte, unter dem ausgelassenen Jubel der Menschen nach verschiedenen Richtungen ins Publikum. Die Kugeln waren mit bestimmten Zeichen versehen oder enthielten einen Bon, und je nachdem, welchen Ball einer fing, konnte er sich dafür im Anschluß an die Vorstellung bei der Ausgabestelle die Gewinne abholen: etwas zum Essen, ein kostbares Kleidungsstück, ein Silber- oder Goldgefäß, ja sogar Pferde, Tragtiere, Vieh oder Sklaven.

Dann wurde es ernst.

Nachdem die Vorfechter abgetreten waren, kündigte der Ausrufer den ersten Kampf mit scharfen Waffen an: »Als erstes Paar tritt nun Bucar gegen Bibrox an!«

Kenner wußten, daß Bucar schon zehn und Bibrox sechs Siege errungen hatte. Da es sich bei beiden um kaiserliche Sklaven handelte, würde es ein Kampf auf Leben und Tod werden. Bucar kämpfte als *murmillo* – mit Schild und Lanze, ohne Beinschienen – Bibrox als *thraex*.

Der Kampf ließ sich langsam an. Sie tänzelten eine Weile herum, machten Scheinangriffe, die vom Gegner prompt pariert wurden. Das Publikum reagierte schon unwillig und verlangte schärferen Einsatz. Doch es hätte dieser Ermahnungen nicht bedurft, denn plötzlich schleuderte Bucar seine Lanze – er hatte ein Stolpern des Gegners bemerkt – mit ungeheurem Schwung und durchbohrte Bibrox unterhalb der linken Schulter. Bibrox sank, tödlich getroffen, zu Boden.

Das Publikum klatschte Beifall. Lucius aber fiel ein, was Nymphidius damals im »Siebengestirn« zu diesen Kämpfen gesagt hatte: »Vor Gott sind alle Menschen gleich...« Er klatschte nicht.

Sklaven eilten mit einer Bahre herbei. Doch um sicher zu gehen, ob der Gefallene auch wirklich tot war, berührte ihn einer von ihnen mit einem glühenden Eisen – und als Bibrox keine Reaktion zeigte, legte man ihn auf die Bahre und trug ihn hinaus.

Während andere Sklaven, noch Kinder, den Sand der Arena umschaufelten, verließ Bucar, mit einem Palmzweig als Siegestrophäe geschmückt, die Arena als Sieger und kehrte in den *Ludus* zurück, wo er von Ärzten und Pflegern für seinen nächsten Einsatz wiederhergestellt wurde.

In der Pause warf der Kaiser wiederum seine Loskugeln unters Volk, und diesmal forderte er einige seiner Umgebung auf, mitzutun. Auch Tarquinius beteiligte sich an dem ausgelassenen Treiben.

Dann kündigten Fanfaren den zweiten Kampf an, und der Ausrufer nannte Namen und Gattung der Gladiatoren: »Byblos gegen Acco! Sie treten beide als *paegniarius* an!«

Dieser Kampf würde nicht tödlich ausgehen, da die *paegniarii* lediglich mit Schild und Lederpeitsche bewaffnet aufeinander losgingen. Da sie freilich keinen Kopfschutz trugen, bestand die Gefahr, daß sie sich im Gesicht schreckliche Verletzungen beibringen konnten. Byblos und Acco waren die Jüngsten des *Ludus*. Dies war ihre erste Gelegenheit, vor Kaiser und Volk ihr Können zu zeigen.

Der Kampf zog sich hin bis zur Erschöpfung. Beide trugen am ganzen Körper und am Kopf Blessuren davon. Ihre Gesichter und Rücken bluteten aus den Striemen und Rissen, die sie sich mit den Lederriemen zufügten. Sie kämpften, bis sie beide vor Erschöpfung nur noch wankten und sich kaum noch auf den Beinen halten konnten. Schließlich ließ der Kaiser Byblos zum Sieger erklären, weil er weniger Treffer und Wunden abbekommen hatte als Acco. Stolz verließ Byblos mit dem Palmzweig in der Hand die Arena, und es wurde beifällig aufgenommen, als er dabei seinem unterlegenen Gegner den Arm um die Schulter legte.

»Die beiden müssen wir uns merken!« nickte Titus zu Laberius hin, und dieser meinte: »Wir könnten sie an einem der nächsten Tage mit scharfen Waffen antreten lassen.«

»Einverstanden!«

In der Pause wurden wiederum Loskugeln unter die Menge geworfen, doch diesmal schickte Titus an die fünfzig Werfer durch alle Ränge des Theaters, damit alle Zuschauer eine Chance bekamen, eine der Kugeln zu erhaschen. Lucius hatte das Glück, eine zu fangen, und als er sie öffnete, traute er seinen Augen nicht: Auf dem innenliegenden Zettel war zu lesen, daß er ein Pferd gewonnen hatte! Um Fälschungen vorzubeugen, war das Los amtlich vom Prokurator des Theaters gesiegelt.

Diese Pause dauerte länger. Anschließend erwartete man den Höhepunkt des Vormittags, den Kampf zwischen den beiden besten Fechtern des *Ludus:* Verus und Priscus. Hunderte Sklaven gingen durch die Reihen und verteilten süßes Gebäck, Obst, Würstchen, gebratene Hähnchen, Wein und Wasser, doch nicht alle aßen, tranken und plauderten. Tillia und die Frau des Tarquinius warteten stumm. Ihre Blicke wanderten unruhig durch die Menge. Wo steckte Antonia?

Eine alte Frau, die ihre junge, auffallend blasse Nachbarin auf die Wirkung der Sonnensegel aufmerksam machen wollte, erhielt von dieser keine Antwort. Wie gebannt starrte Antonia auf das Tor, durch das Verus und Priscus kommen mußten.

Der Kaiser, der interessiert beobachtet hatte, wie die Tuchbahnen zum inneren Kreis gezogen wurden, nickte beifällig und beugte sich zu Rabirius und Tarquinius: »Alle Achtung! Es bleibt kühl wie im Atrium eines Hauses!«

Aber Tarquinius hatte kaum ein Ohr für das Lob.

Erneut Fanfaren! Die Gespräche verstummten. Ruhe kehrte ein im gewaltigen Rund. Fünfzigtausend Augenpaare richteten sich auf das Tor, aus dem die Gladiatoren treten würden. Als die beiden erschienen, verkündete der Ausrufer mit fast sich überschlagender Stimme: »Titus Sextius Verus und Marcus Aurelius Priscus!«

Sie wurden begeistert empfangen. Beide gehörten sie zur Elite des *Ludus,* ja sie galten als die besten Fechter der letzten Jahre. Nur einige Vertraute der beiden kannten den persönlichen Hintergrund: Verus hatte sich nach schlimmen Schicksalsschlägen dem *Ludus* verpflichtet, während Priscus, nachdem er als Sklave an den *Ludus* verkauft worden war, im »Spiel« mit dem Tode die einzige Chance sah, sich im wahrsten Sinn des Wortes die persönliche Freiheit zu erkämpfen. Allerdings wußten nur wenige, daß die beiden enge Freunde waren.

Ein Römer erklärte einem Ägypter, der noch nie Gladiatorenkämpfen beigewohnt hatte, die Bewaffnung der Kämpfer: »Verus kämpft als *thraex!* Er trägt den Visierhelm mit Busch, am linken Arm die Bandage, einen Schurz mit Leibgurt und zwei Beinschienen... Er verteidigt sich mit dem kleinen, runden Schild, der *parma,* und greift an mit dem gebogenen *gladius*... Priscus tritt als *samnis* an! Er trägt nur eine Beinschiene am linken Bein! Das rechte ist geschützt durch eine Wadenbinde, der rechte Arm durch eine Bandage! Sein Visierhelm hat Krempe und Busch! Sein Schild ist groß und sein Schwert gerade!«

Verus und Priscus marschierten durch die Arena auf die Loge des Kaisers zu und grüßten mit erhobener Rechter. Der Kaiser grüßte zurück.

Es wurde absolut still auf den Rängen. Tarquinius warf einen Blick auf den Kaiser und sah, daß er mit größtem Interesse die beiden Gestalten begutachtete, so wie man Pferde im *Circus Maximus* vor dem Rennen einschätzt, hingerissen von ihrer natürlichen Schönheit und in Erwartung ihrer Kraftentfaltung.

Verus und Priscus gingen langsam in die Mitte der Arena und nahmen gegenüber Aufstellung.

»Denk daran, was ich dir heute morgen gesagt habe!« erinnerte Priscus den Freund. »Ich werde dir nichts schenken!«

»Ich dir auch nicht!« gab Verus zurück.

Man sah, wie Verus ein Amulett aus dem Halsausschnitt holte, es an die Lippen führte und küßte. Einer jungen Frau auf der obersten Tribüne, die dies sah, gab es einen Stich durchs Herz.

Dann hoben beide ihre Schwerter und grüßten einander. Das wurde mit ermunterndem Beifall zur Kenntnis genommen.

Und schon ging Priscus zum Angriff über, er tänzelte vor seinem Gegner auf und ab, um ihn zu verwirren, und stieß unvermittelt mit seinem Schwert zu! Doch Verus parierte die Attacke mit dem Schild, und der Stoß glitt seitlich ab.

Im selben Augenblick holte Verus aus und traf den Schild von Priscus mit einem so gewaltigen Hieb, daß er eine Kerbe in die obere Kante schlug. Priscus mußte einen Schritt zurücktreten, um das Gleichgewicht zu wahren. Doch schon setzte Verus ihm nach, attackierte ihn mit einer Serie von drei, vier, fünf Schlägen. Priscus hatte Mühe, sie mit dem Schild zu parieren. Doch er stand!

Beifall!

Sie tänzelten umeinander herum... stießen zu... wehrten gewaltige Hiebe ab... Man hörte ihr Stöhnen in den unteren Rängen, wenn sie zuschlugen oder auf dem Schild getroffen wurden.

Vor den Augen der Zuschauer entwickelte sich ein Kampf, der seinesgleichen suchte: Beide Fechter waren in der besten Verfassung! Beide beherrschten nicht nur alle Feinheiten ihrer Kunst, sondern fochten mit einer so unglaublichen Leichtigkeit, Gewandtheit und absoluten Beherrschung der Technik, die man nur elegant nennen konnte!

Tarquinius registrierte, wie der Kaiser unkontrolliert seine Finger knetete. Er selbst mußte einigemale tief durchatmen, um seiner Erregung Herr zu werden. Er sah, daß es vielen ähnlich ging, aber für sie bedeutete der Kampf nichts als ein spannendes Schauspiel, für ihn aber ging es um das Glück seiner Tochter.

Was er nicht sah: Eine junge Frau auf dem obersten Rang war fast einer Ohnmacht nahe und kämpfte tapfer dagegen an.

Beide Fechter belauerten nun einander. Das scheinbar leichte Tänzeln war zwar noch da, doch es hatte eine andere Qualität bekommen: Sie beobachteten einander mit der Intensität und Wachheit von Wölfen, bereit, jede sich bietende Schwäche des Gegners augenblicklich auszunutzen und blitzschnell nachzusetzen, um sich festzubeißen und nicht loszulassen. Längst hatten sie verdrängt, daß sie Blutsbrüder waren. Nun ging es nur noch um eins: Sieg oder Tod! Zwar waren ihre Bewegungen etwas langsamer geworden, doch beide wußten sie, daß dies notwendig war, um neue Kraft für den unvermittelten Angriff, den entscheidenden Schlag zu gewinnen.

Sie fochten nun schon fast eine halbe Stunde, und noch immer hatte keiner dem anderen einen entscheidenden Schlag versetzt. Es lief auf ein allmähliches Aufbrauchen ihrer Kräfte hinaus. Sie wußten es beide.

Längst hatte auch Titus die Qualität des Kampfes erfaßt. Er sah, wie das Publikum, mitgerissen vom totalen Einsatz der Fechter, zu einem einzigen Körper wurde, der jede Bewegung, jeden Schlag, jede Reaktion der beiden mit einem Aufstöhnen begleitete, als ob er selbst getroffen wäre. Er befahl, goldene Schalen und Gefäße in die Arena zu werfen, als Ansporn, das Äußerste zu wagen.

Verus und Priscus rann der Schweiß unter dem Helm von der Stirn in die Augen. Doch sie durften das Visier nicht anheben, um ihn wegzuwischen – der Gegner würde augenblicklich zum alles entscheidenden Hieb nachsetzen. Schlag auf Schlag traf den Schild des Gegners, den schon viele Kerben deckten. Irgendwann mußte der andere unaufmerksam werden – nur für den Bruchteil eines Augenblicks.

Und dann geschah es! Priscus setzte einen Treffer auf Verus' Armschutz, und der Hieb hätte ihm eine tiefe Wunde zugefügt, wenn da nicht die schützende Wolle gewesen wäre. Doch im gleichen Augenblick schlug Verus zurück und traf Priscus am ungeschützten linken Arm! Er begann sofort stark zu bluten!

»*Habet!** – Ihn hat's erwischt!« Zigtausende schrien

---

* Wörtlich: Er hat's!

es, außer sich, sie sprangen auf, riefen immer wieder: »Habet! ... Habet! ... Habet!«

Doch Priscus gab nicht auf. Er stand vor Verus wie ein Stier. Und schon preschte er vor: Eine Serie von Schlägen ging auf Verus nieder, der kaum noch in der Lage war, sie zu parieren. Ein Hieb traf ihn am Arm. Er wankte, trat schwankend zurück und konnte sich nur noch mühsam mit seinem Schild vor den weiteren Attacken decken. Doch es gelang ihm, denn Priscus mußte innehalten, um Atem zu schöpfen.

Während so beide keuchend voreinander standen und sich entkräftet anstarrten, ließ der Kaiser weitere Gefäße aus Gold in die Arena werfen, ließ den Ausrufer eine ungeheure Summe – fünfhunderttausend Sesterzen! – für den Sieger bekanntgeben und feuerte die beiden selbst an, nicht aufzugeben.

Das wurde von einem Teil des Publikums mit Beifall bedacht, ein anderer Teil aber forderte, den Kampf unentschieden ausgehen zu lassen. Doch der Kaiser bestand auf seiner Fortsetzung und ließ weitere Geschenke in die Arena werfen.

Nach unendlich langer Zeit – so jedenfalls kam es den Fechtern und auch dem Publikum vor – wankten die beiden wieder aufeinander zu, hoben die Schwerter und schlugen aufeinander ein, doch es kam nur ein unkontrolliertes, ungezieltes Hauen dabei heraus. Die Stimmen im Publikum, die ein Ende des Kampfes forderten, nahmen zu: »Aufhören!« hieß es. »Aufhören! Erkläre beide zu Siegern!«

Die Rufe wurden lauter, als Verus und Priscus zugleich erschöpft zu Boden gingen.

Antonia, Tarquinius' Tochter, hielt es nicht länger auf ihrem Platz. Längst hatte sie ausgemacht, wo ihre

Mutter mit Tillia saß. Sie verließ ihren Sitz, drängte sich an den anderen vorbei zu ihnen hinüber.

»Ach, Kind! Mein liebes Kind!« empfing ihre Mutter sie und umarmte die Tochter. Dann weinten beide, und auch Tillia war gerührt.

»Ich... ich habe es allein nicht ausgehalten!« schluchzte die Tochter, und ihre Mutter drückte sie an sich.

In diesem Augenblick begann der Kampf unten aufs neue. Verus wurde hart getroffen. Da sank Antonia in Ohnmacht, und ihre Mutter fing sie auf, ehe sie zu Boden glitt.

»Oh, ihr Götter!« rief Tillia und verfolgte zugleich, was sich unten abspielte. Verus rappelte sich mit allerletzter Kraft hoch und versetzte dem schwankenden Gegner einen Schlag, der ihn an der Schulter traf. Doch dann glitten beide wieder zu Boden und blieben so liegen.

Über eine Stunde hatte das Gefecht gedauert.

»Aufhören! Aufhören!« hieß es nun von allen Seiten. »Erkläre beide zu Siegern! Beide!«

Titus hob beschwichtigend die Hand, stand auf und wartete, bis es allmählich still wurde im weiten Rund. Dann rief er: »Hiermit erkläre ich beide zu Siegern! Man soll sie zu mir bringen!«

In diesem Augenblick kam Antonia wieder zu sich: »Ist er tot?«

»Nein, Kind!« sagte Tillia und streichelte die Hand Antonias. »Er ist Sieger! Zusammen mit Priscus! Schau, sie gehen gemeinsam zum Kaiser!«

Antonia verfolgte zunächst verschwommen, wie da unten zwei schwankende Gestalten unter dem tosenden Beifall von fünfzigtausend Menschen die Arena verließen und kurze Zeit später in der Loge des Kaisers erschienen. Beide hatten ihre Helme abgenommen und nahmen vor Titus Haltung an. Sie sah, wie Verus und Priscus glücklich die Palmzweige schwenkten, die Titus ihnen überreichte. Tosender Beifall brandete auf, und sie grüßten nach allen Seiten.

Ein Dichter aber, der seinen Platz irgendwo oberhalb der Sitzreihen der Ritter hatte, schüttelte erstaunt den Kopf und formulierte bereits die ersten Zeilen eines Epigramms, das er dem Kaiser widmen würde:

Während Priscus den Streit hinzog und Verus ihn hinzog
und die Lage im Kampf lange bei beiden schon gleich,
wünschte man oft mit lautem Geschrei für die Männer Entlassung…

Ein gleiches Gladiatorenpaar

Während Priscus den Streit hinzog und Verus ihn hinzog
und die Lage im Kampf lange bei beiden schon gleich,
wünschte man oft mit lautem Geschrei für die Männer Entlassung;
Caesar jedoch hielt stets am Gesetz, das er gab, –
kämpfen hieß es, bis einer den Finger hob und sein Schild sank;
doch was er durfte, er gab Schalen, Geschenke gar oft. –
Aber es fand das gleiche Gefecht doch einmal sein Ende;
beide kämpften sie gleich, beide erlagen sie gleich.
Beiden verlieh der Kaiser den Stab und die Palme.
Das war der Preis, den so Tapferkeit bracht und Geschick.
Das gab's, Caesar, noch nie als nur unter deiner Regierung,
daß zwei kämpften, und beid blieben sie Sieger dabei.

Marcus Valerius Martialis, ›Buch der Schauspiele‹, *27*

Epilog

Am Abend dieses Tages fand in dem neuen Haus des Lucius Tarquinius Corvus auf dem Esquilinus ein festliches Essen statt. Das große *triclinium* war mit Girlanden geschmückt. Und an der Tafel hatten folgende Leute Platz genommen: Tarquinius, der Hausherr, Lucius, sein Sohn, Antonia, seine älteste Tochter, Tarquinia, seine zweite Tochter, Antonia, seine Gattin, die Zwillinge Marcus und Gaius, Azes und – auf den Ehrenplätzen – Tillia Capriola sowie ein gewisser Titus Sextius Verus, dem man die Spuren des überstandenen Kampfes deutlich ansah.

Thais hatte die Aufsicht über die bedienenden Sklaven und würde dafür sorgen, daß zwischen den einzelnen Gängen des opulenten Mahls keine langen Pausen entstanden.

Irgendwann hob Tarquinius seinen silbernen Becher und erklärte: »Mein lieber Titus – ich darf dich doch wohl so nennen –, das ist ja nun für uns alle ein glücklicher Tag gewesen. Und wie ich das sehe, werden ihm noch viele glückliche Tage folgen!«

Er trank seinem zukünftigen Schwiegersohn zu, und auch Verus hob seinen Becher, nicht ohne zuvor Antonia, seiner zukünftigen Frau, einen verliebten Blick zugeworfen zu haben.

»Im übrigen...«, fuhr Tarquinius gutgelaunt fort, »gebührt unserer lieben Nachbarin und Freundin Tillia Capriola ein großes Lob und Anerkennung! Ohne sie und ihre Fürsorge wäre es nicht zu diesem glücklichen Ende gekommen!«

Nun hob Tillia ihren Becher und konnte sich nicht verkneifen zu bemerken: »Gut, gut, aber wichtiger sind nun die Einkünfte, die ich aus meiner unerwartet großen Teilhabe an deinen Geschäften ziehen werde, Tarquinius.«

Alle schmunzelten, hatte Tillia doch unterdessen das Geheimnis um den »anonymen Geldgeber« im Geschäft des Tarquinius gelüftet. Nicht nur der Oberste Kaiserliche Bauleiter hatte gestaunt, als er erfuhr, wem er den Kredit für das Haus auf dem Esquilinus verdankte.

»Doch genug von der Zukunft!« fuhr sie fort. »Wir sollten uns jetzt mit dem Naheliegenden beschäftigen. Vor uns steht ein köstliches Mahl, und Thais wartet darauf, uns die Teller zu füllen.«

»Du hast recht«, sagte Tarquinius und gab Thais ein Zeichen zu beginnen.

In diesem Augenblick hob die Herrin Antonia die Hand, und was sie sagte, klang sanft – doch bestimmt: »Nur eine Kleinigkeit noch, Thais: Das beste Stück gebührt heute abend nicht dem Hausherrn, sondern demjenigen unter uns, der heute all seine Kräfte eingesetzt hat. Wir andern haben ja schließlich nur drumherum gesessen!«

Aller Augen richteten sich auf Verus. Er hatte bisher nicht ein Wort gesagt und blickte auf den übervollen Teller, den Thais inzwischen vor ihn hingestellt hatte, holte tief Luft und sagte:

»Danke, Mama!«

Anhang

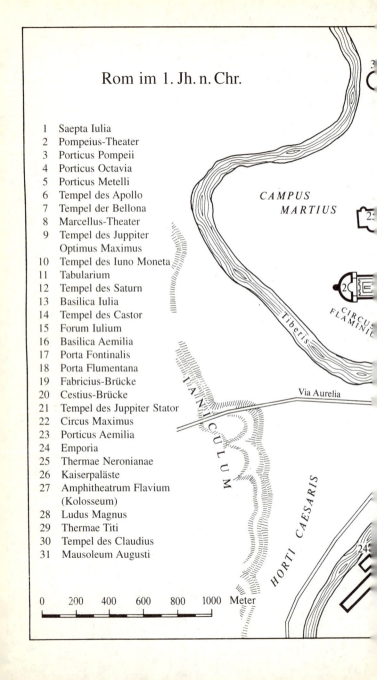

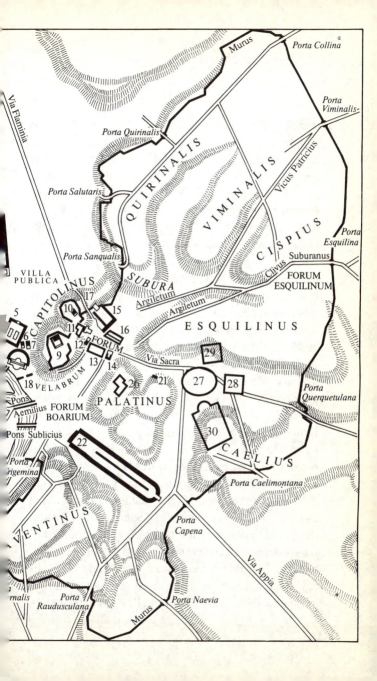

Namensverzeichnis

Haterius: Römischer Architekt. Daß er das Flavische Amphitheater (Kolosseum) entworfen und gebaut hat, ist Fiktion. Doch er könnte ursächlich etwas mit dem Bauwerk zu tun gehabt haben: Auf dem Grabmal der Haterier, das 1848 in Rom vor der *Porta Maggiore* gefunden wurde, sind nämlich Objekte im Relief dargestellt, die alle zum Beruf eines Architekten in Beziehung stehen (Meßgerät, Zirkel, Kräne). Vor allem die – recht naive – Darstellung des Kolosseums läßt die Vermutung zu, daß eines der hier bestatteten männlichen Familienmitglieder am Flavischen Amphitheater gearbeitet hat. Diese Annahme wird freilich nicht durch schriftliche Quellen gestützt. Kein römischer Autor nennt den Namen des Architekten. (vgl. Rabirius)

Martialis: Marcus Valerius Martialis, römischer Dichter. Er wurde 38/41 n. Chr. in Bilbilis (Spanien) geboren und kam 64 nach Rom. Dort führte er lange als Bettelpoet und Klient vornehmer Leute ein kümmerliches Leben, bis er in den Ritterstand erhoben wurde. In Rom erwarb er in der Nähe der heutigen *Fontana di Trevi* ein Haus und vor der Stadt ein kleines Landgut. Materielle Sicherstellung erfuhr er durch Freunde und Gönner (darunter Seneca d. J.). Besondere Gunst erwiesen ihm die Kaiser Titus und Domitianus; letzterer verlieh (oder bestätigte) ihm den Ritterrang. Die folgenden Kaiser Nerva und Traianus zeigten kein Interesse mehr an seinen ironischen Epigrammen, die schon früher mit allzu geschmacklosen

Lobhudeleien für den Herrscher verbunden waren. So kehrte er 98 nach Bilbilis in Spanien zurück. Marcella, eine reiche Gönnerin, überließ ihm dort ein kleines Landgut. Er starb zwischen 102 und 104.

Martialis ist der einzige römische Dichter, der nur Epigramme – kurze Gedichte mit scharfsinniger Pointe – geschrieben hat. Sein erstes Werk, das *liber spectaculorum* (Buch der Schauspiele), erschien 80/81. Darin feiert er in 33 Epigrammen die Einweihung des Flavischen Amphitheaters (vgl. die beiden Epigramme – Nr. 1 und 27 –, mit denen diese Erzählung gerahmt ist). Es folgten ab 84 weitere Bücher mit Epigrammen, insgesamt 15. In ihnen greift er alle Großstadtlaster seiner Zeit auf: Luxus, Geiz, Protzerei, Erbschleicherei, Gefräßigkeit, Alkoholismus und sexuelle Verirrungen aller Art. Da sich die Menschen bis heute in diesen Dingen nicht geändert haben, sind Martials bisweilen groteske Zeichnungen zeitlos.

Das Epigramm, ursprünglich eine poetische ›Aufschrift‹ auf einem Denkmal oder Grab, wurde schon früh von seiner ursprünglichen Bestimmung losgelöst und zu einer literarischen Kunstform ausgebildet, die ihre Bedeutung bis heute in der Weltliteratur behalten hat. Erich Kästner hat das einmal treffend formuliert, als er davon sprach, das Epigramm habe einen Weg »vom Denkmal zum Denkzettel« zurückgelegt.

Rabirius: Römischer Architekt, dem Martialis (siehe dort) die Epigramme VII 56 und X 71 (auf den Tod seiner Eltern) gewidmet hat. Aus dem ersteren wissen wir, daß Rabirius gerade den riesigen palatinischen Palast für Domitianus vollendet hat.

Kennzeichnend für das architektonische Schaffen dieses genialen Architekten sind Tonnengewölbe von großer Spannweite, Durchblicke durch lange Zimmerfluchten, Nischenreihen und gekurvte Kolonnaden – typische Wesenszüge der Baukunst in Flavischer Zeit. Domitianus übertrug gleich bei seinem Regierungsantritt Rabirius Entwurf und Bauarbeiten für einen neuen, den Flavischen Palast, der von 81 bis 96 auf dem mittleren und südöstlichen Teil des Hügels errichtet wurde. Martialis nannte ihn »eine Wohnung für Götter«.

Dieser neue Typ des römischen Kaiserpalastes vereinte Regierungszentrum und Wohnbezirk in einer Gartenanlage. Der Palast wurde von allen folgenden Kaisern bis in die Völkerwanderungszeit als Residenz benutzt. Konstantin d.Gr. nahm ihn zum Vorbild für den Kaiserpalast in Konstantinopel.

Es spricht einiges dafür, daß Rabirius am Bau des Kolosseums mitgearbeitet hat, wenn diese Annahme auch »vorerst nur hypothetischen Charakter« hat* In beiden Fällen – dem Amphitheater und dem Domitianpalast – wird der Gewölbeguß in Beton auf einen Höhepunkt gebracht, wobei man die Gewölbe des Kolosseums als Vorstufe für die noch gewaltigeren des Flavischen Palastes auf dem Palatin ansehen kann.

Titus: Titus Flavius Vespasianus, geboren am 30.12.39 n.Chr., römischer Kaiser (24.6.79 bis 13.9.81). Titus war der älteste Sohn von Vespasianus (siehe dort) und dessen Nachfolger. Im Jüdischen Krieg

---

* Vgl. Werner Müller, Architekten in der Welt der Antike, Zürich und München 1989, S. 200

diente er seit 67 als Legionskommandeur unter seinem Vater und übernahm nach dessen Erhebung zum Kaiser 69 den Oberbefehl in Palästina. Im Jahre 70 eroberte er Jerusalem, zerstörte große Teile der Stadt und führte die Schätze des Tempels und der Burg 71 nach Rom. Dafür wurde er nach seinem Tod mit einem Triumphbogen (Titusbogen) geehrt. Seit 71 war er alleiniger Präfekt der Prätorianer und Mitregent. Es blieb ihm kaum Zeit, seine Qualitäten zu entfalten, denn die kurze Regierung wurde durch Katastrophen verdunkelt: 24.8.79 Zerstörung von Pompeii und Herculaneum durch den Vesuvausbruch, im selben Herbst in Rom ein Großbrand der Stadt und und eine »Pest«, die Tausende dahinraffte. Titus suchte die Not der Bevölkerung in Campanien und Rom durch großzügige Hilfsaktionen tatkräftig zu mildern und erwarb sich allgemeine Achtung, Liebe und Verehrung. Man nannte ihn *»amor ac deliciae generis humani«* – Liebe und Wonne des Menschengeschlechts. Das Verhältnis zu seinem 10 Jahre jüngeren Bruder und Nachfolger Domitianus war gespannt. In Rom ließ er die Titus-Thermen errichten und weihte im Mai 80 das schon von seinem Vater begonnene *Amphitheatrum Novum* (siehe unter »Das Kolosseum und der *Ludus Magnus* in Geschichte und Gegenwart«). Er starb an einer Fieberkrankheit.

Vespasianus: Titus Flavius Vespasianus, geboren am 17.11.9 n.Chr., römischer Kaiser (22.12.69 bis 24.6.79). Als Sohn eines Steuereinnehmers war Vespasianus der erste Kaiser nichtsenatorischer Herkunft. Die Familie stammte aus Reate im Sabinerland. Unter Kaiser Tiberius gelangte er in den Senat, wurde Legionskommandeur am Rhein, leitete die Eroberung Südbritanniens mit, wurde 51 Consul und 67 von Nero mit der Unterdrückung des jüdischen Aufstands beauftragt. Im Sommer 67 riefen ihn die Legionen der Ostprovinzen zum Kaiser aus, die Truppen der Donauprovinzen schlossen sich an und besiegten Vitellius. Am 22.12.69 wurde er vom Senat anerkannt.

Im Jahre 70 schlug er den Bataveraufstand (westlich des Rheindeltas) unter Iulius Civilis nieder. Drei Jahre später begann er die Eroberung des Dekumatenlandes *(Decumates agri)* westlich des Neckars und dehnte ab 77 die römische Herrschaft in Britannien nach Norden aus.

Dem nüchternen und schlichten, energischen und ironischen Vespasianus gelang es, die Ordnung in dem durch Bürgerkrieg zerrütteten Reich wiederherzustellen, vor allem in den Finanzen (sprichwörtlich: *»non olet«* – »es [das Geld] stinkt nicht«), in der Rechtspflege und im Heer. Seinen Sohn Titus, der 70 den Jüdischen Krieg beendete, ernannte er zum Mitregenten.

Vespasianus entfaltete eine rege Bautätigkeit: Wiederaufbau des während des Bürgerkriegs zerstörten Capitols, Erneuerung des Iupiter- und des Vestatempels, Wiederherstellung des Claudiustempels, dazu zahlreiche Bauten und Fernstraßen in den Provinzen und – als Krönung – die Errichtung des Flavischen Amphitheaters in Rom.

Worterklärungen

Anredeformen: In der Antike waren Begrüßungen nach den Tageszeiten unbekannt: »Guten Morgen!« – »Guten Tag!« – »Guten Abend!« kannte man nicht. Die Römer begrüßten sich mit *Ave!* (Sei willkommen!) oder *Ave, domine/domina!*
Salve! (Sei gesund!) sagte man beim Sehen und beim Abschied, etwa im Sinne unseres »Grüß dich!« oder »Tschüss!«. Noch heute ist *Salve!* in Italien üblich.
Die eigentliche Abschiedsformel aber war *Vale!* (Sei stark! Bleibe gesund!), vergleichbar unserem »Leb wohl!«
Hier einige römische Grußformen:
Salve, pater! (Guten Morgen, Vater!) – *Salve, matercula!* (Guten Morgen, Mutti!) – *Salve multum, mi amice!* (wörtlich: Sei viel gegrüßt, mein Freund! – Wir sagen: Sei gegrüßt, lieber Freund!) – *Frater meus tibi me salutem multum voluit dicere.* (Mein Bruder läßt dir durch mich viele Grüße ausrichten.) – *Molliter cubes!* (Gute Nacht! – Wörtlich: Mögest du weich ruhen!)
Unser distanzierendes »Sie« in der Anrede kannte man nicht. Man redete jeden, auch den Kaiser, mit »Du« an, ergänzt allerdings mit *domine* (Herr) oder einer Rangbezeichnung: *Ave, domine!* (Guten Tag, Herr!), *Ave, magister!* (Guten Tag, Meister!)

CAESAR, IMPERATOR, PRINCEPS, AUGUSTUS ... Was ist eigentlich ein römischer Kaiser?
Für Octavianus (den späteren Kaiser Augustus: 30 v. – 14 n. Chr.), den Großneffen Caesars, war CAE-

SAR nach seiner Adoption durch den Diktator zunächst noch ein Bestandteil seines eigenen Namens. CAESAR wurde dann die Bezeichnung für jeden Prinzen aus der julisch-claudischen Dynastie, seit Claudius (41–54) aber ein Titel, den – mit Ausnahme von Vitellius – alle römischen Kaiser führten. Es ist ein einmaliger Vorgang in der gesamten Geschichte, daß der Name eines Machthabers zu einem Titel wurde, der die höchste Gewalt im Staat ausdrückte: Unser *Kaiser* – das lateinische *ae* wurde in der Antike *ai* ausgesprochen: *Caisar* – hat hier ebenso seinen Ursprung wie das russische *Zar*.

IMPERATOR (Befehlshaber, von *imperare* = befehlen, gebieten, anordnen) war in der römischen Republik der Titel eines Feldherrn. Der Begriff ging dann in die kaiserliche Titulatur über. Die italienische, französische und englische Sprache bezeichnen mit *imperatore, empereur* und *emperor* den »Kaiser«.

PRINCEPS ist eine typisch römische Begriffsbildung und bezeichnete schon in der Republik den Ersten (*prin-* ist eine Verkürzung von *primus*) in einer Reihenfolge, der für das Handeln anderer maßgebend ist. Im Senat war der PRINCEPS der angesehenste Senator, dessen Rang und Funktion entfernt mit einem modernen Parlamentspräsidenten vergleichbar ist. Octavianus/Augustus nannte sich PRINCEPS und schuf sich damit eine Stellung, die es ihm ermöglichte, ohne großes Aufsehen alle Schlüsselpositionen entweder selbst einzunehmen oder sie nach seinem Wunsch zu besetzen. Davon abgeleitet, nennt man die erste Zeit des Kaisertums den »Prinzipat«.

Der Ehrenname AUGUSTUS (der Erhabene) wurde Octavianus 27 v. Chr. vom Senat (siehe dort) verliehen, zum Dank für die Beendigung des Bürgerkriegs und die Befriedung des Reiches. Alle späteren Kaiser übernahmen ihn.

So lautete der offizielle Name von Titus nach seiner Erhebung zum Kaiser (24.6.79): IMPERATOR TITUS CAESAR VESPASIANUS AUGUSTUS. Hinzu kamen später noch PONTIFEX MAXIMUS (Oberster Priester), PATER PATRIAE (Vater des Vaterlandes), DIVI FILIUS (des Vergöttlichten [Vaters] Sohn).

Dies waren die Grundlagen der kaiserlichen Macht:
– Oberkommando über die Armee,
– Proconsulat (Statthalterschaft) in den kaiserlichen Provinzen (z.B. Britannien, Ägypten, Gallien, Rätien, Pannonien),
– Die Ausstattung mit der *tribunicia potestas,* dem Recht eines Volkstribuns, gegen alle Beschlüsse des Senats sein Veto (*veto* = ich erhebe Einspruch) einzulegen,
– Verfügungsgewalt über den größten Teil der Staatseinnahmen,
– umfangreicher Privatbesitz,
– höchste staatspolitische Funktionen.

Daneben spielte die herausgehobene religiöse Stellung des Kaisers eine ganz entscheidende Rolle. So bekleidete er hohe Priesterämter, z.B. als PONTIFEX MAXIMUS, als oberster Priester des Iupiter und stand im Mittelpunkt des Kaiserkultes, der mit der Konsekrierung Caesars zum *Divus Iulius,* dem »Vergöttlichten Iulius«, seinen Anfang genommen hatte. Die Christen, die diesen Kult ablehnten, wurden in logischer Konsequenz zu Staatsfeinden erklärt und verfolgt.

Gladiatoren (von *gladius* = Schwert): Berufsmäßige Fechter. Der Gladiatorenkampf war von den Etruskern übernommen worden, als Ersatz für frühere Menschenopfer bei Totenfeiern. Aus den Leichenspielen entwickelten sich öffentliche Schaustellungen, mit denen oft um die Gunst des Volkes geworben wurde. Neben berufsmäßigen Gladiatoren wurden Kriegsgefangene, Sklaven und verurteilte Verbrecher zur Teilnahme gezwungen. Die Fechter kämpften in unterschiedlicher Bewaffnung mit Schwert und Schild, Netz und Dreizack auf Leben und Tod miteinander oder gegen wilde Tiere *(venationes)*. Gladiatoren wurden in Fechterschulen *(ludi,* vgl. den *Ludus Magnus* in Rom) unter strenger Zucht ausgebildet. Die blutigen Kämpfe wurden von den Griechen verabscheut, von den Römern aber mit Begeisterung gepflegt. Der Bedeutung der Gladiatorenkämpfe entspricht auch der Bau der großen Amphitheater in den römischen Städten.

Panem et circenses – die Spiele: »Brot und Spiele« – das war die Forderung, die das Volk von Rom seinen Herrschern immer wieder zuzurufen pflegte. Zitiert man sie heute, so will man damit sagen, daß die Massen nicht nur satt, sondern auch unterhalten werden wollen.

In Rom boten diese Unterhaltung vor allem die öffentlichen Spiele, die *ludi (circenses)*. Ursprünglich waren es Dankfeste für die Götter, und immer noch wurden die Spiele von Opferungen und anderen geheiligten Zeremonien begleitet. Inzwischen aber waren Massenspektakel daraus geworden, die tagelang dauern konnten und Unsummen kosteten. Für die Zuschauer war der Eintritt allerdings frei, denn für die Kosten kamen Mitglieder der Oberschicht auf: in der Republik Politiker, die sich so die Gunst der Wähler sichern wollten, Feldherren, die ihre Siege feierten oder später der Staat, vertreten durch den Kaiser, denn Feiertage pflegte man in Rom auf diese Weise zu begehen.

Schon in der Antike war die Haltung zu den Spielen umstritten. Dabei denkt man zuerst an die Christen und drei Grundforderungen ihrer Religion: Vor Gott sind alle Menschen gleich! Liebe deinen Nächsten wie dich selbst! Du sollst nicht töten! – Allerdings kam diese Haltung erst zum Tragen, als die neue Religion nach grausamen Verfolgungen Ende des 3. Jahrhunderts mehr und mehr erstarkte, bis sie schließlich nach 313 n. Chr. unter Konstantin dem Großen die Möglichkeit der freien Entfaltung erhielt. Doch schon vorher hatten sich kritische Köpfe gegen die menschenverachtende Grausamkeit der Spiele gewandt. So schildert Seneca* in seinen ›Moralischen Briefen‹ (7,3 ff.), wie sich Verbrecher in der Mittagspause der Spiele, wenn sich die meisten Zuschauer entfernt hatten, ohne Schutzwaffen gegenseitig umbringen mußten: »Zufällig geriet ich ins Amphitheater in der Mittagszeit. Ich erwartete Kurzweil, Witz und etwas Erheiterung, was die Augen ausruhen läßt vom Anblick des Blutes ihrer Mitmenschen. Das Gegenteil ist der Fall. Alle Kämpfe vorher waren barmherzig im Vergleich hierzu: jetzt wer-

---

* Der Philosoph Lucius Annaeus Seneca (4 v.–65 n. Chr.) war Erzieher des jungen Nero und später dessen einflußreichster Ratgeber, bis er – dem Kaiser unbequem geworden – zum Selbstmord gezwungen wurde

den alle Spielereien weggelassen, es ist reiner Mord. Sie haben nichts, womit sie sich schützen könnten. Den Wunden mit dem ganzen Leibe preisgegeben, führen sie gegenseitig Hieb und Stich niemals vergebens... Am Morgen werden die Menschen Löwen und Bären vorgeworfen, am Mittag ihren Zuschauern. Die Zuschauer fordern, die siegreichen Mörder denen aufs neue vorzuwerfen, die sie morden sollen, und halten die Sieger zurück für neuen Mord. Das Ende für die Kämpfenden ist immer der Tod. Mit Feuer und Schwert wird der Kampf ausgetragen, und das geschieht, während die Arena Kampfpause hat... ›Schlag ihn tot! Peitsche ihn! Verbrenn ihn! Warum geht er so feige dem Schwert entgegen? Warum schlägt er nicht kühn zu? Warum stirbt er so ungern?‹... Pause im Schauspiel. Unterdes schneide man den Menschen die Kehle durch, damit doch etwas geschieht!«

Ritter: *Equites,* Ritter, nannte man in Rom die Angehörigen des Geldadels. Der Name bedeutet ursprünglich, daß ein *eques* (Reiter) reich genug war, sich ein Pferd und die dazugehörige Rüstung anschaffen zu können. Da ein Senator keine Geldgeschäfte betreiben durfte – er legte sein Geld am liebsten in Land- und Hausbesitz an –, entwickelte sich der Ritterstand zu einer mächtigen Gruppe zwischen Amtsadel und Volk. Die Ritter waren durch einen schmalen Purpurstreifen an ihrer Toga ausgezeichnet, während Senatoren einen breiten trugen. Seit Kaiser Augustus rückten sie zunehmend in die Offiziersränge der Armee ein und waren in der Verwaltung des Riesenreiches tätig. Um Ritter zu werden, mußte man nachweisen, daß man im Besitz von mindestens 400000

Sesterzen baren Geldes war. Die Summe läßt sich schwer in unsere Währung umrechnen. Doch dürfte es sich um mindestens eine Million DM gehandelt haben.

Römisches Bauwesen: Der Architekturhistoriker Heinz-Otto Lamprecht schreibt: »Eindrucksvollstes Ingenieurbauwerk der Antike ist das Pantheon in Rom. Dieser allen Göttern geweihte Tempel trägt eine Kuppel aus römischem Leichtbeton, die frei über rund 43 m hinwegschwingt. So gewaltige Spannweiten hatte der Mensch vorher nie gewagt; die Abmessungen werden auch nicht von der Hagia Sophia (rund 33 m) und vom Petersdom (rund 42 m) übertroffen. Erst in unserem Jahrhundert gelingt es, mit Hilfe der Stahlbetonweise (Jahrhunderthalle in Breslau 1911, Kuppeldurchmesser rund 65 m) in noch größere Dimensionen vorzudringen...«*

Konnten Spannweite und Höhe der Pantheonkuppel erst in unserer Zeit übertroffen werden, so auch Volumen und Fassungsvermögen des Flavischen Amphitheaters. Erst in den zwanziger Jahren unseres Jahrhunderts wurde ein Bau errichtet, der sich in Form, Struktur und Material am Kolosseum orientierte: das Volkspark-Stadion in Wien.

Ein Kuppelbau wie das Pantheon – unter Hadrianus (117–138) nach dem Einsturz des Vorgängerbaus neu errichtet – war möglich geworden, weil die Technik des Betongusses schon an Vorgängerbauten erprobt und schließlich auf den Höhepunkt geführt worden war.

---

* H.-O. Lamprecht, Opus Caementitium – Bautechnik der Römer, Düsseldorf 1987, S. 9

1. Römischer Beton: Unser Wort »Zement« ist römischen Ursprungs. Die Römer bezeichneten mit *opus caementicium** das, was wir unter Beton verstehen. *Opus* bedeutet Werk, Bauwerk, Bauteil, doch in der Zusammensetzung mit *caementicium* das Bauverfahren. *Caementicium* leitet sich ab von *caementum* = der behauene Stein, auch Bruchstein, Mauerstein, Zuschlagstoff. Nach einem Begriffswandel wurde daraus unser Wort Zement.

> *caementum* (Zuschlagstoff) + *materia* (Mörtel) = *opus caementicium* (Beton)

Die Form des späteren Bauteils ergibt sich durch eine Schale, die entweder aus vorher gesetzten Steinen besteht oder durch eine Schalung aus Holzbrettern und -balken erreicht wird. Letzteres kann man sehr schön in einem Bedienungsgang der Kaiserthermen in Trier sehen.

Nach dem Erhärten des *opus caementicium* wird die Holzschalung entfernt, und sie kann an anderen baugleichen Teilen wiederverwendet werden.

Obwohl römischem Beton keine Armierung (Stahl) beigegeben wurde, hielten – und halten heute noch – die in *opus caementicium* gegossenen Bauteile eine Belastung von etwa 400 kg pro cm^2 aus – d.h. eine Fläche in Postkartengröße würde das Gewicht einer Lokomotive von 50 bis 60 Tonnen tragen. Diese Fakten sind eine Erklärung dafür, warum gewaltige Gewölbe wie die des Kolosseums, des Pantheons, der Maxentiusbasilika oder der Caracallathermen in

---

* Es gibt zwei Schreibweisen: *caementitium* und *caementicium*

Rom in den vergangenen Jahrtausenden alle Erdbeben in wesentlichen Teilen überstanden haben.

Von größter Bedeutung für die spätere Festigkeit des Betons ist – wie auch heute noch – die Beschaffenheit des beigemischtens Sandes. Der römische Architekt Vitruvius führt dazu aus: »Die besten Sande sind die, welche, in der Hand gerieben, knirschen. Sand aber, der erdhaltig ist, wird keine Schärfe besitzen.«*
Man gab dem Mörtel Ziegelmehl und kleine Bruchstücke von Ziegeln bei, um die Erhärtung zu verbessern. Diese Zuschlagstoffe bargen allerdings die Gefahr in sich, dem Mörtel zu schnell zu viel Wasser beim Trocknungsvorgang zu entziehen, so daß dieser »verdurstet« und nicht die notwendige Festigkeit bekommt.

2. Vom Plan zum Bau – Das »Architekturbüro« des kaiserlichen Architekten

Zeichentechniken: Die Errichtung eines Baus von den Ausmaßen des Flavischen Amphitheaters setzt eine perfekt funktionierende Planung, Organisation und Finanzierung der anfallenden Arbeiten voraus. Und hier zeigen sich die Römer als Meister! Der Architekt machte dem Kaiser Vorschläge, fertigte erste Skizzen an, die der Herrscher kritisch oder zustimmend kommentierte. Dann machte sich der Architekt an die Reinzeichnung der Pläne. Dabei stand ihm ein Stab von erfahrenen Zeichnern zur Verfügung. Worauf wurde gezeichnet? Absolut glattes Zeichenpapier verschiedener Größe, Qualität und Stärke gab es nicht. Man mußte sich mit anderen Stoffen behelfen:

---

* Vitruv, Zehn Bücher über Architektur II,4,1

– Wachstafeln: Auf ihnen konnte man Skizzen und erste Notizen festhalten.
– Ziegel: Sie waren ein billiges Zeichenmaterial und wurden von Architekten und Handwerkern als »Notizblock« benutzt. Wir besitzen noch einen Teil des Stadtplans von Aguntum (Osttirol), der auf einem Ziegel eingeritzt ist.
– Marmor: Auf glatt polierten Marmorplatten konnte man Stadt- oder Hauspläne sehr genau einritzen oder -meißeln. Sie dienten freilich weniger dem Bau als der Dokumentation in Archiven, wie etwa die in Rom gefundenen Reste der *Forma Urbis Romae* (Plan der Stadt Rom), die zwischen 203 und 211 n. Chr. unter Septimius Severus in Marmor gemeißelt wurde.
– Papyrus: Der aus den Stengeln des Nilschilfes hergestellte Beschreibstoff diente in Rom wie in allen mediterranen Schreibstuben als Schriftträger. Doch reichte das Format für große Zeichnungen nicht aus.
– Wände: Auf glatt verputzte Wände konnte man großformatige Zeichnungen aufbringen. Nachteil: Sie waren nicht transportierbar.
– Pergament: Es erlaubte große Formate, war transportierbar und sehr haltbar. Die Darstellungen wurden mit Farben und Tinten aufgetragen, so daß bunte und flächige Zeichnungen möglich waren. Mit einem Metallstift konnten Linien (sogenannte Blindrillen) in die Oberfläche gedrückt werden, um den Entwurf zu zeichnen. Er konnte jederzeit verbessert werden. Die endgültige Form zog man später mit Tinte aus.
Durch Originalfunde ist belegt, daß Lineale, Maßstäbe, Winkelmaße, Zirkel, Schablonen und Kurvenlineale benutzt wurden.

Dispositiones – Projektionsweisen: Hier handelt es sich um die zeichnerische Erarbeitung des Entwurfs, wie ihn der Architekt vorgibt:
a) Grundriß *(ichnographia)*, b) Aufriß *(orthographia)*, c) zentralperspektivische Ansicht (scaenographia).
Grundriß und Aufriß zeigen das Gebäude oder Teile davon maßstabgerecht. Dies ist besonders wichtig bei komplizierten Bauten wie dem Flavischen Amphitheater, aber auch bei Arkaden, Säulenpositionen, mit vorgesetzten Säulen geschmückten Wänden usw.
Die zentralperspektivische Darstellung diente vor allem dazu, den Bauherrn von der Wirkung eines Entwurfs zu überzeugen. Im übrigen benutzte man sie gern und oft, um festlich gestaltete Räume, z.B. ein *triclinium* – ein Speisezimmer – oder ein *cubiculum* – ein Schlaf- oder auch Wohnzimmer –, mit illusionistischen Architekturdarstellungen zu schmücken. Wir kennen solche Räume aus Pompeii.
Modelle: Es sind steinerne Modelle von Kapitellen, ja von Tempeln gefunden worden, in die genaue Maßvorgaben für die Konstruktion eingeritzt waren. In der römischen Stadt Baalbek (Syrien) hat man maßstäbliche Modelle eines Gebäudeaufrisses und eines Theaters gefunden. – Bei Triumphzügen in Rom wurden Modelle von Städten, Schiffen und Maschinen gezeigt.
Wir können annehmen, daß von einem Objekt wie dem Flavischen Amphitheater ein Modell angefertigt wurde, um die Wirkung der Architektur dreidimensional nachempfinden zu können. Ein Forscher kommt zu dieser Auffassung: »Diese Modelle mögen dazu gedient haben, die dargestellten Gebäude zu

planen. Das Planen mit Gebäudemodellen, von dem wir wenig wissen, hat demnach eine heute noch unterschätzte Rolle gespielt.«*

Die Bauleute: Oberster Bauherr aller öffentlichen Gebäude war der Kaiser. Er plante zusammen mit seinem Architekten die anstehenden Projekte, in diesem Fall das AMPHITHEATRVM NOVVM, das »Neue Amphitheater«, wie das Kolosseum auf einer erhaltenen Inschrift genannt wird.

Ein römischer Architekt konnte kaiserlicher Beamter oder freier Unternehmer oder beides zugleich sein. Er suchte sich für das Projekt die geeigneten Bauunternehmer, ließ von ihnen Kostenvoranschläge machen und setzte auch die Verträge auf. Für Bauschäden hafteten weder Architekt noch Bauherr, sondern die Unternehmer.

Ein Bauunternehmer (*conductor operis,* wörtlich: »Zusammenführer des [Bau-]Werks«) stellte im Normalfall – etwa dem Bau eines Privathauses – Arbeitskräfte, Material und Gerät zur Verfügung. Manchmal waren am Bau Tausende von Arbeitskräften über viele Jahre beschäftigt, und es ist kaum denkbar, daß ein einzelner privater Unternehmer die immensen laufenden Kosten einer solchen Aktion aus eigenen Mitteln bestreiten konnte. Wie schon in der ausgehenden Republik schlossen sich auch in der Kaiserzeit Unternehmer mit Kapitalgebern zu finanzstarken Baubetrieben zusammen.

Der kaiserlichen Kanzlei in Rom war eine oberste Baubehörde angeschlossen, die von *curatores* gelei-

---

* J. P. Heisel: Antike Bauzeichnungen, Darmstadt 1993, S. 207

tet wurde: Für die Kultgebäude waren die *curatores aedium sacrarum* (Kuratoren für die Heiligtümer), für die öffentlichen Gebäude die *curatores operum publicorum,* für den Straßen- und Brückenbau die *curatores viarum* (Kuratoren der Straßen), für die Wasserversorgung der Hauptstadt die *curatores aquarum* zuständig. In jeder dieser Abteilungen arbeiteten erfahrene Unterbeamte *(apparitores),* Architekten und technische Sachverständige *(periti)* und eigene Bauhandwerker.

Senat (von *senex* = Greis, also »Rat der Alten«): Dieser Staatsrat wurde nach der Abschaffung der Königsherrschaft (um 500 v. Chr.) zum maßgebenden Bestandteil des öffentlichen Lebens in Rom. Er bestand aus den Häuptern der adligen Geschlechter (*patres* = Väter) und den ehemaligen Inhabern der hohen Staatsämter (Consuln, Prätoren, Ädilen, Quästoren). Er beriet die hohen Amtsträger *(magistratus)* durch ein *senatus consultum* (Senatsbeschluß), bestätigte Gesetze und Wahlen, kontrollierte die Magistrate bei ihrer Amtstätigkeit, entschied über die Außenpolitik und führte die Aufsicht über die Staatsfinanzen.

In der Kaiserzeit schwand die Bedeutung des Senats, da viele seiner Zuständigkeiten auf den Kaiser übergegangen waren. Die Aufnahme in den Senat geschah in der Republik durch den *censor,* in der Kaiserzeit durch den Kaiser. Seit Augustus hatte der Senat 600 Mitglieder. Während anfangs nur stadtrömische Familien dem Senat angehörten, wurden seit dem 1. Jahrhundert v.Chr. auch italische, in der Kaiserzeit auch Familien aus den Provinzen in den Staatsrat aufgenommen.

Seit dem Mittelalter ist »Senat« auch Bezeichnung des Ratskollegiums in den Städten, auch an Universitäten und Gerichtshöfen; in den USA heißt die Vertretung der Bundesstaaten Senat.

Kolosseum und *Ludus Magnus* in Geschichte und Gegenwart

Bauzeit des Kolosseums: Man nimmt heute in der Forschung an, daß mit dem Bau des Kolosseums 71 n. Chr. begonnen wurde. Dies wird bestätigt durch eine Inschrift, die man anhand der Dübellöcher für die einstigen Bronzebuchstaben rekonstruieren konnte. Da kaiserliche Inschriften dieser Art immer einen bekannten Kanon von Abkürzungen benutzen, konnten die fehlenden Wörter sicher ergänzt werden. Der Text lautet mit den Ergänzungen:

IMP·T·CAES·VESPASIANVS·AVG
AMPHITHEATRVM·NOVVM
EX·MANVBIS   FIERI·IVSSIT

Der Marmorblock, von dem nur noch Bruchstücke vorhanden sind, bildete ursprünglich den oberen Abschluß des Hinterausgangs der Arena und war ungefähr 4,3 m lang. Die Übersetzung lautet: KAISER TITUS VESPASIANUS ORDNETE AN, DAS NEUE AMPHITHEATER AUS DER BEUTE ZU ERRICHTEN.
Dabei fiel den Forschern auf, daß das T von TITUS zwischen IMP(ERATOR) und CAES(AR) nachträglich eingefügt sein mußte, weil der Raum dafür sehr eng war. »All das«, schreibt Professor Geza Alföldi*, »steht

---

* Die Spur der Steine – Eine Bauinschrift enthüllt: Das von Vespasian und Titus erbaute Colosseum wurde aus der Jerusalemer Kriegsbeute finanziert. Frankfurter Allgemeine Zeitung vom 28. 3. 95

im Einklang mit der uns bekannten Geschichte des Colosseums. Die Errichtung des Bauwerkes hat – wohl im Jahre 71 – Kaiser Vespasian angeordnet... Weitgehend abgeschlossen wurden die Bauarbeiten erst unter Titus, der das Amphitheater im Jahre 80 – mit noch nie dagewesenen Feierlichkeiten – eröffnete. Durch die modifizierte Version wurde Titus verherrlicht, der das Bauwerk feierlich der Öffentlichkeit übergab.«

»EX MANVBIS« – »aus der Kriegsbeute« – bezieht sich auf die unermeßliche Beute, die Titus im Jüdischen Krieg (66–70 n. Chr.) bei der Eroberung von Jerusalem machte. Die Ausstattung des Tempels, die zum Teil aus purem Gold bestand, wurde in Rom verkauft, und mit den eingenommenen Geldern wurde das Amphitheater bezahlt. »Die Inschrift mit Hinweis auf die Beute sollte Vespasian beziehungsweise Titus gleichzeitig als überragenden Feldherrn und als spendablen Bauherrn rühmen. So können wir sagen, daß das Colosseum ähnlich wie der Titusbogen mit seinen Reliefs, die die Ankunft der Beute in Rom darstellen, ein Denkmal für die Größe Roms und seiner Herrscher ist. Es ist jedoch auch ein Denkmal für die Opfer, deren Tragödie der Preis für Roms Größe war.«[*]

Ludus Magnus: Im Jahre 1937 wurden etwa 60 m östlich des Amphitheaters das Segment einer Arena und Reste eines sie umgebenden rechteckigen Gebäudes aufgedeckt. Der Grundriß stimmte überein mit dem als LUDUS MAGNUS bezeichneten Fragment auf dem Marmorplan *(Forma Urbis Romae)* des Septimius Severus. Dadurch konnte das Bauwerk als eine der drei

---

[*] Alföldi a.a.O

Gladiatorenkasernen beim Flavischen Amphitheater identifiziert werden. Ein zweistöckiges Kasernengebäude umschließt eine ellipsenförmige Übungsarena. Die Anlage war durch einen unterirdischen Gang mit dem Kolosseum verbunden.

Einige Forscher verlegen die Errichtung des Baus in die Zeit von Domitianus. Dagegen spricht, daß der Spielbetrieb im Kolosseum – und er setzte ab Mai 80 n.Chr. voll ein! – eine funktionstüchtige Gladiatorenkaserne zur Voraussetzung hat. Darum wurde in dieser Erzählung der Baubeginn des *Ludus Magnus* in das Jahr 78 gelegt.

Der Name »Kolosseum«: Der angelsächsische Mönch und Schriftsteller Beda (672–735) hat ein berühmtes Epigramm geschrieben, in dem zum erstenmal der Name des Kolosseums auftaucht:

QUAMDIU STABIT COLYSAEUS STABIT ET ROMA
QUANDO CADET COLYSAEUS CADET ET ROMA
QUANDO CADET ROMA CADET ET MUNDUS

Solange das Kolosseum steht, besteht auch Rom.
Wenn das Kolosseum fällt, fällt auch Rom.
Wenn Rom fällt, fällt auch die Welt.

Das Kolosseum erhielt seinen Namen nicht wegen seiner »kolossalen« Größe, sondern wegen seiner Nähe zu der Kolossalstatue des Nero. Zwischen dem Kolosseum und der heutigen *Via dei Fori Imperiali* (Straße der Kaiserforen) ist im Straßenpflaster ein großes Quadrat (Seitenlänge 7,5 m) zu erkennen. Hier stand die Basis der riesigen Bronzestatue Neros. Basis und Statue erreichten fast die Höhe des Kolosseums. Ursprünglich befand sich das Standbild auf der westlich gelegenen Anhöhe, auf der Hadrianus später den Tempel der Venus und Roma errichtete. Sie wurde von dort entfernt und neben das Kolosseum versetzt, wobei 24 Elefanten als Zugtiere eingesetzt wurden. Die Nero-Statue wurde damals zum Sonnengott Helios umgearbeitet.

Das Kolosseum in Zahlen:

Höhe außen: 48,50 m
Tiefe des Fundaments (Römischer Beton): bis zu 12 m
Breite des Fundamentringes: etwa 52 m
Großer Durchmesser der Ellipse außen: 188 m
Kleiner Durchmesser der Ellipse außen: 156 m
Äußerer Umfang der Ellipse: 527 m
Länge der Arena: 86 m
Breite der Arena: 54 m
Anzahl der äußeren Bögen pro Stockwerk: 80
Anzahl der Masten für das Sonnensegel: 240
Säulenordnungen:
Erdgeschoß: dorisch – 1.Stock: ionisch – 2. Stock: korinthisch – Attika (gegliederte Wand auf dem 2. Stockwerk, die das Sonnensegel trägt): korinthisch
Breite der Pfeiler zwischen den Bögen: 2,70 m
Weite/Höhe der Bögen des Erdgeschosses: 4,20 m/ 7,05 m
Weite/Höhe der Bögen des 1./2. Stockwerks: 4,20 m/ 6,45 m
Der Zuschauerraum hat eine Neigung von 37°.

Auf den erhaltenen Stufen zeigen Inschriften an, für welche Klassen und Gruppen die Plätze vorgesehen waren, z. B.: *equitibus romanis* (»Für die Römischen Ritter«), *paedagogibus puerum* (»Für die Lehrer der Knaben«), *hospitibus publicis* (»Für die Staatsgäste«), *clientibus* (»Für die Klienten« – in der Kaiserzeit gleichbedeutend mit »Für das Volk«).
Gesamtlänge der Stufen:
Schätzung a): 20 280 m (68 750 Fuß)
Schätzung b): 30 000 (88 000 Fuß)
Geschätzte Anzahl der Stufenreihen: 45 bis 50

Wenn man pro Person eine 44 cm breite Sitzfläche annimmt, kommt man nach a) auf 40000 bis 45000 Sitzplätze, nach b) auf 68000 Sitzplätze – und zusammen mit den Stehplätzen (oberster Rang) auf ca. 73000 Zuschauer.

Materialien und Mengen:
Travertin: Es wurden mindestens 100000 m³ verbaut.
Eisen (Klammern zwischen den Travertinblöcken): ca. 300 Tonnen
Beton (allein für das Fundament): ca. 230000 m³ = 414000 Tonnen
Für die Nischen der Arkaden wurden von Bildhauern 160 Statuen gemeißelt.

Andere römische Amphitheater zum Vergleich:

Ort:	Außenmaße:	Arena:	Plätze:
Pompeii (Italien)	140 × 110 m	66 x 35 m	20000
Pozzuoli (Italien)	149 × 116 m	–	40000
Italica (Spanien)	160 × 137 m	–	25000
Trier (Deutschland)	160 × 120 m	75 × 50 m	20000
Verona (Italien)	138 × 109 m	74 × 44 m	22000
Nîmes (Frankreich)	132 × 101 m	69 × 39 m	20000

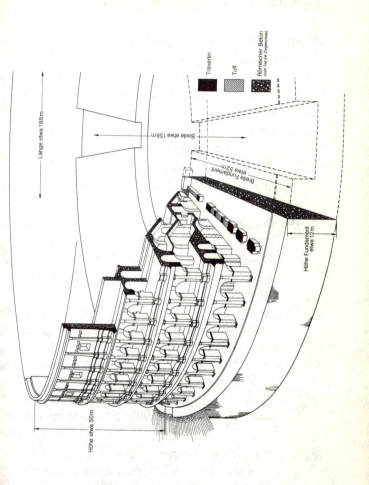

Das Kolosseum im Querschnitt

Das Flavische Amphitheater in der Antike

Mai 80 Einweihung des Amphitheaters durch Titus mit Gladiatorenspielen *(ludi* und *munera),* Tierhetzen *(venationes)* und Circusspielen. Dauer: 100 Tage. 5000 Tiere wurden getötet.

81 ff. Domitianus veranstaltete große *venationes,* bei denen er selbst von seiner Loge aus mit Pfeilen die wilden Tiere erlegte.

102 Traianus ließ während seines dakischen Triumphes 10000 Gladiatoren kämpfen und 11000 Tiere töten.

191/192 Bei den von Commodus veranstalteten Spielen nahm der Kaiser selbst als Gladiator teil. Er pflegte auch von einem drehbaren Podest in der Mitte der Arena die wilden Tiere zu erlegen.

247 Aus Anlaß der Feier zum tausendjährigen Bestehen Roms unter Philippus wurden getötet: 32 Elefanten, 10 Elche, 10 Tiger, 60 Löwen, 30 Leoparden, 10 Hyänen, 6 Nilpferde, 1 Rhinozeros, 10 Zebras, 10 Giraffen, 20 wilde Esel, 40 Wildpferde. Anschließend fand eine Schlacht von 1000 Gladiatorenpaaren statt.

281 Unter Probus wurden während seines Triumphes umfangreiche *venationes* veranstaltet mit 200 Löwen, 200 Leoparden, 300 Bären.

325 Constantinus I. erläßt ein Edikt gegen die Spiele.

357 Iulianus erläßt ein Edikt gegen die Spiele.

397	Honorius erläßt ein Edikt gegen die Spiele. Doch all diese Erlasse reichten nicht aus, den grausamen Gladiatorenkämpfen und Tierhetzen ein Ende zu machen.
404	Während der Spiele sprang der Mönch Telemachus, ganz in Weiß gekleidet, in die Arena, um das Volk gegen die Kämpfe aufzubringen. Er wurde von der Menge gesteinigt. Das Ereignis bewog Honorius, ein scharfes Edikt zur Abschaffung der Gladiatorenkämpfe zu erlassen.
523	Unter Theoderich d. Gr. fanden die letzten *venationes* statt, aber mit einer erheblich geringeren Zahl an Jägern und Tieren.

Es ist sehr umstritten, ob im Flavischen Amphitheater wirklich Christen gemartert worden sind. Keine antike Quelle bestätigt dies in sicherer Form, und die Texte, die davon berichten, stammen aus späterer Zeit und sind stark interpoliert (d.h. überarbeitet). Es werden wohl Christen in der Arena umgekommen sein, doch weniger, als man lange Zeit angenommen hat.

Das Kolosseum in Mittelalter und Neuzeit

847	Unter Papst Leo IV. zerstört ein Erdbeben große Teile Roms und des Amphitheaters.
11. Jh.	Das Amphitheater geht mit einem Teil des Palatins in den Besitz des stadtrömischen Adelsgeschlechts der Frangipane über.
1244	Papst Innozenz IV. erklärt das Kolosseum zum direkten Besitz des Heiligen Stuhls und

die Familie der Frangipane zu Lehensträgern. In dieser Zeit installieren sich in den Arkaden und unter den Treppen des Theaters Wohnungen und Werkstätten.

1231 Bei einem Erdbeben stürzt die äußere Mauer sowie ein großer Teil des inneren Portikus im Südwesten ein.

1332 In einer zeitgenössischen Quelle wird berichtet, daß bei einem vom römischen Adel veranstalteten Stierkampf für die zuschauenden Damen Holzsitze errichtet werden mußten, weil die steinernen Sitze bereits abtransportiert oder zerfallen waren.

Mitte 14. Jh. Bei einem weiteren Erdbeben stürzen Teile der Arkaden zusammen mit den Sitzreihen, Treppengewölben, Säulen und anderen Teilen ein.

1362 Streit zwischen der Bevölkerung Roms, der Familie der Frangipane und den päpstlichen Behörden um den Besitzanspruch auf die gewaltigen Materialmassen, die heruntergestürzt waren. Einigung für alle Beteiligten und über Generationen Abtransport der Blöcke für den Bau neuer Kirchen und Paläste: Palazzo della Cancellaria, Palazzo Venezia, Palazzo Farnese, Senatorenpalast, Palazzo Barberini, Fassade von S. Giovanni in Laterano.

1431 Die Mönche von S. Maria Nova besitzen einen Teil des Kolosseums, den sie durch eine Mauer mit ihrem Konvent verbinden.

1451–52 Unter Papst Nikolaus V. werden 2522 Wagenladungen vom Kolosseum für die Bauten im Vatikan und die Mauern von Rom abtransportiert.

1675	Das Kolosseum wird Lagerraum für den Dung, der Salpeter für eine benachbarte Pulverfabrik liefert.
1703	Bei einem Erdbeben stürzt ein Bogen des 2. Stockwerks an der Südostseite ein, wo Teile des 1. Stockwerks schon vorher zerfallen waren. Das Material wird für mehrere Bauten verwendet, vor allem für den neuen *Porto di Ripetta* und seine breite Freitreppe.
1744	Papst Benedikt XIV. weiht die wieder freigelegte Arena den christlichen Märtyrern, läßt vierzehn Kreuzwegstationen und in der Mitte der Arena ein großes Kreuz errichten. Die Plünderungen haben ein Ende.
1805	Pius VII. läßt die obersten Bögen an der Südostseite, die einzustürzen drohen, durch eine große Ziegelmauer stützen, die heute noch steht.
1828	Leo XII. läßt die inneren Bögen bei der *Meta Sudens* (Brunnen im Westen des Kolosseums) sorgfältig in Ziegelmauerwerk wiederherstellen.
1832	Es wird der Vorschlag gemacht, die Arena als Friedhof zu nutzen. Der römische Stadtrat lehnt dies ab.
1845	Gregor XVI. läßt sieben Arkaden im Innern wiederherstellen.
1852	Pius IX. verstärkt die Bögen zum Esquilin hin.
1901–02 1938–40 1959 ff.	Weitere Restaurierungsarbeiten im Auftrag der italienischen Regierung.

Was das Kolosseum heute kosten würde...

Das Flavische Amphitheater ist von Architekten und Archäologen genau vermessen worden, und wir kennen die Materialien, die beim Bau verwendet wurden: Beton, Tuff, Travertin, Marmor, Eisen, Blei, Holz.

Alle anfallenden Arbeiten wurden von *Hand*werkern ohne die technischen Hilfsmittel von heute ausgeführt. Kräne, Aufzüge, Holz- und Steinsägen, Fräsen, Hobel-, Bohr- und Schleifmaschinen, Preßlufthämmer, Betonmischer, Rüttler und Transportbänder, die von starken Elektro- oder Dieselmotoren angetrieben werden, gab es ebensowenig wie motorgetriebene Schwerlaster, die zehn und mehr Tonnen Sand, Kies, Kalk oder Steine schnell und sicher transportieren konnten.

Jeder Steinblock, jede Marmorplatte, jede Säule, jedes Kapitell mußte in Handarbeit aus dem Fels geschlagen, mit Hammer und Meißel auf das verlangte Maß gebracht und in mühseliger Arbeit geschliffen werden; jede Tonne Beton mußte von Hand gemischt und gestampft, jeder Balken, jede Bohle, jedes Brett mit Handsägen aus dem Stamm geschnitten, jeder Nagel von Hand geschmiedet werden.

Alle diese Arbeiten setzten die Kenntnisse, Fertigkeiten und Fähigkeiten von Fachleuten voraus. Darum wurden sie von freien Handwerkern ausgeführt, während Sklaven die niederen Arbeiten, z.B. das Mischen und Stampfen des Betons, ausgeführt haben.

Dies vorausgesetzt, ist es reizvoll, einmal hochzurechnen, was der Bau des Kolosseums heute kosten würde, wobei wir davon ausgehen, daß alle Arbeiten unter den gleichen Bedingungen wie damals – also ohne unsere technischen Mittel – verrichtet würden.

Die dabei zugrunde gelegten Werte (Arbeitszeit, Lohn-, Material- und Transportkosten) stammen von Bauunternehmern, Lieferanten von Travertin* und Marmor – und einem erfahrenen Bildhauer- und Steinmetzmeister.

1. *Der Materialpreis von Travertin:* 1 m^3 Travertin kostet heute »am Stück« 1200 DM. Er wird als Würfel mit der Kantenlänge von 1 m geliefert und dann nach den Wünschen von Architekten oder Bauherrn zugeschnitten. Noch immer kommt er aus den gleichen Steinbrüchen bei Tibur (heute Tivoli), die in den siebziger Jahren n. Chr. die Baustelle des Kolosseums belieferten: aus den *Bagni di Tivoli* (Bäder von Tivoli).

2. *Bearbeitung der Travertinblöcke:* Travertin ist ein am Bau sehr geschätzter Kalkstein. Er ist porös, manchmal aber auch von ziemlich dichter oder sandig körniger Beschaffenheit. Da er ein Sedimentgestein** ist, findet man darin auch Schneckenhäuser, Knochen und andere tierische Reste. Er ist ein vortrefflicher und leicht zu bearbeitender Baustein mit heller Farbe (weiß-beige-ocker) und gibt ein schönes und an sich dauerhaftes Material ab – aber er widersteht dem Feuer nicht.

Nehmen wir als Durchschnittsgröße der am Kolosseum gesetzten Blöcke einen Quader von $1 \times 0{,}5 \times 0{,}5$ m an. Um ihn aus der Wand des Steinbruchs zu sprengen, bohrt der Steinmetz an der langen Unterkante fünf waagerechte, an der schmalen Seitenkante

---

 * Travertin ist eine Ableitung von *Tiburtinus lapis* = tiburtinischer Stein
** Das heißt ein durch Meeresablagerungen entstandenes Gestein

drei senkrechte Löcher von etwa 25 mm mit dem Handbohrer in den Fels. Für ein Loch braucht er zwei Stunden, für alle acht also 16 Stunden. In die Vertiefungen steckt er Hölzer und wässert sie. Die Hölzer quellen auf und sprengen den Stein aus der Wand. Nun wird der Stein auf das vom Architekten vorgegebene Maß gebracht:

– Mit einem Spitzmeißel (»grober Bossen«) werden die Kanten genau »angerissen« und herausgearbeitet.
– Mit dem »Sprengbock« (Sprengeisen) wird die Steinschicht bis auf ca. 1 mm oberhalb des Risses abgelöst.
– Es folgt der »Randschlag« mit dem »Schlageisen«, der die Ebene genau markiert.
– Mit einem groben Spitzmeißel wird soviel Material wie möglich abgeschlagen (»abbossiert«).
– Mit dem 5 bis 6 cm breiten und flachen »Zahneisen« – es besitzt vorne kleine »Zähne« – wird die Fläche weiter geglättet.
– Mit dem 5 bis 15 cm breiten, ebenfalls gezähnten »Scharriereisen« holt man bestimmte optische Wirkungen (Muster) hervor.
– Zum Schluß wird der Block mit einem Handschleifstein – der härter als der zu bearbeitende Stein sein muß – geschliffen.

Arbeitszeit:

Bohren der 8 Löcher mit dem Handbohrer:

	16 Stunden
Bearbeiten der 6 Quaderflächen:	30 Stunden
Schleifen der Flächen:	12 Stunden
Summe:	58 Stunden

Für die Bearbeitung von 1 m³ (= 4 Blöcke mit den Maßen 1 × 0,5 × 0,5 m) braucht der Steinmetz 232 Stunden. Bei dem heute üblichen Stundenlohn von ca. 80 DM würde die Bearbeitung von 1 m³ Travertin also 18 560 DM kosten.

Im Kolosseum sind nach Berechnungen der Fachleute ca. 100 000 m³ Travertin verbaut worden. Die Bearbeitung der Steine (von Hand) würde heute also 1 856 000 000 DM (1 Milliarde, 856 Millionen) kosten.

3. *Der Transport der Blöcke von Tibur nach Rom (25 km):* Die Blöcke wurden auf einer eigens gebauten, sechs Meter breiten Straße nach Rom befördert. Als Transportmittel stand das *sarracum* zur Verfügung. Das war ein dem *plaustrum* ähnlicher, freilich tiefergelegter hölzerner Lastwagen mit dicken, von einem Eisenring gefaßten Scheibenrädern, die (wie bei einem Eisenbahnwagen) fest mit der Achse verbunden waren. Das Stöhnen und Quietschen der Achse war in Rom sprichwörtlich. Die Wagen wurden von Rindern, Maultieren und – seltener – von Pferden gezogen.

Da es immer wieder zu schrecklichen Unfällen kam, wurde die Ladung auf einem *sarracum* in der Spätantike durch Kaiser Theodosius auf 1028 Pfund begrenzt. Daraus können wir schließen, daß die Wagen vorher mit erheblich schwereren Lasten fuhren. Ein Kubikmeter Travertin wiegt 2,5 Tonnen. Selbst wenn wir annehmen, daß die römischen Wagenbauer für den Transport des Travertins besonders stabile Wagen bauten, dürfte die praktikable Ladung 1,5 Tonnen nicht überschritten haben, weil die Fuhrwerke auf Gefällstrecken sonst nicht mehr zu beherrschen waren.

100 000 m³ Travertin haben ein Gewicht von 250 000 Tonnen. Wenn ein *sarracum* 1,5 t transportiert, ergibt das ca. 166 000 Ladungen bzw. Fahrten. Bei einer Ladung von nur einer Tonne kommen wir auf 250 000 Fahrten.

Wenn wir von einer Bauzeit von 10 Jahren ausgehen (71 bis 80 n. Chr.), kommen wir pro Jahr auf 16 600 bzw. 25 000 Fahrten, im Monat auf 1383 bzw. 2083, am Tag auf 46 bzw. 68 Fahrten. Die Anzahl der täglichen Fahrten dürfte freilich höher gelegen haben, weil an hohen Feiertagen die Arbeit ruhte.

Insgesamt wurden dabei 4 150 000 bzw. 6 250 000 km zurückgelegt, d.h. eine Strecke, die 104 bzw. 156 mal um die Erde oder 10 bzw. 16 mal zum Mond reicht.

Bei einem heutigen Preis von 30 DM pro Tonne und Kilometer würden Transportkosten in Höhe von 187 Millionen DM entstehen.

4. *Beton:* a) Das Ringfundament des Kolosseums reicht 12 m in die Tiefe und ist aus ca. 230 000 m³ Beton gegossen. Bei einem Preis von 150 DM pro m³ würde es heute 34 500 000 DM kosten – wenn das Material mit maschinell betriebenen Betonmischern hergestellt würde.

b) Würde der Beton von Hand gemischt, sähe die Rechnung anders aus: Ein sehr kräftiger Mann braucht 4 Stunden, um 1 m³ Beton zu mischen. Bei einem Stundenlohn von 60 DM würde das Mischen der 230 000 m³ Beton des Fundaments (230 000 × 60 × 4) mit 55 200 000 DM zu Buche schlagen. Hinzu kämen die Material- und Transportkosten für Sand, Kies und Zement.

Setzen wir die Menge des Betons für die inneren Gewölbe, Tribünen und Treppen mit 20 000 m³ an, kommen nach a) 3 000 000 DM, nach b) 4 800 000 DM hinzu – wieder ohne Material- und Transportkosten.

5. *Die übrigen Kosten:* Wir wissen nicht, wieviel Marmor (für die Sitzbänke der Senatoren, für Säulen und die Ausstattung der Kaiserloge) und Tuff (für die inneren Stützpfeiler) verarbeitet wurde, und können darum keine glaubwürdige Hochrechnung der Material- und Verarbeitungskosten machen. Dasselbe gilt für die Konstruktion des Sonnensegels, die Holzbänke und die technischen Anlagen unter der Arena. Es fehlen auch Angaben über den Bau und die Anzahl der Kräne und Gerüste.

Zu den Statuen in den Nischen der Arkaden und der Quadriga über dem kaiserlichen Haupteingang: Nehmen wir für jede der Figuren, die von erstklassigen Künstlern aus Marmor gearbeitet wurden, 20 000 DM an, kommen wir bei 160 Statuen auf 3 200 000 DM – ein vergleichsweise geringer Posten.

Wieviel Menschen waren am Bau des Kolosseums beteiligt?

1. *In den Steinbrüchen von Tibur:* Ein Mann braucht für 4 Travertinblöcke (= 1 m³) 232 Stunden. Bei 100 000 m³ wären das 23 200 000 Stunden = 1 933 333 Tage (à 12 Stunden) = 6444 Jahre (bei 300 Arbeitstagen). Tausend Arbeiter würden also ca. 6,5 Jahre mit der Bearbeitung der Steine beschäftigt sein.

Nicht berücksichtigt sind die besonderen Formgebungen der Quader (z. B. Gewölbesteine mit anderen Winkeln und mit Kurven, kleinere und größere Formate, vorgesetzte Halbsäulen der Pfeiler, Kapitelle und Gesimse). Diese Arbeiten erfordern noch größere Genauigkeit bei der Bearbeitung und darum mehr Zeit, so daß man davon ausgehen kann, daß in den Brüchen von Tibur 2500 bis 3000 Leute beschäftigt waren.

2. *Beim Transport:* Für die Anlieferung der Travertinblöcke von Tibur zur Baustelle kann man täglich hundert Fuhrwerke mit je drei Mann – zwei Bremser! – ansetzen, die für die Strecke von 25 km mindestens 8 Stunden brauchen. Die gleiche Anzahl Wagen befindet sich leer auf dem Rückweg, so daß man auf ca. 600 Fuhrleute kommt.

3. *An der Baustelle:* Mit der Erstellung des Betonfundaments werden etwa 300 Mann ein Jahr lang beschäftigt gewesen sein. Am Bau selbst werden 500 bis 600 Leute als Maurer, Steinmetzen, Schmiede, Gerüstbauer, Kranarbeiter, Zimmerleute, Seiler, Stukkateure und Bildhauer gearbeitet haben.

4. *Sonstige:* Hinzu kommen die Arbeiter in den Marmorbrüchen von Luni, die Transporteure des Bauholzes, die Stallknechte, die Besatzungen der Schiffe, die den Marmor brachten, die Lieferanten und Transporteure von Tuffstein, Sand, Kies und Zement aus anderen Regionen. Und schließlich der Stab von Schreibern, Zeichnern, Sekretären, der dem *curator,* dem Architekten, den Bauleitern, den obersten Meistern (Poliere) und den außerhalb tätigen Unternehmern zur Verfügung stand. Falls all diese Menschen in einer Gemeinschaftsküche verpflegt wurden, kämen noch Köche und Hilfspersonal hinzu.

Zusammenstellung der Kosten:

100 000 m³ Travertin (Materialpreis):	120 000 000 DM
Arbeitslohn bei 400 000 Standardblöcken:	1 856 000 000 DM
Für Sonderformate (Schätzung):	1 000 000 000 DM
Transportkosten Tibur – Rom:	187 000 000 DM
Betonfundament:	55 200 000 DM
Übrige Betonarbeiten:	4 800 000 DM
Statuenschmuck:	3 200 000 DM

Weitere Ausgaben für: Bau der Straße Tibur – Rom, Marmorarbeiten, Tuff (Stützpfeiler), Sonnensegel, Bänke, technische Einrichtung der Arena, Schmiedearbeiten (Eisenklammern der Blöcke), Fuhrwerke, Schiffe, Kräne, Sand, Kies, Zement, Essen, Unterkünfte, verschiedene Handwerker, Gestaltung des Platzes außerhalb des Kolosseums, Bau des *Ludus Magnus*, Abwasseranlagen, Verwaltungskosten...
Schätzung: 4 000 000 000 DM

Summe: 7 226 200 000 DM

Bei dem heute allgemein angenommenen Fassungsvermögen (50 000 Plätze) kostet 1 Zuschauerplatz 144 524 DM.

Zum Vergleich: Das Olympiastadion in München

Kosten des Münchner Olympiastadions:
Stadion (Stahlbeton), 34 550 m³	80 000 000 DM
Zeltdach (Stahlnetzkonstruktion), 74 800 m²	180 000 000 DM

Summe: 260 000 000 DM

Das Olympiastadion hat 69 200 Plätze. Ein Platz kostet 3 757 DM.

Obige Rechnung ist lediglich ein reizvolles Gedankenspiel. Kein heutiger Bauherr könnte eine solche Summe zur Verfügung stellen – auch der Staat nicht. Bauwerke wie das Kolosseum sind nur möglich in politischen Systemen ohne öffentliche Kontrolle der Staatsfinanzen. Gewiß, auch wir verwenden Marmor und Travertin an unseren Bauten – freilich nur als schmückende Platten, die auf ein Betonskelett aufgesetzt werden.

In diesem Zusammenhang kommen Augusta Hönle und Anton Henze zu dem Fazit: »Die Architekten des Flavischen Amphitheaters bauten für eine ›Theatergemeinde‹, die sozial vorgegeben war, die auch außerhalb des Theaterraums als geordnete Gesellschaft existierte. Wer heute einen vergleichbaren Bau plant, muß vom namenlosen Einzelnen der klassenlosen Gesellschaft ausgehen. Er ist es, der sich zum Ereignis einfindet, dem das Bauwerk dienen soll. Fremde stehen in ihm neben Fremden, keiner weiß vom andern...«*

Kurze Nachbemerkung:

Im Kolosseum gab es keine einzige Toilette. Es ist anzunehmen, daß – wie bei modernen Großveranstaltungen auch – fahrbare Toilettenwagen verwendet wurden. Und wie wir Vespasianus kennen, könnten auch im Zusammenhang mit diesen »Geschäften« einige Einnahmen in die Staatskasse geflossen sein: »*Non olet...*«

* Augusta Hönle u. Anton Henze: Römische Amphitheater und Stadien – Gladiatorenkämpfe und Circusspiele, Zürich und Freiburg i. Br. 1981, S. 127

Ich danke dem Bildhauer- und Steinmetzmeister Volker Marx für Hinweise und Details, die die manuelle Bearbeitung von Travertin betreffen.

                                        Hans Dieter Stöver

Inhalt

Ein Haus im Argiletum 11
Begegnung am frühen Morgen 15
Die größte Baustelle des Reiches 20
Ein Unglück kommt selten allein 26
Titus zieht Konsequenzen 35
Antonia denkt weiter 47
»Geld stinkt nicht ...« 62
Man geht nicht täglich zum Kaiser 74
Die Audienz 85
Geflüster hinter dem Vorhang 99
Ein Abendessen 118
Im »Siebengestirn« 126
Der *Ludus Magnus* 143
Ein schwieriges Geschäft 158
Schicksalsschläge für Titus 166
Alles geht seinen Gang 176
Drohungen 182
Tillia Capriola behält die Ruhe 192
Tillia klärt auf 198
Das letzte *consilium* 205
Letzte Vorbereitungen 209
Wo ist Antonia? 214

Auf Leben und Tod 220

Epilog 240

Anhang

Karte: Rom im 1. Jahrhundert n. Chr. 244

Namensverzeichnis 246

Worterklärungen 251

Kolosseum und *Ludus Magnus*
in Geschichte und Gegenwart 265